创新型素质教育精品教材

互联网+教育改革新理念教材

中华优秀传统文化

（第2版）

主　编　和彦确　贾建红　肖兰萍

副主编　袁志成　杨　晖　郭　涓　张立艳

杨幸存　陈军军　保云莹

镇　江

内容提要

中华优秀传统文化是中华民族5 000多年历史进程中存在过的物质、制度和精神方面的文化总和。学习中华优秀传统文化，对于学生养成优良传统美德，树立文化自信，感受文化魅力，掌握文化精粹有着十分重要的作用。本书分为六部分，具体内容包括“中国智慧——思想篇”“至美华章——语言与文学篇”“国粹传承——艺术篇”“不朽灵魂——建筑与器物篇”“仪尚适宜——节庆风物篇”“包罗万象——科技篇”。

本书可作为各类院校综合素质教育相关课程的教材，也可作为对中华优秀传统文化感兴趣的人士的课外读物。

图书在版编目（CIP）数据

中华优秀传统文化 / 和彦确，贾建红，肖兰萍主编
. -- 2版. -- 镇江 : 江苏大学出版社，2021.12
（2024.1重印）
ISBN 978-7-5684-1706-8

Ⅰ. ①中… Ⅱ. ①和… ②贾… ③肖… Ⅲ. ①中华文化－高等学校－教材 Ⅳ. ①K203

中国版本图书馆CIP数据核字(2021)第247063号

中华优秀传统文化（第2版）

Zhonghua Youxiu Chuantong Wenhua（Di-er Ban）

主　　编 / 和彦确　贾建红　肖兰萍
责任编辑 / 张　平
出版发行 / 江苏大学出版社
地　　址 / 江苏省镇江市京口区学府路301号（邮编：212013）
电　　话 / 0511-84446464（传真）
网　　址 / http://press.ujs.edu.cn
排　　版 / 河北鹏润印刷有限公司
印　　刷 / 河北鹏润印刷有限公司
开　　本 / 880 mm×1 230 mm　1/16
印　　张 / 14.5
字　　数 / 438千字
版　　次 / 2021年12月第2版
印　　次 / 2024年1月第2版第2次印刷　累计第9次印刷
书　　号 / ISBN 978-7-5684-1706-8
定　　价 / 49.80元

如有印装质量问题请与本社营销部联系（电话：0511-84440882）

前言

PREFACE

文化是民族的血脉，是人民的精神家园。中华优秀传统文化是中华民族的文化根脉，是中华民族独特的精神标识，是中华民族生生不息、发展壮大的精神动力。中华优秀传统文化中很多思想理念和道德规范，不论过去还是现在，都有其永不褪色的价值。学习和吸收中华优秀传统文化的各种思想精华，对青年学生树立正确的世界观、人生观、价值观很有益处。

本书全景式地展现了中华传统文化的源远流长与博大精深，力求使学生能够在最短的时间内，以最快的速度对我国优秀传统文化的方方面面有一个比较详尽的了解。总体来说，本书特色如下。

一、价值引领，践行铸魂育人使命

党的二十大报告指出："育人的根本在于立德。"本书有机融入党的二十大精神，积极践行立德树人根本任务，以培养学生正确的世界观、人生观和价值观为己任，将中华优秀传统文化与爱国精神、文化自信、工匠精神、创新意识、社会责任等有机地结合起来，并融入学习目标、正文内容与各类模块中，让学生能够在深入了解中华优秀传统文化的同时，树立文化自信，并自觉继承和发扬中华优秀传统文化，做中华优秀传统文化的传播者。

本书根据编排需要，在文化讲堂中设计了"中华智慧""千古流芳""榜样人物""文化溯源""自信中国""传世经典"等模块。其中，"中华智慧"阐释中国古代哲学思想和处世之道，凸显中华民族的无穷智慧和中华文化的博大精深；"千古流芳""榜样人物"讲述历史人物故事和传统美德故事，在陶冶学生道德情操的同时，给学生树立学习的榜样；"文化溯源"拓展了相关知识点，彰显中华传统文化的博大精深；"自信中国"介绍中华传统文化的影响力，有利于增强学生的文化认同感，帮助学生树立文化自信；"传世经典"介绍中国古代文学中的传世佳作，并解读作品所传达的精神内涵，以提高学生的文学修养，促使学生自觉将中华优秀传统文化发扬光大。

二、校企合作，凝心聚力协同育人

本书的编写在一线双师型教师和企业专职人员的支持与参与下进行，其体例设计充分考虑了时代要求与社会需求，内容紧密围绕青年学生传统文化素养的提升需求"量身定做"；同时，本书注重理论讲解与阅读材料的紧密结合，既注重保持理论学习的深度，又强调教学内容的理论性、趣味性和实践性相结合，有效增强了全书内容的可读性和实用性，能促使学生做到知行合一。

三、理念创新，全新形态盘活课堂

本书切实践行“以学生为主体，以教师为主导，以能力为根本”的教育理念，按照“必需、够用、兼顾发展”的原则组织中华优秀传统文化的相关内容。在内容的编排上，采取“理论讲解+文化感知+在线欣赏”的框架，加深学生对理论知识的认识，突出学生综合素养的培养，让学生在赏中学、在学中赏，化被动为主动，在学习中“活”起来，发展创新思维，提升课堂效率，进而在实践中提升综合素养、增强文化自信，在实践中自觉弘扬爱国爱家情怀，做新时代有为青年。

四、与时俱进，科技赋能教育平台

本书在重要知识点处设置了微课二维码，学生可以通过扫码观看微课视频，同步欣赏中华优秀传统文化之瑰丽，感受浩瀚国学文化之壮美，加深对优秀传统文化的理解，并增强学习的自主性与趣味性。

与此同时，为了方便学校管理、教师教学和学生自学，本书与集教学管理、教学支撑于一体的文旌综合教育平台“文旌课堂”（www.wenjingketang.com）开展了深度合作，学校可借助该平台管理校本课程，教师可借助该平台管理各种教学资源（如教学课件、微课视频等）、布置作业、组织考试，学生可借助该平台阅读课外资源、提交作业、进行线上练习、参加考试等。师生在教与学的过程中有任何疑问，都可以登录该平台寻求帮助。

五、精讲理论，精选国学经典材料

为了增强内容的实用性，本书对中华优秀传统文化的理论知识进行精讲，并将重点放在提升学生综合素养的国学经典阅读材料上。同时，本书从便于学习和教学的角度编排体例，尽可能保证阅读材料的典型性和趣味性，力求在逻辑严密的基础上做到深入浅出，期望用通俗易懂的语言为学生展现出丰满而深厚的中华传统文化，让其对中华传统文化有一个系统的认识。

六、巧设模块，提升传统文化素养

本书精心设计了多种模块，用真实、有趣的故事展现不同的文化现象，并尽可能地多使用精美配图，以便增强文化载体的直观性和正文内容的可读性，激发学生的学习兴趣。具体来说，各模块的内容及功能如下：

- 学习目标：分为知识目标和素养目标，能够帮助学生有重点地进行学习。
- 文化讲堂：有重点地对传统文化的理论知识进行讲解，能够帮助学生更快、更好地掌握相关文化知识。
- 品味文化：阐述中华优秀传统文化对中国各地风俗习惯及文学、艺术、生活等领域的影响，帮助学生了解中国古代文学、艺术、建筑与器物、节庆风物、科技等方面所代表的深层文化内涵，树立文化自信。
- 文化经典：主要包括“传世经典”“书香满溢”“书海拾贝”“翰墨留香”“画之意境”“天籁之音”“精雕细琢”“针神艺绝”“以器启道”“巧工匠魂”“岁时华彩”“华衣霓裳”“茶韵幽香”“源远流长”“泽被后世”等内容，精选了中国古代文学、艺术、建筑、器物、节庆、服饰、饮食、科技等领域的经典作品进行赏析，能够帮助学生全面、系统地了解传统文化的各个方面，拓宽视野，感受传统文化魅力，增强学习的积极性。

- **文化实践**：每章的章末设置了形式丰富的实践活动，能够让学生通过亲身实践体会中华传统文化的博大精深，掌握文化精粹，并增强对中华传统文化的获得感，自觉弘扬中华优秀传统文化。

本书由和彦确、贾建红、肖兰萍担任主编，袁志成、杨晖、郭涓、张立艳、杨幸存、陈军军、保云莹担任副主编。本书在编写过程中，参考了大量的资料并引用了部分文章和图片等。这些引用的资料大部分已获授权，但由于部分资料来自网络，我们未能确认出处，也暂时无法联系到原作者。对此，我们深表歉意，并欢迎原作者随时与我们联系，我们将按规定支付酬劳。

由于编者水平有限，书中部分见解未必成熟，书中存在的不足和疏漏之处，敬请广大读者批评指正，并对本书提出宝贵意见，以便我们在修订时不断完善。

目录

CONTENTS

中国智慧——思想篇

第一节　诸子百家的哲学思想

学习目标

知识目标

- 了解中国古代诸子百家哲学思想的主要内容，并领略其精神内涵。
- 明确传承中国古代诸子百家哲学思想的现实意义。

素养目标

- 弘扬中国优秀传统文化，树立文化自信。
- 领会中国古代诸子百家哲学思想的精髓，运用诸子百家哲学思想指导自己的生活与学习，不断提升自身的哲学修养。

文化讲堂

“诸子”是指我国先秦时期具有较大影响力的学术思想代表人物，如孔子、老子、庄子、荀子、孟子、墨子、鬼谷子等。“百家”是指学派林立的现象。“诸子百家”是后世对先秦时期学术思想人物和派别的总称。据《汉书·艺文志》记载，先秦时期数得上名字的学术派别共有百余家。据《隋书·经籍志》《四库全书总目》记载，“诸子百家”实有上千家。在诸子百家中，流传最广、最有影响力的是法家、道家、墨家、儒家、兵家、杂家、阴阳家等学派。这些学派的思想都有自己鲜明的特征，其学术成就与同期古希腊文明交相辉映；以孔子、老子、墨子为代表的三大哲学体系，为中国传统文化的发展奠定了思想基础。

下面主要介绍儒家、墨家、道家、法家和兵家的思想。

一、儒家

儒家是一个崇尚“礼乐”和“仁义”，提倡“忠恕”和不偏不倚的“中庸”之道，主张“德治”和“仁政”，重视道德伦理教育和自身修养的思想流派。其代表人物有孔子、孟子和荀子（见图 1-1-1），代表作品有《尚书》《周易》《礼记》《春秋》《大学》《中庸》《论语》《孟子》《荀子》等。

儒家思想内涵丰富，强调道德感化，主张以“仁”“礼”治国。其思想可以概括为“仁”“义”“礼”“智”“信”“恕”“忠”“孝”“悌”。其中，最核心的是“仁”“义”“礼”“智”“信”。

图 1-1-1 孔子、孟子和荀子

(一)仁

“仁”是儒家思想道德体系中的重要标准，它不仅奠定了整个社会道德关系的基础，而且为人们标示了道德修养的理想境界。“仁”的思想内容十分宽泛，包括以下四个方面：一是“仁者，人也”（爱自己）；二是“仁者，爱人”（尊重他人、爱他人）；三是遵循“忠、恕”之道（爱朋友、宽容友爱）；四是“杀身成仁”（舍生取义，杀身成仁）。

儒家思想
在古代中国的不断发展

“仁”的思想还体现在儒家治理国家的理念上。儒家主张以“仁”治国，施行“德政”，以德服人。同时，还强调教育的功能，认为重教化、轻刑罚是国家安定、人民幸福的必由之路，应该有教无类，对统治者和被统治者都进行教育，使人知道耻辱而无奸邪之心。

中华智慧 ZHONGHUA ZHIHUI

怎样做到“仁”

孔子认为，“仁”虽然高尚，但并不难做到。《论语》中记载了颜渊、仲弓、子贡、樊迟、司马牛、子张等弟子向孔子请教如何培养个人仁德的故事，孔子因材施教，对不同的弟子给出了不同的方法，并指出“仁”就是要自我约束、谦恭谨慎、友善互助、关爱他人、诚信质朴、遵守礼法。

1. 颜渊问仁

【原文】颜渊问仁，子曰：“克己复礼为仁。一日克己复礼，天下归仁焉。为仁由己，而由人乎哉？”颜渊曰：“请问其目。”子曰：“非礼勿视，非礼勿听，非礼勿言，非礼勿动。”

【译文】颜渊问什么是仁。孔子说：“克制自己，使自己的言语和行动都符合礼制（克己复礼），这就是仁。一旦一个人做到了这些，天下的人都会称赞他有仁德。要做到仁，就必须靠自己，而不能靠别人。”颜渊又问：“请指点一些实行仁德的具体途径。”孔子说：“不合乎礼的画面不看，不合乎礼的话不听，不合乎礼的话不言，不合乎礼的事不做。”

2. 仲弓问仁

【原文】仲弓问仁，子曰：“出门如见大宾，使民如承大祭；己所不欲，勿施于人。”

【译文】仲弓问孔子怎样处世才合乎“仁”。孔子说：“出门办事时，应该像会见贵宾一样庄重；管理百姓时，应该像参加祭祀活动一样严肃。自己不愿意做的事，不要强加于别人。”

3. 樊迟问仁

【原文】樊迟问仁，子曰：“爱人。”

【译文】樊迟问孔子怎样做才合乎“仁”。孔子说：“学会爱人就是仁。”

4. 子贡问仁

【原文】子贡曰：“如有博施于民而能济众，何如？可谓仁乎？”子曰：“何事于仁，必也圣乎！尧、舜其犹病诸！夫仁者，己欲立而立人，己欲达而达人。能近取譬，可谓仁之方也已。”

【译文】子贡问：“如果一个人广泛地给百姓以好处和救济，这个人怎么样呢？可以说他有仁德吗？”孔子说：“岂止是仁德！他必定是个圣人！尧、舜恐怕也难以做到呢！有仁德的人，自己想有建树，也会帮助别人建树；自己想要做到的，也会帮助别人做到。凡事能由己而及人，这就是实行仁德的方法。”

5. 司马牛问仁

【原文】司马牛问仁，子曰：“仁者，其言也讱。”曰：“其言也讱，斯谓之仁已乎？”子曰：“为之难，言之得无讱乎？”

【译文】司马牛问什么是仁。孔子说：“仁者的言语谨慎。”司马牛又问：“言语谨慎就可以称作仁了吗？”孔子说：“一件事做起来难，说起来能不谨慎吗？”言外之意是，说话要谨慎，学会少说话多行动，强调言行一致的重要性。

6. 子张问仁

【原文】子张问仁于孔子。孔子曰：“能行五者于天下为仁矣。”“请问之。”曰：“恭、宽、信、敏、惠。恭则不侮，宽则得众，信则人任焉，敏则有功，惠则足以使人。”

【译文】子张向孔子问仁。孔子说：“能够处处实行五种品德的人，就是仁了。”子张又问：“请问哪五种品德？”孔子说：“庄重、宽厚、诚实、勤敏、慈惠。庄重就不致遭受侮辱，宽厚就会得到众人的拥护，诚信就能得到别人的任用，勤敏就会提高工作效率，慈惠就能够用人来做事。”

（二）义

“义”指公正、合理、合宜。儒家把“义”作为评判人们思想、行为的道德标准之一，并将“义”与“仁”并用，提出了“仁义道德”“仁尽义尽”“杀身成仁，舍生取义”的思想主张。这里的“义”要求人们利他，不以损害和出卖他人，尤其是朋友来换取自己的生存和利益。“义”涵盖了恩谊之谊、友情之善、亲情之纯，成为中华民族道德崇高的表现。

（三）礼

“礼”属于政治与伦理的范畴，是指调节贵贱、尊卑、长幼关系的行为规范。在国家治理方面，儒家主张“礼治”。儒家认为，国家的治、乱取决于等级秩序是否稳定，只有贵贱、尊卑、长幼、亲疏各有其礼，才能达到君君、臣臣、父父、子子、兄兄、弟弟、夫夫、妇妇的理想状态。民众如果违反了“礼”的规范，就要受到“刑”的惩罚。从某种程度上说，儒家的“礼治”以维护宗法等级制度为核心，其实是一种法的形式。

在伦理秩序方面，儒家主张“礼制”，要求人们在待人接物时讲究礼节。明礼、礼貌、礼让、礼节，是中华民族传统美德的体现。

（四）智

“智”通“知”，指聪明、智慧、有才能、有智谋等。儒家认为，有智慧的人才能认识到“仁”对其有利，进而去实行“仁”，无智的人不可能成为“仁人”，认为要想将“仁”“义”“信”联系起来，就需要将“智”贯穿其中。

（五）信

“信”指待人处事要诚实不欺、言行一致。孔子将“信”作为“仁”的重要体现。他认为，就个体而言，“信”是贤者必备的品德。只有在言论和行为上做到真实无妄，才能取得他人的信任；就治国而言，只有统治者讲信用，百姓才会以真情相待而不欺上。

二、墨家

墨家是战国时期的重要学派之一，创始人为墨翟（见图 1-1-2），代表著作有《墨子》。

图 1-1-2　墨翟

墨家学派有严密的组织，其成员多来自社会下层，相传皆能赴火蹈刃，以自苦励志。其中，从事谈辩者，称“墨辩”；从事武侠者，称“墨侠”；领袖称“巨子”。墨家学派的纪律严明，前期思想主要涉及社会政治、伦理及认识论等问题；后期重视逻辑学，开始向科学研究领域靠拢。

墨家思想主要包括十大主张，即尚贤、尚同、兼爱、非攻、天志、明鬼、非命、非乐、节用和节葬。

（一）尚贤

尚贤是墨家政治思想的基础。墨家认为，国家兴衰成败的关键在于君主是否能够做到“尚贤事能”，主张君主选贤事能时要做到不避贫富、亲疏、远近，唯义是举。只要有才，不管他有什么身份地位，国君就当富之、贵之、敬之、誉之。墨家的尚贤观点打破了封建社会的等级观念，使贵无常贵、贱无常贱，在当时属于比较激进的思想。

（二）尚同

尚同的实质就是统一社会组织中所有成员的言行与思想，使政令、言论出一，从而实现天下无纷争的目标。墨家认为，天子应当以尚贤为政，确保所有的官员都是遴选出的仁人，能发善言、善政，这样才能将天下的言论统一于天子，进而上同于天（即和天理相一致）。在此过程中，天子应确保天子之义上同于天。如果天子之义不能同于天，天就会降下惩罚，以矫正天子之义。

（三）兼爱

墨家的内部制度

兼爱即爱人如己，主张完全的、不分彼此的、无差别的博爱。兼爱是墨家伦理思想的核心。墨家认为，如果“强不执弱，众不劫寡，富不侮贫，贵不敖贱，诈不欺愚”（《墨子·兼爱》），即人人都能做到兼爱，就不会有战争发生。因此，他们提出了“兼相爱、交相利”的政治口号，主张“视人之国若视其国，视人之家若视其家，视人之身若视其身”（《墨子·兼爱》）。

（四）非攻

非攻是“兼相爱、交相利”思想的必然结论。墨家反对不义之战，认为战争伤人命、损其才，是没有意义的破坏行动。

中华智慧

ZHONGHUA ZHIHUI

墨子与楚王论攻防

公输般为楚国制造了一种叫云梯的攻城器械，楚王决定用它来攻打宋国。墨子听说后，赶紧从鲁国动身，走了十天十夜来到楚都。

墨子先去见公输般。公输般问：“先生有何见教？”墨子说：“北方有人侮辱了我，我想借你的手杀掉他。”公输般没有答应。墨子又说：“我可以送你很多钱财。”公输般回答：“我奉行仁义，决不杀人。”墨子站起来，对公输般拜了两次，说：“我听说你造了云梯，楚王会用它攻打宋国，可是宋国有什么罪？楚国土地有余而人口不足。牺牲自己本就不足的人民，而去争夺过剩的土地，这不能算是明智的。宋国无罪，却去攻打它，这不能算是仁义的。明知这些道理却不去谏诤，不能算是忠君的。谏诤达不到目的，不能算尽力了。你仁义不杀一人，却去杀宋国众多的人，这不能算明白事理。既然这样，为什么不停止攻打宋国呢？”公输般被说服了，但还是摇头说：“不行，我已答应过楚王了。”墨子见公输般不答应，便要求公输般带他去见楚王。

在楚王面前，墨子说：“有一个人，自己有华贵的彩车，却想着偷邻居的破车；自己有锦绣衣裳，却想着偷邻居的粗布衣服；自己有珍馐美味，却想偷邻居的糟糠。这是一个怎样的人呢？”楚王回答：“他一定患了盗窃病。”墨子诚恳地劝道：“楚国的土地方圆五千里，宋国的土地方圆五百里，这就像彩车和破车。楚国有个云梦泽，里面满地都是犀牛、麋鹿，长江、汉水里出产鱼、鳖、鳄鱼，多得吃不完，宋国却连野鸡、野兔、小鱼都没有，这就像珍馐美味与糟糠。楚国有松树、梓树、楠木和樟树，宋国却很少有大树，这就像锦绣衣裳与粗布衣服。大王要去攻打宋国，这跟这个有盗窃病的人的行为是一样的。臣认为，大王必伤损‘仁义’，而得不到宋国。”

虽然楚惠王觉得墨子说得很有道理，但还是不肯放弃攻宋国的计划。墨子见状，便对楚王说：“如果你坚持要攻打宋国，我就会帮助宋国守城。你能攻，我能守，你也占不了便宜。”楚王听了很感兴趣，便让墨子和公输般把他们守城和攻城的办法演练一番。墨子和公输般一守一攻，直到公输般把攻城的方法都用完了，墨子还有很多守城的办法没有使出来。楚王看到墨子守城的本领后，知道打胜宋国的希望渺茫，只好说：“先生说得对，我决定不进攻宋国了。”

就这样，一场即将发生的战争被墨子成功地阻止了。

三、道家

道家以“道”为核心，用“道”来探究自然、社会、人之间的关系，具有朴素的辩证法思想，对中国传统文化产生了巨大影响。其代表人物有老子（见图1-1-3）、庄子（见图1-1-4）、列子、慎到、杨朱等，代表著作有《道德经》《庄子》《列子》《黄帝四经》等。

图 1-1-3 老子

图 1-1-4 庄子

道家三派

道家因以“道”为核心理念而得名，最早见于西汉历史学家司马谈的《论六家要旨》，主要分为老庄派、黄老派和杨朱派三派。

老庄派的代表人物有老子、庄子、列子等。老庄派以大道为根，以自然为伍，以天地为师，以天性为尊，以无为为本，主张清虚自守、无为自化、万物齐同、道法自然、远离政治、逍遥自在，还提出了“为学日益、为道日损”“此亦一是非彼亦一是非”的认识原理，以实现人的知识能力的解放。他们认为现实中充满了束缚和限制，大至鲲鹏，小至蜩鸠（tiáo jiū），都需要凭借一定的外部力量才能活动，即它们都是“有所恃”的。为了摆脱所有的束缚，获得完全“无所恃”的精神自由，就需要“齐物”“逍遥”的生活态度。

黄老派的代表人物有慎到、田骈、环渊等。黄老派以虚无为本，以因循为用，采儒墨之善，撮名法之要，积极参与社会政治活动，提出了因循天性、顺势而为、宽刑简政、休养生息等一系列政治、经济和军事主张，追求大一统的政治理想。

杨朱派的代表人物有杨朱和子华子等。杨朱派对老子的思想加以发展，主张全生避害、为我贵己、重视个人生命的保存，反对他人对自己的侵夺，也反对自己对他人的侵夺，旨在通过对个体的自我完善实现社会的整体和谐。

道家思想主要包括“道法自然”和“无为而治”两个方面。

（一）道法自然

道家所主张的“道”是指天地万物的本质及其自然的规律。道法自然是道家的价值取向。

老子与道家思想的形成

道家认为，“道”是人生的真谛，是世界万物的本源，同时也是宇宙运行的总规律。只有自然运行，天地才可以运化万千，宇宙才可以和谐，人类社会才可以协调有序，六畜才可以兴旺，万木才可以常青。魏晋学者王弼总结，道法自然就是“在圆法圆，在方法方”。意思是说，人们应当顺应自然，因势利导地处理好人与自然之间的关系。

（二）无为而治

“无为而治”的思想出自《道德经》，是道家的治国理念。

无为即顺其自然。道家认为“道常无为而无不为”。意思是说，人要遵循自然之理，顺应自然，不必尝试改变现实中的事物，干预自然的运行，即无为；同时，人也必须遵循自然逻辑，做该做的事，即无不为。需要注意的是，无为不是无所作为，而是不妄作为。

道家还认为，生命是平等的，且享有同样的尊严，因此人与万物应彼此尊重、平等相处。同时，人生在世，总会受到外在约束，如肌体之殃、声色之乐、利禄之欲、义礼之羁、死亡之惧等。人只有超然于这一切之上，不刻意去有所作为，才能领会到人生的真谛，实现“真我”状态，达到“真人”的境界。

引申到治国方面，无为即“无为而治”，是指以制度（可理解为“道”中的规律）治国，以制度约束臣民的行为，使臣民均遵守法律制度。无为而治并不是什么都不做，而是要求国家不过多地干预臣民，只要臣民遵循制度而为，就可以无所不为。

老子说：“治大国，若烹小鲜。”他明确说明了“自然”与“无为”、“无为”与“有为”的关系，即以“无为”治国并不是以“无为”为目的，而是以“有为”为目的。如果遵循“道”和“自然”，“无为”就会产生“有为”；如果不遵循“道”和“自然”，刻意“有为”，则不但徒劳无益，还可能对国家有害。

四、法家

法家主张“不别亲疏，不殊贵贱，一断于法”，即以法治国。其代表人物有春秋时期的管仲（见图1-1-5）、子产，战国初期的李悝、商鞅、申不害、慎到，战国末期的韩非（见图1-1-6）等。《汉书·艺文志》著录的法家著作有217篇，今存近半，其中最重要的是《商君书》和《韩非子》。《隋书·经籍志》也列出了诸多法家经典，如《管子》十九卷、《商君书》五卷、《申子》三卷、《慎子》十卷、《韩非子》二十卷、《法论》十卷等。

图1-1-5　管仲

图1-1-6　韩非

法家思想主要包括以下 5 个方面：

（一）反对礼制

法家认为，新兴地主阶级反对贵族的世袭特权、主张土地私有化，以及按功劳与才能授予官职等要求是公平的、正确的，维护贵族世袭特权的传统礼制则是落后的、不公平的。

（二）强调法律的作用

法家认为，法律的作用不可替代。

法律的第一个作用是定分止争，即明确物的所有权。慎到打了一个很浅显的比喻：“一兔走，百人追之；积兔于市，过而不顾；非不欲兔，分定不可争也。”意思是说，集市上的一只兔子跑，很多人都去追，但对于集市上的其他兔子却看也不看。这不是因为他们不想要兔子，而是因为那些兔子的所有权已经确定，所以不能再争夺了，否则就会违反法律规定，并受到制裁。

韩非子及法家思想的形成

法律的第二个作用是兴功惧暴，即劝诫百姓行善积德，表彰有功的人与事。同时，镇压和威慑妄图犯法和摧毁政权的人与事。其最终目的是富国强兵。

（三）“好利恶害”的人性论

法家认为，人都有“好利恶害”“就利避害”的本性。商鞅说：“人生有好恶，故民可治也。”意思是说，人天生就有喜欢的和不喜欢的，所以君主可以利用民众的好恶治理民众。韩非认为，人都有欲利之心，其行为受好利的本性支配，即使是父子之间、君臣之间，也是计“利”而行的。

从传承思想文化的角度看，法家的人性论观念是对荀子人性恶思想的承续，是当时社会私有制和商品经济发展的产物，为法家的法治思想提供了理论基础。

（四）持有“不法古，不循今”的历史观

法家认为历史是向前发展的，一切法律和制度都应随着历史的发展而发展，既不能复古倒退，也不能因循守旧。商鞅明确地提出了“不法古，不循今”的主张。韩非进一步发展了商鞅的主张，提出了“时移而治不易者乱”的观点，并主张锐意改革。

（五）倡导“法”“术”“势”结合的治国方略

在法家思想的发展历程中，形成了分别以商鞅、慎到、申不害为代表，重法、重势、重术的治国方略。其中，商鞅重“法”，强调规则；慎到重“势”，强调君威、君权；申不害重“术”，强调国君依据法令控制官吏的策略。

韩非是集法家思想学说之大成者。他的法治思想继承了商鞅的“法”、慎到的“势”和申不害的“术”，构成了一个“以法为本”，“法”“术”“势”相结合的完整的政治思想体系。韩非认为，法、术、势“不可一无”，且应“以法为本”。也就是说，国家既要制定严刑峻法，让人们心生恐惧而不敢违之，又要依托和运用权势、权威，令下服上，从而建立有效的社会动员机制、统治机制和激励机制。其理论核心是加强君主专制，强化中央集权，即“事在四方，要在中央，圣人执要，四方来效”。“事在四方，要在中央”是指立法大权应归于统一的中央政府，用郡县制取代分封制，从而结束诸侯分权的政治局面。“圣人执要”是指中央政府的决定权必须在皇帝手中，即实行君主专制。这种思想体系是后来秦统一六国、建立中央集权制的封建国家的理论基础。

五、兵家

兵家是研究军事理论、从事军事活动的思想学派，其实践活动与理论包含了丰富的朴素唯物论与辩证法因素。兵家思想影响广泛，是我国古代军事思想的精华。其主要代表人物有春秋时期的孙武（见图1-1-7）、司马穰苴（ráng jū），战国时期的孙膑（见图1-1-8）、吴起、尉缭、魏无忌、白起等。今存兵家著作有《黄帝阴符经》《六韬》《三略》《孙子兵法》《司马法》《孙膑兵法》《吴子》《尉缭子》等。

图1-1-7 孙武

图1-1-8 孙膑

兵家思想主张运用武力、谋略达成目的。兵家思想是对战争决策、指挥、统筹及其规律等方面的理性认识，它既把战争的主观指导（即主体的决策、指挥、组织、运筹等）作为一项取得胜利的基本因素，又把政治、经济、军事、天文、地理、国际关系等各种客观因素作为决定胜负的条件，并将这些条件看成相互关联的统一整体，由此创造出一系列有效的战法。

兵家思想的创始人孙武认为，“兵者，国之大事，死生之地，存亡之道，不可不察也”（《孙子兵法·始计篇》），提出“知彼知己，百战不殆”的观点，即全面地分析敌我、众寡、强弱、虚实、攻守、进退等矛盾双方，认识和掌握战争客观规律，才能克敌制胜。孙武还提出“兵无常势，水无常形，能因敌变化而取胜，谓之神”（《孙子兵法·虚实篇》），强调战略、战术上的“奇正相生”和灵活运用。

兵家思想的另一位代表人物孙膑继承和发展了孙武的军事理论，把“道”看作战争客观规律，主张以进攻为主的战略，提出了以寡胜众、以弱胜强等策略。

名词解释

奇正相生的意思是“奇”与“正”能够相辅相成、互相转化。奇正相生的理论多用在军事上。

在军事部署上，担任正面进攻的部队为正，两侧偷袭的为奇；担任守备的部队为正，机动部队为奇；担任钳制任务的部队为正，突击部队为奇。

在作战方式上，对阵交锋为正，迂回侧击为奇。

在战争原则上，按照常规运用一般原则者为正；按照特殊情况灵活应变者为奇。

品味文化

一、儒家的仁心——和谐世界，共同构建

“仁”是儒家思想的核心，也是儒家道德价值的根本。儒家的义、礼、智、信、恕、忠、孝、悌等思想无不围绕着“仁”展开。

儒家提出道德自律和“以爱己之心爱人则尽仁”，体现出了仁的本质。在儒家思想中，“仁”是一种发自内心、源于家庭又超越家庭，延及社会、国家，乃至整个人类、自然、宇宙的普遍的爱。这种由己及人、由家至国的“仁”，为人们提供了一种较为可行的构建和谐社会、建立和谐人际关系的思想导向。在现代社会中，科学技术的高度发展，给人类带来了诸多便利，同时也带来了人与人、人与社会之间关系的紧张。“仁”所体现出的这种由里及外、由小到大的爱，可以作为现代社会处理人与人、人与群、人与社会、人与自然等诸多关系的道德准绳。

就人的自我完善而言，“仁”可以帮助个体完善自我，建立和谐的人际关系。“仁”是人最基本的品德。孔子认为，花言巧语、阿谀奉承的人很少有仁心，不仁的人往往会因长久贫困而铤而走险、胡作非为。只有表里如一、修己爱人的人才能保持本心，并不断完善自我。孟子在《孟子·告子》中说：“生，亦我所欲也；义，亦我所欲也。二者不可得兼，舍生而取义者也。”儒家文化强调人道与天道的和谐统一，强调以义制利、忠恕之道、互信互利等，这都符合市场经济与现代社会的基本价值取向。

在现代社会中，有些人冷漠、自私、贪婪，缺乏人文精神和道德观念，具有极端的个人主义倾向，甚至会为了个人利益而不择手段地损害他人和社会的利益，这样就会使人与人之间少了信任，由此造成人际关系的紧张与社会的不和谐。儒家“仁”的思想，可以在一定程度上发挥正本清源、振衰除弊的功能。一个人如果能做到“仁”，学会克制欲望，从内心深处去关心、爱护和帮助他人，主动培养宽厚、诚实、勤敏等良好品质，就能够提高个人素养，建立良好的人际关系，从而更好地融入社会。

就社会发展的角度而言，“仁”可以促使社会形成良好的社会风气，促进社会完善、世界和谐。在当今社会中，倡导仁的思想，有利于将修己爱人、以礼待人、诚实守信和尊重他人等中华优良传统发扬光大，也有利于抑制不良的社会风气，从而促进整个社会的和谐发展与进步。同时，儒家思想以“仁”为核心的伦理价值观把个人价值置于社会价值之中，重视个人对家庭、社会、国家和民族的责任和义务，提倡国家利益高于个人利益、社会优先于个人，强调民族团结和国家统一，有利于个人与社会的协调发展、群体成员的和谐相处，以及民族团结和国家统一。

此外，在当今世界中，国与国之间的冲突、矛盾有时难以避免。儒家“仁”的思想和“亲仁善邻”之道可为反对霸权主义与极端民族主义、建设和谐世界提供价值标准。儒家经典《左传》强调“亲仁善邻，国之宝也”。《尚书》的第一篇《尧典》提出“协和万邦”，强调以和睦、礼仪来协和天下各国。这都表达了儒家“仁”的思想中礼仪天下、与邻为善、仁爱互助、以邻为伴的对外交往原则，启示世人在国际事务中坚持民主公正、推进协调合作，坚持和睦互信、维护共同安全，坚持平等互利、促进共同繁荣，坚持开放包容、加强文明对话，积极促进国际秩序向公正合理的方向发展，为国与国之间解决冲突、和平共处、互不干涉、共同发展提供了理论指导。

二、墨家的兼爱——相爱相利，共建和谐

兼爱是墨家思想的核心。《墨子·兼爱》中记载：“天下之人皆不相爱，强必执弱，众必劫寡，富必侮

贫，贵必敖贱，诈必欺愚。凡天下祸篡怨恨，其所以起者，以不相爱生也。”意思是说，天下的人都不相爱，那么强大的一定会压迫弱小的，人多的一定会抢劫人少的，富有的一定会欺侮贫穷的，显贵的一定会轻视低贱的，诡诈的一定会欺骗愚笨的。天下一切的祸乱、掠夺、积怨、仇恨之所以会发生，都是因为互不相爱引起的。墨家认为，人们不相爱是世间战乱、灾难频发的根源，因此提出“强不执弱，众不劫寡，富不侮贫，贵不傲贱，诈不欺愚”的“兼爱”思想，认为只有拥有这种无差别的爱，天下的“祸篡怨恨”才会“不起”，从而实现“视人之国若视其国，视人之家若视其家，视人之身若视其身”（《墨子·兼爱》）的大同世界。

由此可见，兼爱蕴含着两个层面的含义：一是人与人之间应“兼相爱”，就是人们应待人如己、爱人如己、相亲相爱；二是人与人之间要“交相利”，就是人们应在施予爱的同时施予利。这与现代社会所倡导的合作双赢很相近。墨家的“兼爱”思想虽然没有被当时的统治者采纳，但是其所展现出的墨家“摩顶放踵利天下”的人生追求，所传达出的“爱无差、利万民”的思想价值导向，对协调现代社会的人际关系、构建和谐家庭与和谐社会，都具有一定的积极意义。

在现代社会中，人与人的和谐、人与社会的和谐、人与自然的和谐是构建和谐社会的主要目标。要实现人与人的和谐、人与社会的和谐及人与自然的和谐，就必须坚持以人为本，树立全面、协调、可持续发展的发展观，促进经济社会和人的全面发展。如果人们都能“兼爱”，对待他人就像对待自己一样，多为他人着想，多从他人的角度看问题，那么人与人之间就能和谐共处、互惠互利。这不但符合社会道德规范，还能在一定程度上满足人的自然需求，进而对创建和谐社会起到积极作用。

榜样人物

大爱无疆——一位感动中国的老人

2011年，《感动中国》节目特别设立了一个环节，向一位老人致敬，这位老人就是白方礼。

白方礼是一名运输工，辛苦了一辈子。退休后，周围的人都觉得他应该拿着退休金好好享受生活。可是，他却做了一件让人出乎意料的决定——蹬三轮车挣钱，资助贫困学生上学。

好不容易退休了，可以享受生活了，却要把养老钱捐出去，这让很多人不理解。他为什么要蹬三轮挣钱去资助学生？这还要从1986年说起。1986年，白方礼回老家的时候，看到农村有很多适龄儿童不上学，总是在村里跑来跑去地玩耍。白方礼老人问他们为什么不上学，孩子们回答说，家里穷，上不起学。这让老人心情沉重。几天后，白方礼拿出自己积攒的5 000元钱，全部捐给了村里的小学。也是从那时起，白方礼决定资助贫困孩子上学。

白方礼说到做到，他马上蹬起了三轮车，起早贪黑地挣钱。他说：“我自己没文化，就特别遗憾。我不想把这种遗憾留给下一代。我要趁着自己有能力，多挣点钱给孩子们。”为了能多挣钱，白方礼住在了火车站附近，因为这里的客人多。为了能多捐钱，他的生活非常节俭，常年都穿着旧衣服、旧鞋子，一日三餐经常用馒头和凉水应付。他还给自己规定每个月都捐8 000元。如果当月的钱没挣够，他就会借钱补足8 000元，然后加紧蹬车，尽快把钱还上。在蹬三轮车的20年间，他夏天被晒中暑过，冬天被冻伤过，即使高烧也坚持去蹬三轮车。有人问白方礼这样做图什么。白方礼说：“我苦点累点没有关系，让每一个孩子都有钱到学校，有书可以读就行！”他还和亲戚朋友们说，自己最开心的时刻，就是把钱捐出去的那一刻。

白方礼的心中有大爱，他总是对别人说：“有国才有家。”在2000年元旦的时候，天津耀华中学组织学生去慰问白方礼，并和他一起过节。当白方礼和前去慰问的学生一起走到万国桥的时候，有

人提议在这里拍照，白方礼却不同意。他说，这是外国人修建的，要拍照就应该去中国人修建的世纪钟。他还教导孩子们一定要好好学习、报效祖国。这是老人的心愿和信仰，更是老人爱心的起源。

随着年龄越来越大，白方礼再也蹬不动三轮车了。但是他还想继续帮助贫困学生，于是开始给别人看护车棚。2001 年冬天，白方礼捧着自己看护车棚攒起来的 500 块钱，通红着眼对老师们说："我干不动了，以后可能不会再捐了，这是我捐的最后一笔钱……"那一刻，在场的师生全哭了。之后，白方礼就住进了医院。孩子们去医院看望他时，他开心极了。

有人统计过，在 15 年间，白方礼靠蹬三轮车挣了 35 万元，他把这些钱全部捐给了学校，共资助了 300 多名学生。蹬三轮车的收费是每千米 0.5 元，如果把这些钱换算成路程，白方礼这些年蹬三轮车的距离相当于绕地球 18 周。

2005 年，白方礼去世，享年 93 岁。在得知白方礼老人去世的消息后，很多和老人素不相识的市民都自发地去送了老人最后一程。当他的灵车驶过时，不少自发前来送行的人都泪流满面——他们感动于老人的奉献，也敬佩老人的坚持。

白方礼的事迹感动了无数中国人。有一位校友听说白方礼的故事后，在母校设立了助学金，并给这个基金取名为"白方礼励志助学金"。还有很多人受到感染，也纷纷给贫困学生捐款，而他们的名字都叫"白方礼"。

为了纪念白方礼老人，人们在天津为他立了一块纪念碑（见图 1-1-9），并用金箔刻制了记载白芳礼老人生平的碑文。"俯首甘为孺子牛"是白方礼老人一生最好的写照，人们将永远记住这位心中有大爱的老人。

图 1-1-9　白方礼老人纪念碑

三、道家的智慧——上善若水，大智若愚

（一）上善若水

老子认为，水作为生命万物之本源，最接近于"道"。他所提出的处世哲学彰显了道家的生命智慧。

老子在《道德经》中说："上善若水。水善利万物而不争，处众人之所恶，故几于道。"他认为水有诸多德性，是最接近于道的一种物质，并从"居善地，心善渊，与善仁，言善信，政善治，事善能，动善时"等方面来阐述水的至善品行：所谓居善地，是指水的谦逊，它身处低洼处，做其他万物不愿意做的事；所谓心善渊，是指水的大度，能海纳百川和万物；所谓与善仁，是指水的无私，它滋养万物而不求回报，普惠众生而不计名利；所谓言善信，是指水的守信，它遵循自然规律，自高而下顺地势流淌，潮涨潮落应期而至；所谓政善治，是指水的公正，它能保持客观公平，维护万物之间的平衡；所谓事善能，是指水的才能，它有方圆有致的修为，能在万物之间起到调和作用，促使万物和谐共处；所谓动善时，是指水的选择，它顺时而动、应时而至，知道何时奔腾向前、何时保持平静。

老子以水喻道，试图借水的品格给人的行为树立榜样，希望人能够效法“水”的无私和善行，并拥有像水一样能容天下的胸襟和气度。人只有从多个方面学习水的至善品行，才能在居处、心思、待人、为政、处世方面，保持一种心无杂念、复归自然的状态；只有放下心中的执念和负担，才能达到一种淡泊明志、与世无争的境界，才能在顺其自然中实现循环往复。

“上善若水”是一种极高的人生境界，体现了中华传统文化的思维方式和处世哲学。大到治国平天下，小到待人处世，中华优秀传统文化都要求人们像水一样善处下位，心地宽广，与人相亲，待人诚信，方圆有致，适时而动。人生在世，若要达到“上善若水”的境界，便要做到平和心态静如水、正直为人明如水、轻看名利淡如水、面对坎坷韧如水。只有像水一样至柔、至刚、至净，用无私、无欲之心去面对人生，为万物众生默默奉献，才能够以上善者的身份达到不争的人生境界。

（二）大智若愚

大智若愚被普遍认为是做人智慧中的最高道行。《庄子·天地》中记载：“知其愚者，非大愚也；知其惑者，非大惑也。大惑者，终身不解；大愚者，终身不灵。”意思是说，知道自己愚的人，不是真正的愚蠢；知道自己惑的人，不是真正的迷惑。大迷惑，终身都不能醒悟；大愚蠢，终身都不可能理解。由此可见，道家之“愚”和“惑”是一种自我知觉的状态，即知愚而非愚的大智。因此，守愚才能达智。

大智若愚的为人之道告诫人们：人活于世，要有所愚而不能大愚，要有所惑而不要大惑。一个人在小事上善于算计、自恃高明，却在大事上常犯错误，不能认识自身之愚，是一种小智的表现。这种人目光短浅，看似得到了好处，实则会在关键时受到惩罚。一个人能够认识自身之愚，在小事上不斤斤计较，在大事上能拎得清、看得明白，才是大聪明、大智慧的表现。

四、法家的法治——以法治国，任法而治

法家思想的核心是“以法治国”和“任法而治”。法家认为，国家法治应“不别亲疏，不殊贵贱，一断于法”（《史记·太史公自序》）。这就要求国家必须用法律约束和维持良好的社会秩序，任何人都应当服从法律。同时，法家还认为，法应“布之于众”。《韩非子·难三》中记载：“法者，编著之图籍，设之于官府而布之于百姓者也。”法律是治理国家的依据，是每个公民都应当遵守的行为规范，因此应以成文的形式出现，并做到公布于众。只有做到了“布之于众”，才能“使万民知所避就”。

法家的法治观对我国推进全面依法治国具有积极意义。

首先，全面依法治国要求法律具有绝对权威、至高无上的地位，并据此产生支配性效力。社会主义法治理念强调宪法和法律在社会中的绝对性支配地位，要求人们树立法律至上的观念。任何国家机关、武装力量和社会团体都必须服从宪法和法律，任何公民都必须遵守宪法和法律，任何组织和个人都不得凌驾于宪法和法律之上。

其次，要依法办事。韩非认为“明其法禁，察其谋计。法明，则内无变乱之患；计得，则外无死虏之祸。故存国者，非仁义也”（《韩非子·八说》）。意思是说，法令严明，国家内部就没有动荡叛乱的祸患；计谋得当，对外就没有国破为虏的灾难，所以保全国家靠的不是仁义道德。这种法治思想对于我国当下全面推进法治建设，落实依法治国、依法执政和依法行政的法治建设目标，以及法治国家、法治政府、法治社会的建设都有着重要的借鉴意义。

中华智慧 ZHONGHUA ZHIHUI

不因小利而失大节

韩非（约公元前280年—公元前233年），战国末期韩国（今河南新郑）人，其法家思想主要保留在《韩非子》一书中。书中记载的公孙仪嗜鱼的故事很有教育意义。

鲁国宰相公孙仪非常喜欢吃鱼。有人为了讨好他，就买鱼献给他，可公孙仪没有接受。公孙仪的弟弟很好奇，问："你明明爱吃鱼，为什么不接受呢？"公孙仪答道："如果我接受了，就欠人一份情，就不得不徇情枉法。一旦枉法，连宰相的职位都会被免。到那时，想吃鱼既无人赠，连自己买来吃都难办到了。如果我不收鱼，不但不会被免职，想吃鱼时，还可以随时买来吃。"

韩非结语：不因小利而失大节，靠人不如靠己，求人不如求己。

五、兵家的谋略——知己知彼，布局长远

兵家思想中关于计谋（战略）的论述，是中国古代兵家思想中最精华的部分。兵家的许多名言，如"知彼知己，百战不殆""知天知地，胜乃可全""居安思危""有备无患""先计后战""远交近攻""攻其无备，出其不意""避实击虚""以众击寡""兵贵胜，不贵久""兵贵其和，和则一心""三军可夺气，将军可夺心""密察敌之机，而速乘其利，复疾击其不意"等，揭示了许多规律性原则，对军事作战，以及现代社会中人们的生活、工作、学习等方面都具有借鉴意义。

首先，兵家思想强调，要在战前对事关全局的战略进行部署和谋划，综合考虑多种因素，按照战争中各个方面、各个阶段的关系决定军事力量的准备和运用。同时，谋略还需要"知己知彼"，通过各种方法获得敌方的信息、明白对方的意图，采取有针对性的措施，达到保护自己打击敌人的目的。这对于人们解决问题、处理问题有着借鉴意义。在生活、学习或工作中，人们常常遇到需要解决的问题。人们只有对问题进行全方位、多角度的认识、研究和处理，制定清晰的目标并围绕目标展开活动，才能找到解决问题的方法。如果人们在面对问题的时候，对其没有清晰的认识和目标，就会导致精力被分散、效率低下，问题就得不到及时解决。

其次，兵家思想认为，着眼全局看待问题是解决问题的关键。这告诉人们，在遇到问题时，不应着眼于个别或局部，而应着眼于整体；不应着眼于静态，而应着眼于动态。只有把目光放长远，才能看到问题的本质，进而制订出有效的解决方案。

读史明智

马陵之战

公元前342年，魏惠王以韩国没有参加当年的逢泽之会为由，派太子申和庞涓率兵大举进攻韩国，企图一举灭韩。在魏军的强大攻势下，弱小的韩国岌岌可危，于是派遣使者去齐国求救。

齐宣王决定发兵救韩，便召集群臣，讨论如何出兵。孙膑献策说："从齐国的根本利益出发，韩国必救，以安其心。韩知有齐相救，必然尽全力抗魏以自卫，魏军见韩不降，定然会倾其全力以攻韩。

待魏、韩两军厮杀，实力消耗殆尽之际，我们再出兵攻击疲惫的魏国，拯救危亡的韩国，用力少而见功多，就会收到事半功倍的效果。”

齐宣王听从了孙膑的建议，热情地接待了韩国使者，并答应说：“齐救兵旦暮将至。”韩国大喜，奋力抵抗进犯的魏军。然而，韩国军队与魏国军队前后交兵多次之后，齐国还没有来救，韩国不得不再次派使臣向齐国求救。这次，齐国任命田忌为大将，田婴为副将，孙膑为军师，统兵数万，兵车数百乘，浩浩荡荡地离齐攻魏救韩。魏国大将庞涓闻讯，忙弃韩而回。

魏惠王非常恼怒齐国攻魏，乃起倾国之兵迎击齐军，仍以庞涓为将，太子申为上将军，随军参与指挥，誓与齐军决一死战。

孙膑见魏军来势凶猛，且敌我力量众寡悬殊，便决定采用欲擒故纵之计，诱庞涓上钩。他命令军队由外黄（今河南民权）向沟深林密、道路曲折、适于设伏的马陵撤退。然后，又命令兵士第一天挖10万个做饭的灶坑，第二天挖5万个做饭的灶坑，第三天挖3万个做饭的灶坑。

庞涓看到齐军的锅灶逐日减少，认为齐军怯战，撤退了3天，兵士就已逃亡过半，便亲率精锐之师兼程追赶。天黑时，庞涓带领军队赶到马陵。这时的魏军已人困马乏，极度疲劳。忽然，庞涓看见一棵大树被剥去一块树皮，隐隐有字迹，便命兵士点火照亮了去看，发现是“庞涓死于此树之下”8个大字。庞涓大惊，知道自己中计了。他刚要下令撤退，齐军伏兵已是万箭齐发。魏军进退两难，阵容大乱，自相践踏，死伤无数。庞涓自知厄运难逃，遂拔剑自刎。

齐军乘胜追击，魏军兵败如山倒。最后，齐军生擒魏太子申，大获全胜。史称“马陵之战”。

此战后，魏国由盛转衰，孙膑却因善于用兵而名扬天下。

这个故事给后人以下三点启示：

（1）如果遇到无法直接实现的愿望或目标，就应该换一个角度去想问题，或者运用逆向思维进行思考，从而迂回实现愿景。如果当时孙膑带领齐军直接去韩国，那么赶到韩国以后，齐军就是疲惫之师，不但救不了韩国，还有可能让齐军也陷入困局。

（2）分析问题的时候，要抓住问题的本质，而不能“头痛医头，脚痛医脚”。齐军围魏救韩，就是抓住了事物本质，所以取得了胜利。而庞涓只看到表面（齐军的锅灶逐日减少），就认为齐军怯战而盲目追击，所以导致了最后的失败。

（3）应该综合考虑，合理安排自己的精力和时间。故事中，魏军盲目自大，兵力部署和安排都不合理，使得孙膑采取了“围魏救赵”的战术。如果魏国合理分配兵力，在国内也留有一部分精兵，孙膑就不可能实施这样的计划。

书香满溢

一、《论语》

（一）作品介绍

《论语》是儒家经典之一，现存20篇，共492章。它以语录和对话文体的形式记录了我国春秋时期思想家、教育家孔子及其弟子的言行，其内容涉及政治、教育、文学、哲学及立身处世的道理等方面，较为集中地体现了孔子及儒家学派的思想，是研究孔子及儒家学派思想的主要文献之一。

（二）名句精选

（1）子曰："学而时习之，不亦说（yuè）乎？有朋自远方来，不亦乐乎？人不知而不愠，不亦君子乎？"

——《论语·学而》

【解读】孔子说："学习然后按时复习，不也很快乐吗？有志同道合的人从远方来，不也很高兴吗？别人不了解我、误解我，我也不生气，不是证明我在道德上有修养吗？"孔子第一句讲的是学习方法，即对于知识，"学"只是一个认识过程，"习"是一个巩固的过程，要想获得更多的知识，必须将"学"与"习"统一起来。第二句讲的是学习乐趣，即志同道合的人来访可以增进友谊，并且可以互相学习、共同提高。第三句讲的是为人态度，即人不知我，我也不会因此而生气。

（2）子曰："学而不思则罔（wǎng），思而不学则殆（dài）。"

——《论语·为政》

【解读】孔子说："只学习却不思考，就会感到迷茫而无所适从；只思考而不学习，就会疑惑而无所得。"孔子认为学习与思考是辩证的关系，两者皆不可偏废。

（3）子曰："由，诲女（rǔ）知之乎！知之为知之，不知为不知，是知（zhì）也。"

——《论语·为政》

【解读】孔子说："仲由啊，让为师教导你对待知与不知的态度吧！知道就是知道，不知道就是不知道，这才是聪明的做法。"（"女"通"汝"）。孔子意思是要言行谨慎，要有诚实、谦虚的态度，不能不懂装懂，也不能随意夸大自己的知识和本领。

（4）子曰："见贤思齐焉，见不贤而内自省（xǐng）也。"

——《论语·里仁》

【解读】孔子说："遇到德才兼备的人，就要向他请教和学习；看见不贤的人，就要反省自己有没有和他一样的缺点，并改正。"孔子认为以人为鉴，随时随地都要注意学习，并取长补短。只有这样，才能成为德才兼备的人。

（5）曾子曰："吾日三省（xǐng）吾身：为人谋而不忠乎？与朋友交而不信乎？传不习乎？"

——《论语·学而》

【解读】曾子说："我每天多次地反省自己：替别人办事有没有尽心尽力？跟朋友交往是不是真诚守信？老师传授的知识是否复习了？"

（6）子曰："富与贵，是人之所欲也；不以其道得之，不处也。贫与贱，是人之所恶也；不以其道得之，不去也。"

——《论语·里仁》

【解读】孔子说："财富与地位是人人都渴望拥有的，如果不通过正当的途径得来，君子是不能安享的；贫困与卑贱是人人都厌恶的，如果不通过正当的途径摆脱，君子无法安然处之。"孔子不反对追求财富和地位，他承认人们追求财富的必然性和合理性。

二、《孙子兵法》

（一）作品介绍

《孙子兵法》又称《孙武兵法》《吴孙子兵法》，为春秋时期吴国将军孙武所著，是我国现存最早的兵书。它主要研究战争取胜的原理，系统、全面地归纳了战争准备、策略运用、作战部署、敌情研判等取胜因素，蕴含着朴素的唯物辩证思想，是我国古代军事思想精华的集中体现，被誉为"兵学圣典""古代第一兵书"。

《孙子兵法》现存13篇，每篇皆以“孙子曰”开头，按专题论说，有中心，有层次，逻辑严谨，语言简练，文风质朴，善用排比和比喻，2 000多年来一直被视为兵家思想之经典，至今仍具有重大的现实意义，书中所主张的“智、信、仁、勇、严”也成为中国军人一直尊崇的“武德”。

文化溯源

银雀山《孙子兵法》

山东银雀山汉墓竹简《孙子兵法》，是现存最早的《孙子兵法》手抄本（见图1-1-10），由300余枚竹简组成，大约成书于西汉初期。它也是最接近作者原始思想的版本，被评为中国九大“镇国之宝”之一。

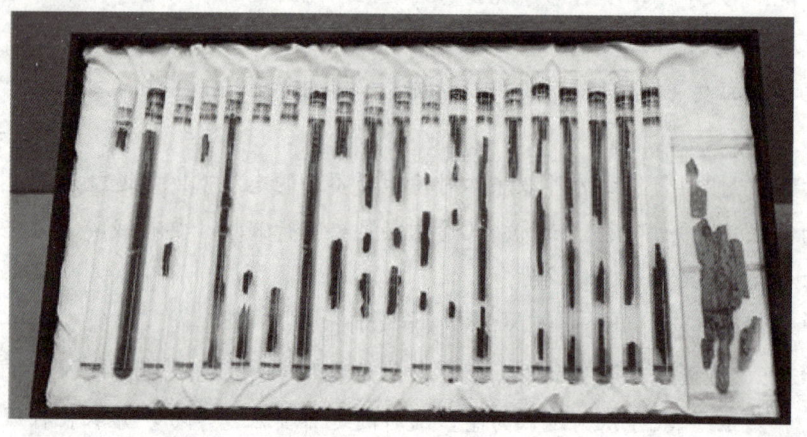

图1-1-10　山东银雀山汉墓《孙子兵法》残缺竹简

（二）名句精选

（1）兵者，诡道也，故能而示之不能，用而示之不用，近而示之远，远而示之近。

——《孙子兵法·始计篇》

【解读】用兵打仗是一种诡术，所以能打应装作不能打，要打应装作不打，向近处打应装作向远处打，向远处打应装作向近处打。用兵之道，在于千变万化、出其不意。常言道：“兵不厌诈。”战阵之间，必须进行伪装，使敌人产生错觉并做出错误判断，然后趁机对敌方进行袭击，定可获胜。由此派生出来的声东击西、指南打北等战术，都是以假象迷惑敌人，从而达到预期目的。

（2）将者，智、信、仁、勇、严也。——《孙子兵法·始计篇》

【解读】将帅之才，必须具备智慧、诚信、仁爱、勇敢、严谨五种品质。

（3）兵无常势，水无常形，能因敌变化而取胜者，谓之神。——《孙子兵法·虚实篇》

【解读】用兵作战没有固定的模式，就像水没有固定的形态一样，能根据敌情变化而取胜的，可称得上用兵如神了。这句话说明用兵或做其他事情时应学会审时度势，灵活机动地制订计划，不可死搬教条、墨守成规。

（4）善用兵者，避其锐气，击其惰归。——《孙子兵法·军争篇》

【解读】孙子把士气分为朝气锐、昼气惰和暮气归三种，惰归是指士气疲惫衰落。这句的意思是：善于指挥作战的将领，要避开敌人的锐气，等到敌人士气衰落、疲惫时再去攻击它。“避其锐气，击其惰归”

和“避实就虚”的作战原则一样，都是说在敌我力量相当时，可以作暂时的让步，以保持我军的锐气，待到敌人疲劳沮丧时，再给敌人以致命的打击。

（5）知彼知己者，百战不殆；不知彼而知己，一胜一负，不知彼，不知己，每战必殆。

——《孙子兵法·谋攻篇》

【解读】既了解敌人的长处和短处，又了解自己的长处和短处，就能百战百胜，立于不败之地。这是一条闻名中外的战争原则，在现代社会中还可适用于其他领域。

文化实践

一、国学知识竞赛

国学大师章太炎说：“国学之不知，未有可以与言爱国者也。”国学乃中国国民之根本、中华文化之源泉、华夏民族之灵魂。没有源头，将没有中华民族傲立于世界东方；没有活力，将没有中华之发展；没有发展，将没有国学之明天。国学，不仅是一种需要青年学生继承的国之精髓，还是一种需要青年学生在学习的过程中，不断循着古人足迹发展和升华的国之学术。

为了弘扬中华传统文化，展示国学文化魅力，普及和宣传国学知识，激发更多青年学生对国学的兴趣，在青年学生群体中营造认知国学、学习国学、弘扬国学的良好氛围，请结合学校实际情况，举办一场“弘扬中华经典，丰富校园文化”国学知识竞赛。

（1）请根据表 1-1-1 进行分组，并将具体情况填入表中。

表 1-1-1　小组分工表

<table>
<tr><th colspan="2">组织设置</th><th>工作内容</th><th>岗位设置</th><th>岗位职责</th></tr>
<tr><td colspan="2" rowspan="2">管理小组</td><td rowspan="2">由班长、团支书、安全委员、卫生委员等班干部组成，推选出组长和副组长各一名。
领导小组全面统筹竞赛活动的各项工作</td><td>组长：</td><td>负责活动中的指导、监督检查、协调等工作</td></tr>
<tr><td>副组长：</td><td>协助组长管理，落实安全保障，监督工作小组的任务执行情况</td></tr>
<tr><td rowspan="10">工作小组</td><td rowspan="2">资料检索组</td><td rowspan="2">通过互联网、图书馆等搜集相关资料，制作国学知识竞赛的题库</td><td>组长：</td><td rowspan="10">组长：负责落实本组工作内容执行、组员管理、组内分工、组间协调合作
组员：服从组长管理，自觉遵守活动纪律，积极参与、团结协作</td></tr>
<tr><td>组员：</td></tr>
<tr><td rowspan="2">后勤组</td><td rowspan="2">负责印发宣传手册、制作海报、租借活动场地和活动所学各项用品等后勤工作</td><td>组长：</td></tr>
<tr><td>组员：</td></tr>
<tr><td rowspan="2">选拔组</td><td rowspan="2">负责竞赛报名、制订规则等具体竞赛事项</td><td>组长：</td></tr>
<tr><td>组员：</td></tr>
<tr><td rowspan="2">评委会</td><td rowspan="2">负责与院系领导、教师等人员进行联系，邀请他们担任竞赛评委，并制订评委会打分规则，制作评分表，统计比赛分数</td><td rowspan="2"></td></tr>
<tr></tr>
<tr><td rowspan="2">公关组</td><td rowspan="2">听取院系领导、教师和同学们的意见和建议，进行整理、汇总后交于管理小组探讨和施行</td><td>组长：</td></tr>
<tr><td>组员：</td></tr>
</table>

（2）一切准备就绪后，国学竞赛开始，工作小组和管理小组引导评委到指定座位就座；由后勤组负责录像和拍摄，评委为选手打分、写评语；评委会成员统计评分结果并公布。

二、优秀国学节目推介

《问道楼观》是一部大型人文历史纪录片。该片共 8 集，分为 8 个主题，分别是《经出终南》《百经之首》《无为而治》《以奇用兵》《国教为道》《大美无形》《养生之道》《道妙永恒》。

《问道楼观》以第一人称的叙事手法，以老子在楼观台结庐讲说《道德经》的过程为主线，运用剧情对话和客观解说两种形式，探寻中华文明思想精髓的渊源。这部片子还将比较晦涩难懂的部分交给演员表演，使观众易于理解。纪录片中，历史人物（老子）、人文景观（楼观台）与自然景观（终南山）三位一体，将道法自然的风范贯穿于具象画面之中，营造出仙风道骨的诗意，演绎了发人深省的思想。该纪录片制作精良，大气恢宏，不失为中国当代纪录片的典范之作，带动了“全民问道、寻道启智”的文化热潮。

请查找相关资料，按照以下步骤了解《问道楼观》，领悟国学文化。

（1）全班学生分成 8 个小组，每个小组分别选择《问道楼观》中的一集并认真观看。

（2）各组观看完毕后，组员一起查找相关资料，制作 PPT 介绍节目内容，并将表 1-1-2 填写完整。

表 1-1-2　小组成员及分工情况

班级		组号		指导教师	
小组成员	姓名	学号	任务分工		
组长					
组员					

（3）各组在全班展示并介绍 PPT 的内容，帮助其他学生了解相关国学知识。

（4）各组向全班同学介绍其他优秀国学节目，并写出推荐词。

优秀国学节目名称：________________。

推荐词：____

____

____

____

____。

第二节 中华传统美德

学习目标

知识目标

- 了解仁爱孝悌、勤劳节俭、明礼诚信、修己慎独、浩然之气等中华传统美德的基本内涵，并领悟其思想精髓。
- 领会中华传统美德的时代价值。

素养目标

- 领会古人话语中的深层智慧，运用中华传统美德规范自己的言行。
- 从身边的小事做起，修身立德，践行“君子之道”，提升道德修养。
- 弘扬传统美德，涵养时代新风，树立文化自信。

文化讲堂

一、仁爱孝悌

“仁”的核心是“爱人”，仁爱的起点和根本是“亲亲”，即孝悌。孝悌之德的基本内容是父慈子孝、兄友弟恭。由孝悌之情又延伸出忠恕，其基本要求是以诚待人、推己及人。由此形成了中华民族大家庭中浓烈的人情味。

（一）仁爱

仁爱之心

“仁”是中华传统文化中分量最重的一个字，也是儒家伦理学说中最基本的范畴，强调人的自我修养（内省）。“仁”的核心是“爱人”，“仁爱”的根本是孝悌。只有在家孝顺父母、敬爱兄长，才能将“仁爱”由家庭推及社会，做到“泛爱众”和爱君忠君。

孔子提出“己所不欲，勿施于人”（《论语·卫灵公》），“夫仁者，己欲立而立人，己欲达而达人”（《论语·雍也》），表明“仁”既是一种博大的同情心与爱心，又是一种忠恕之道，具有宽容忠恕的精神。同时，“仁”又具有推己及人的含义，即要求人们将心比心，设身处地为别人着想，积极利人、助人，给他人以机会和力所能及的帮助。

孟子在孔子的思想基础上，对儒家的伦理道德思想进行了丰富和发展。他认为，“仁也者，人也”（《孟子·尽心下》），“仁”是人区别于禽兽的本质，“仁人志士”应具备所谓的“四端”，即恻隐之心、羞恶之心、恭敬之心和是非之心。孟子还认为，性善是天赋予人的本性，是“人之所以异于禽兽者”（《孟子·离娄》）的根本，主张“扩充善端”，“老吾老，以及人之老；幼吾幼，以及人之幼”（《孟子·梁惠王》），“亲亲而仁民，仁民而爱物”（《孟子·尽心》），即把“仁爱”的精神，由亲人推及社会，甚至是宇宙万物，由爱自己的亲人，进而推及爱人类、爱草木鸟兽、爱自然万物。

深受儒家思想影响的古人，上至帝王将相，下至士人百姓，亦身体力行地践行着仁爱思想。例如，东晋郗公含哺，宋代赵抃越州赈灾、叶梦得许昌救民，清代阮元拯婴、吴璟救人的仁爱故事，至今在民间流传；汉高祖刘邦、唐高祖李渊、宋仁宗赵祯等都以仁爱治国，他们施行仁政，为自己赢得了百姓的敬重，也为人民安居乐业、国家繁荣昌盛奠定了基础。

中华智慧 ZHONGHUA ZHIHUI

冯谖客孟尝君

战国时期，齐国有个名叫冯谖的人，在孟尝君家里做食客。

一天，孟尝君问家里的食客，谁能替他到薛邑去收债，冯谖自荐。于是，孟尝君让人准备车马和借契，让冯谖去收债。出发的时候，冯谖问：“债款收齐了，我需要用它买什么东西回来吗？”孟尝君回答：“先生觉得我家里缺少什么，就买什么。”

冯谖到了薛邑，派官吏召集该还债的老百姓前来核对借契。借契核对完毕后，冯谖又借孟尝君的名义，把债款赐给了老百姓，还烧了那些借契。老百姓们高兴不已，都称赞孟尝君仁义。

做完这些事情后，冯谖连忙赶车回到齐国都城求见孟尝君。孟尝君问：“借款收齐了吗？怎么回得这么快呀？”冯谖回答：“收完了就回来了。”孟尝君又问：“用那些钱财买了什么回来？”冯谖回答：“我看您的家里堆积着无数的珍宝，还有数不清的猎狗和骏马，美女也到处都是。我觉得您家现在所缺少的只是‘仁义’罢了。所以我私自用债款给您买了‘仁义’。”孟尝君问：“如何买‘仁义’呢？”冯谖回答：“现在您拥有薛邑这个地方，那里的老百姓就是您的子女，您应该抚育和爱护他们。所以，我假传您的命令，把债款都送给了老百姓，还烧了那些借契。老百姓都感念您的恩德。这就是我给您买的‘仁义’。”孟尝君听了，虽然有些不高兴，但只能接受。

一年后，孟尝君被齐王猜疑，便回到了自己的封地薛邑。在离薛邑100里的地方，老百姓竟然扶老携幼，在路上迎接孟尝君。这时，孟尝君恍然大悟，回头看着冯谖说：“我今天才明白，先生给我买的‘仁义’是什么道理。”此后，孟尝君便一直以“仁义”为自己做事的根本。

（二）孝悌

“孝”是中国传统道德中最重要的内容之一。何谓孝？《尔雅·释训》中说：“善事父母为孝。”意思是说，善待并奉养父母，才是孝。《孝经》中说：“夫孝，天之经也，地之义也，人之行也。”意思是说，“孝”就像天上日月星辰的运行，地上万物的自然生长，是人最基本的行为，把“孝”提到了无与伦比的高度。

中国人提倡孝道，源于中国的血缘文化特点。这一特点决定了中国社会是以家庭（家族）为本位的，而在家庭中，最重要的就是父母与子女之间的关系。“孝”既是子女对父母的天然情感，也是子女对父母的责任和义务。“孝”不仅仅是一种美德，也是做有道之人的根基。古人将“孝”界定为诸德之本。国君可以用“孝”治理国家，臣民能够用“孝”立身理家。由于社会各阶层的推崇，“孝”甚至成为中国古代选用官吏时的重要考量标准，如汉代的“举孝廉”制度。

“悌”的含义包括敬重兄长、善事兄长、兄弟笃爱和睦。其常与“孝”并列，两者并称为“孝悌”。我国传统儒家思想非常重视孝和悌，把它们看作实行“仁”的根本条件。

为了弘扬和推行孝悌，古人编写了许多教育书籍，比较经典的有《孝经》和《弟子规》。其中的很多至理名言流传至今，如“父母呼，应勿缓；父母命，行勿懒；父母教，须敬听；父母责，须顺承”“兄道友，弟道恭；兄弟睦，孝在中”等。

拾葚异器

蔡顺，汉代汝南（今属河南省）人。他少年丧父，非常孝顺母亲。当时，正值王莽之乱，又遇到饥荒，柴米非常昂贵，蔡顺家里穷，只能捡一些桑葚来充饥。有一天，蔡顺捡桑葚时遇到一支军队，军队头领看到蔡顺把红色的桑葚和黑色的桑葚分开，装在两个篓子里，便奇怪地询问他为什么这样装果子。蔡顺回答：“黑色的桑葚熟透了，味道甜，是留给母亲吃的；红色的桑葚没有成熟，味道酸，是留给自己吃的。”头领被蔡顺的孝心感动，便送给他两斗米和一些肉，让蔡顺带回去供奉他的母亲，以示敬意。

二、勤劳节俭

勤劳节俭是中华民族的优良传统，是中国人从古至今崇尚的传统美德。中国人认为，修身、齐家、治国都离不开勤劳节俭。诸葛亮把“静以修身，俭以养德”作为“修身”之道；朱柏庐将“一粥一饭，当思来处不易；半丝半缕，恒念物力维艰”当作“齐家”的训言。

（一）勤劳

我国最早的字典《说文解字》对“勤”的解释为“勤，劳也”。这说明“勤”和“劳”在古代是相通的。勤劳是人们对待劳动的态度与品格，是一种道德规范。它要求人们热爱劳动，积极参加劳动，用双手创造美好生活。

古人认为，勤劳与安邦治国、自强不息和吃苦耐劳都有联系。

第一，勤劳与治国安邦联系紧密，古人已深刻认识到以勤立国的重要意义。《尚书》中提到的“克勤于邦”，《左传》中提出的“民生在勤，勤则不匮”，《墨子》中强调的“赖其力者生，不赖其力者不生”，都说明只有勤勉敬事，家才能兴，国才能立。

中华智慧 ZHONGHUA ZHIHUI

（1）骐骥一跃，不能十步；驽马十驾，功在不舍；锲而舍之，朽木不折；锲而不舍，金石可镂。

——先秦·荀子

（2）人生在勤，不索何获。

——东汉·张衡

（3）盛年不重来，一日难再晨。及时当勉励，岁月不待人。

——东晋·陶渊明

（4）业精于勤，荒于嬉；行成于思，毁于随。

——唐·韩愈

（5）千淘万漉虽辛苦，吹尽狂沙始到金。

——唐·刘禹锡

（6）富贵本无根，尽从勤里得。

——明·冯梦龙

第二，自强不息是勤劳作为中华传统美德的主要含义。中华民族崇尚勤劳，总是希望通过自己的奋斗去改变不尽如人意的自然环境与社会环境，以求得一个理想的世界。因此，勤劳不只是一般的劳作，还包含着为理想目标而奋斗的深刻意义。“天行健，君子以自强不息”（《易经》），“劳谦匪懈”（《越绝书》）等，表达的都是勤劳与自强不息的关系。

第三，吃苦耐劳与勤劳的关系更加贴切。勤与劳相通，而在一定意义上，劳又与苦相连。勤劳美德的动因，从积极进取的一面说，是自强不息、提升自身修养；从消极被动的一面说，也有为环境所逼、为生计所迫的成分。

（二）节俭

中华民族不仅有勤劳的优秀品质，而且有尚俭的传统。孔子将“温、良、恭、俭、让”作为重要的德目，强调勤俭戒奢；老子提出为人处世的“三宝”，即“一曰慈，二曰俭，三曰不敢为天下先”（《老子》），要求“去甚，去奢，去泰”；墨家更是主张“节用”“节葬”，反对浪费。

中国古代思想家关于节俭美德的思想，大体可以概括为以下几个方面：

第一，关于俭以立德的思想。《易经》中说：“君子以俭德辟难。”这句话的意思是说：君子可以靠节俭的美德躲避灾难。《左传》中说：“俭，德之共也；侈，恶之大也。”意思是说：俭是大德，一切德行皆从节俭而来；侈是大恶，所有恶行都从奢侈发端。这是对俭朴品德的全面概括。几千年来，中华民族一向以节俭为美德，崇尚俭朴，提倡廉洁，反对奢侈，摒弃浮华。

第二，关于以俭持家治国的思想。孔子说：“道千乘之国，敬事而信，节用而爱人，使民以时。”道出了节俭治国的思想——治理国家既要节俭，又要爱护人民。春秋战国时期，齐桓公、晋文公、秦穆公等极力提倡简朴而摒弃奢华，从而实现了富国强兵；西汉文帝和景帝躬修节俭，思安百姓，选贤治国，大度安邦，与民休息，轻徭薄赋，使当时社会出现了安定局面，形成了历史上著名的盛世之一——“文景之治”。还有隋文帝、唐太宗、明太祖等名君，无不是以勤俭治国而使国富民强、社会繁荣的。

第三，关于不奢不吝的思想。节俭思想除了要求不奢侈外，还要求不吝啬，即所谓的“吝则不俭，俭则不吝”。南北朝时期的思想家颜之推说：“然则可俭而不可吝已。俭者，省约为礼之谓也；吝者，穷急不恤之谓也。今有施则奢，俭则吝；如能施而不奢，俭而不吝，可矣。”其大意是说，如果不肯救济遭受贫穷之难的人，那就不是节俭，而是吝啬。如果能接济他人而自己又做到节俭而不舍奢侈，那就好了。

诚然，勤劳节俭既是一个民族发展和强大的条件，也是一个人成才和成就大事的必备素质，同时还是清朗社会风气、陶冶人们情操的重要途径。总之，节俭是幸福的源头。从古至今，以勤劳俭朴著称的众多贤士仁人通过不同的形式，将这一传统美德发扬光大。正是这种勤劳节俭、艰苦奋斗的传统美德，使中华民族得以不断地发展壮大，屹立于世界民族之林。

三、明礼诚信

（一）明礼

中国是世界闻名的礼仪之邦，“礼”是中国文化的突出精神。好礼、有礼、注重礼仪是中国人立身处世的重要美德。

中国传统文化认为，“礼”是人最主要的特征，即“凡人之所以为人者，礼义也”（《礼记·冠义》）；“礼”是治国安邦的根本，即“礼，经国家，定社稷，序民人，利后嗣者也”（《左传·隐公十一年》）；“礼”又是立身之本和区分人格高低的标准。

“礼”根源于人的恭敬之心、辞让之心，出于对长辈、对道德准则的恭敬和对兄弟朋友的辞让之情。“礼”包含“谦和”之德。所谓谦，就是谦虚、谦让，表现为在荣誉、利益面前谦让不争，以及在人际交往中的互相尊重；所谓和，就是和气、和睦、和谐，表现为在处理人际关系时强调和睦相处。

中国古代的礼仪

在我国公民道德建设中，“明礼”作为基本道德规范之一，综合概括了以往的“礼”所涉及的“礼仪”“礼让”“文明”的含义。“明礼”不仅要求人们倡明“礼”，更要求人们注重“礼”的实践。“礼”的实践范围涵盖了社会公共生活、职业生活和家庭生活三大领域。与之相对应，“礼”的内容体现为社会公德、职业道德和家庭美德三大基本道德规范。

千古美谈

六尺巷的故事

清代康熙年间的文华殿大学士、礼部尚书张英是桐城（今安徽桐城）人。一次，张家在桐城的邻居盖房，欲占张家的地皮，与张家发生了争执。张老夫人便修书给张英，要张英出面干预。

张英看完老夫人的书信后，立即批诗寄回。诗曰：“一张书来只为墙，让他三尺又何妨。长城万里今犹在，不见当年秦始皇。”张老夫人知书明理，见到张英的诗后旋即让地三尺。邻居见此情景，深感惭愧，也连忙让地三尺。于是，在两家的院墙之间，就形成了六尺宽的巷道。两家虽然看似都失去了三尺地，但是却换来了邻里之间的和睦。

后来，这条巷子的故事流传开来，六尺巷也逐渐成为桐城的一张旅游名片（见图1-2-1）。“六尺巷”的故事，成为彰显中华民族传统美德的见证。

图1-2-1 桐城六尺巷

（二）诚信

《礼记·礼器》载曰：“忠信，礼之本也。”说明古人把“忠信”视为“礼”的本质。“诚”于内而“礼”于外，是对“明礼”与“诚信”相互关系的最好解说。

诚信是中华民族的传统美德。在古人看来，“诚”是为人之道，“诚之者，人之道也”（《中庸》）。因此，人立身处世须循天道，说真话，做实事。“信”是“人言为信”和“以实之谓信”，即把诚实称作讲信用。它既是君子的美德，又是人们在交往过程中必须遵循的道德准则。可见，“诚”主要是从天道而言，“信”主要是从人道而言。故孟子曰：“诚者，天之道也；诚之者，人之道也。”所以，古人常将“诚”与“信”合称。程颐在《周易程氏传》中说：“欲上下之信，唯至诚而已。”就是说，信生于诚，无诚则无信。

在现代社会，诚信的基本内涵也包括“诚”和“信”两个方面。“诚”主要是指尊重事实、真诚待人，既不自欺也不欺人。“信”主要是指讲信用、守承诺。“诚”为“信”之基础，它侧重于“内诚于心”，体现了个人内在的道德修养。“信”侧重于“外信于人”，体现为外在的行为表现。由此可以看出，诚信就是要守诺、践约、无欺，即说实话、办实事、做老实人。诚信是道德的基本规范，也是做人和做事的基本准则。它要求人们具有诚实的品德和境界，尊重事实，不自欺、不欺人，说真话、做真事；要求人们在社会交往中言行一致、信守诺言、履行自己应肩负的职责。

四、修己慎独

“修己”就是要提高自我修养，修身养性。《论语·宪问》提出“修己以敬”“修己以安人”“修己以安百姓”，表明“修己”是君子立身处世和管理政事的关键所在。只有做到修己，才能治国平天下。

“慎独”就是要自律，看重的是个人品行。《礼记·中庸》中记载：“君子戒慎乎其所不睹，恐惧乎其所不闻。莫见乎隐，莫显乎微，故君子慎其独也。”意思是说，君子在无人看见的地方也应小心谨慎，在无人听得到的地方也要恐惧敬畏。在最隐蔽、最细微的言行上就能看出一个人的品质，所以君子要学会慎独。

中华智慧 ZHONGHUA ZHIHUI

论语·宪问

【原文】

子路问君子，子曰："修己以敬。"曰："如斯而已乎？"曰："修己以安人。"曰："如斯而已乎？"曰："修己以安百姓。修己以安百姓，尧、舜其犹病诸！"

【译文】

子路问怎样才能成为君子。孔子回答："修养自己，保持严肃恭敬的态度。"子路问："这样就够了吗？"孔子回答："修养自己，使周围的人安乐。"子路问："这样就够了吗？"孔子回答："修养自己，使所有百姓都安乐。如果靠修养自己而使所有百姓都安乐，尧和舜恐怕都难以做到。"

所谓"修己慎独"，就是努力提高自身修养，严于律己，自重自爱。这是一种自我修养，也是一种自我挑战与监督，更是一种情操、一种自律精神、一种表里如一的坦荡。俗语说："君子不欺暗室。"意思是说，君子不在暗中干坏事，不做昧心事。对于君子来说，不但要"修身"，更要"慎独"。其体现出的是一种外在和内在的统一。

修己慎独是中华传统道德中的精髓，是提升个人道德修养的重要方法，也是评定一个人道德水准的关键因素。其所蕴含的处世态度和人生境界，培养了中华民族践履道德的自觉性与主动性，造就了许多具有高尚品质和坚定节操的君子人格。武则天在《臣轨》中强调官员"慎思""慎言""慎行"，要求为官者要修身养性、端正品行，告诫官员应常修为官之德、常思贪欲之害；清代曾国藩规定自己每天必做 12 件事，即主敬、静坐、早起、读书不二（即若一本书没有读完，就不读其他书）、读史、日知其所亡（即每天都知道一些自己以前所不知的知识）、月无忘其所能、谨言、养气、保身、作字（即饭后写字半小时）、夜不出门，并要求自己"一以贯之"，长期坚持。此外，范仲淹"食粥安心"、许衡"梨虽无主，我心有主"、鲁迅刻"早"字激励自己等名人故事，无不体现出他们"修己慎独"的良好品质。

在新的文化背景下，"修己慎独"也应该成为当代人所追求的精神境界，做到言行如一、心口如一、始终如一。即使在没有他人监督的情况下，仍能按照要求和规矩办事，绝不因恶小而为之，也不因善小而不为。在充满诱惑的社会生活中，要达到这样的思想境界绝不是靠一时的感悟，或者一朝一夕之功所能成就的，而是靠平时的点点滴滴，长期扎扎实实的努力，以及自觉抵制各种诱惑的坚定信念来成就的。老子言："胜人者有力，自胜者强。"意思是说，能自胜，才称得上强大；内心强大，才是真正的强大。面对社会的种种诱惑、命运的荣辱沉浮、人生的成败得失，只有守得住自己的内心，管得住自身的言行，不逾矩，不放纵，才是真正自强的人。

五、浩然之气

所谓"浩然之气"，就是骨气和节操。自古以来，中国人就很注重浩然之气，正所谓"三军可夺帅也，匹夫不可夺志也"。

浩然之气出自《孟子·公孙丑》中的"我知言，我善养吾浩然之气"。孟子认为，对正义和道义的坚守达到一定境界，就自然会产生一种至大至刚的力量，即"浩然之气"。浩然之气作为一种气，是正义与道德的结合，鼓舞着人们为实现正义、维护道义而勇往直前。

孟子的“浩然之气”，其实就是气节，是一种正大、刚直的精神，也是道德情感、道德意志融为一体的一种至高无上的内心状态，更是一往无前、无所畏惧的正义体现。在我国的历史长河中，无数先贤的切身演绎使浩然之气从概念化成了活生生的标本：屈原“路曼曼其修远兮，吾将上下而求索”的爱国之情，文天祥“人生自古谁无死，留取丹心照汗青”的千古绝唱，岳飞“三十功名尘与土，八千里路云和月”的壮志豪情，于谦“粉骨碎身浑不怕，要留清白在人间”的磊落襟怀，林则徐“苟利国家生死以，岂因祸福避趋之”的大无畏精神……逝者虽去，浩然之气永存。中国人的浩然之气已经写在了历史中，融入了民族的骨髓里。浩然之气，实乃万众一心、同仇敌忾的中华民族之正义之气。

在新的历史时期，浩然之气有了更广的含义：爱国爱党、爱岗敬业是浩然之气；诚实守信、遵纪守法是浩然之气；与人为善、尊老爱幼是浩然之气……弘扬、光大民族的浩然之气是新时代青年学生的使命。当代青年学生应从现在做起，坚定复兴中华的信念，积极提高自身修养，善言、善行，有勇气、讲正气，将培养自身浩然之气作为一种生活态度和精神追求。

品味文化

一、以人为本

所谓以人为本，就是将人作为考虑一切问题的出发点和归宿，肯定人在万物及人神关系中的中心地位。中华传统文化始终围绕着“人”展开各项活动，具有浓厚的人文精神。“以人为本”既是中华传统文化的一大特色，也是中华传统文化基本精神的重要内容。

自古以来，中国人就认为人是万物之灵，可以与天地“相参”，从而辅助天地化育万物。周武王伐纣之前发表“惟人万物之灵”（《尚书·泰誓》）的宣言；周公提出“敬德保民”的观念，指出“天命靡常”“天不可信”“民之所欲，天必从之”，将天意归结为民意；《左传》认为“夫民，神之主也。是以圣王先成民而后致力于神”，也显示了“重人”的观念。因此，中国人在观察事物、明辨是非时，不仅“上揆之天”“下验之地”，还要“中审之人”（《吕氏春秋·序意》）。既用“人事”附会天道，将人的行为归于“天道”的流行。天人之间以人为主导的观念充分体现了“以人为本”的文化精神。

同时，中国人认为，解决问题也必须依靠人自身的力量。例如，孔子提出“未能事人，焉能事鬼？”“不语怪、力、乱、神”，将人事和人的生命放在首位，并将解决问题的希望寄托于人自身。又如，贾谊认为“闻之于政也，民无不为本也”（《新书·大政上》），刘备认为“夫济大事必以人为本”（《三国志·蜀书·先主传》，朱熹认为“天下之务莫大于恤民”（《宋史·朱熹传》），这些思想均体现出“以人为本”对稳固国家稳定具有重要作用。

二、德性文化

德性指人的道德品性，是人自然至诚的本性，是人生而具有的向善本性。中华传统美德是一种以伦理道德为中心的德性文化。程颐提出“德性之知”，将“德性”视为人的内在自我认识。王夫之认为：“德性者，非耳目口体之性，乃仁义礼智之根心而具足者也，常存之于心，而静不忘，动不迷，不倚见闻言论而德皆实矣。”（《张子正蒙注·天道》）将“德性”视为心中常存的仁义礼智，直指伦理道德核心。

德性文化是一种天人合德的崇德意识。天与人的关系，是中国古代思想家关注的主要问题。例如，周公坚持“君权天授”，认为只有有德者才可承受天命，失德就会失去天命，因此，君主应当“以德配天”，进而“敬德保民”。又如，孔子提出“天人合德”的观点，认为人应效法于天，与天合德，以达到“天人合一”；同时，孔子认为“天”并不是唯一的决定力量，人能够通过自己的德行来感应上天，从而对天意产生影响。

德性文化是一种厚德载物的立德思想。“厚德载物”出自《周易·坤》：“天行健，君子以自强不息；地势坤，君子以厚德载物。”其中，“厚德”是指最高尚的道德，包括中国人所追求的集“仁义礼智信”“温良恭俭让”“孝悌忠信、礼义廉耻”等诸多德性于一身的君子人格。“载物”之“物”，不仅指万物，也指人。作为拥有高尚德行情操的人，只有厚德才能载物，德薄者量浅，寡善者器小，无法容纳万物、理解关心他人。同时，载物也是一种厚德，载物即能容万物，体现的是仁爱与包容精神。

德性文化是一种以德修身的自律主张。儒家强调“以德修身”的自律精神，认为“修身”乃立命之根本。孔子提出“修己安人”的思想，并把心性与天联系起来，构成了尽心、知性、知天的系统化的修养理论；孟子从性善论出发，提出“五伦之教”，认为人伦乃是常道，注重人与人之间的相互关系；荀子从性恶论出发，将“仁礼”结合，提出“化性起伪”，强调用礼义法度等引导人的自然本性，“积善成德”。道家也非常重视人的德性修为。老子强调“修己”，追求自我人格的完善。在《道德经》里，老子从道体、道原、道理、道用、道德、道术等方面对“道”进行了诠释。“道”落实到人生层面就是“德”，即“德”源于“道”，继之于“道”，通之于“道”，成之于“道”。

三、爱国思想

5 000 多年来，中华民族之所以能够经受住无数难以想象的风险和考验，始终保持旺盛的生命力，生生不息，薪火相传，同中华传统文化中深厚持久的爱国思想密不可分。

家庭、家人、家乡的观念在中国人的思想里根深蒂固。中国人把对父母的孝、对家人的爱，扩展到对国家社稷的忠；把孝亲上升为爱国心，把对家庭、家乡的感情放大为爱国情。

中国人有着高度的文化认同感、忧国忧民的意识和以天下为己任的责任感。屈原“长太息以掩涕兮，哀民生之多艰”，司马迁“常思奋不顾身，以殉国家之急”，霍去病“匈奴未灭，何以家为”，诸葛亮“鞠躬尽瘁，死而后已”，岳飞“精忠报国”，范仲淹“先天下之忧而忧，后天下之乐而乐”，文天祥“人生自古谁无死，留取丹心照汗青”，顾炎武“天下兴亡，匹夫有责”……自古以来，无数的仁人志士都表达了自己对国家的热爱和忧国忧民、以天下为己任的精神。在这种思想影响下，无数国人为国家富强和统一而战，涌现了卫青、霍去病、岳飞、文天祥、戚继光、郑成功、林则徐、关天培、葛云飞、邓世昌等英雄人物。中华民族的爱国思想已经植根于国人的心灵深处，是中华民族的精神基因，维系着中华民族的团结统一，激励着一代又一代中华儿女为祖国的繁荣发展不懈奋斗。

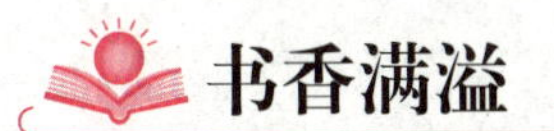

书香满溢

一、《弟子规》

（一）作品介绍

《弟子规》原名《训蒙文》，是由清代康熙年间的秀才、著名学者、教育家李毓秀在宋代朱熹《童蒙须知》的基础上，选取《论语》《孟子》《礼记》《孝经》等内容，根据传统教育对童蒙的要求和自身的教育实践改编而成的。后经清代中期的儒生贾存仁修订，最终改名为《弟子规》。

《弟子规》的内容以《论语·学而》中的“弟子入则孝，出则弟，谨而信，泛爱众，而亲仁，行有余力，则以学文”为纲要，分为总叙、入则孝、出则弟、谨、信、泛爱众、亲仁、余力学文八个部分，按三字一句、两句一韵编纂而成。

《弟子规》以浅显通俗的文字、三字押韵的形式阐述了学习的重要性、做人的道理，以及待人接物的礼貌常识等。其循循善诱，文风朴实，说理透彻，内容大都符合古代伦理规范，几乎与《三字经》《百家姓》《千字文》有同等影响，清代后期成为广为流传的童蒙读物。

（二）名句解析

（1）弟子规，圣人训。首孝悌，次谨信，泛爱众，而亲仁，有余力，则学文。

【解读】《弟子规》是依据至圣先师孔子的教诲编写而成的生活规范。首先，要孝顺父母，友爱兄弟姊妹；其次，为人处事要小心谨慎，讲信用；再次，与人相处时要平等、博爱，并且多向有仁德的人学习，这些都是很重要且非做不可的事情。此外，还应抓紧时间，集中精力好好学习六艺及其他有益的学问。

（2）父母呼，应勿缓；父母命，行勿懒；父母教，须敬听；父母责，须顺承。

【解读】父母呼唤时，应及时回应，不要慵懒迟缓；父母交办之事，要躬身力行，不可拖延推辞。父母对我们的教诲，应恭敬聆听；做错事父母责备教育时，应当虚心接受，不可强词夺理，让父母失望伤心。

（3）凡出言，信为先。诈与妄，奚可焉。话说多，不如少。惟其是，勿佞巧。奸巧语，秽污词。市井气，切戒之。

【解读】应承说事，应诚信为先、一诺千金。如无力办到，则不要随意夸口欺骗，更不能花言巧语、信口开河。话多不如话少（言多必失），话少不如话好。话要说得恰到好处、实事求是，该说则说，不该说时不乱说，不要巧言令色，好听却靠不住。立身处世应谨言慎行，奸诈取巧的语言、下流肮脏的词汇、无赖粗俗的口气，都不应沾染。

（4）见未真，勿轻言。知未的，勿轻传。事非宜，勿轻诺。苟轻诺，进退错。凡道字，重且舒。勿急疾，勿模糊。彼说长，此说短。不关己，莫闲管。

【解读】任何事情在没有看到真相之前，都不要轻易发表意见；对事情来龙去脉了解得不够透彻明白时，不可以任意传播，以免造成不良后果。不合义理的事，不要随便答应；如果轻易允诺，会使自己进退维谷、难以两全。讲话时要口齿清晰、字正腔圆，不要语速太快，更不要模糊不清。听到他人说长道短、搬弄是非时，要理性判断、一听而过，不要因介入是非、多管闲事而陷入麻烦。

（5）见人善，即思齐。纵去远，以渐跻。见人恶，即内省。有则改，无加警。

【解读】看到他人长处或善举，要立刻想到学习看齐，纵使能力相差甚远，也要下定决心，逐渐赶上；看到别人的缺点或不足，也要反躬自省、对照检查，有则改之，无则加勉。

二、《幼学琼林》

（一）作品介绍

《幼学琼林》又称《成语考》《故事寻源》，是中国古代的儿童启蒙读物，作者为明代程登吉（允升），一说为明代邱濬。后经清代邹圣脉，以及民国时期费有容、叶浦荪和蔡东藩等人增补而成。

《幼学琼林》为骈体文，全部用对偶句写成，容易诵读，便于记忆。其内容广博，包括中国古代的著名人物、天文地理、典章制度、风俗礼仪、生老病死、婚丧嫁娶、鸟兽花木、朝廷文武、饮食器用、宫室珍宝、文事科第、释道鬼神、警句格言等，还对许多成语的出处进行了介绍，被称为中国古代的百科全书，人称“读了《增广》会说话，读了《幼学》会读书”。但是，此书中也有一些封建思想，对于现代人来说难以认同，青年学生应取其精华，去其糟粕，结合实际情况进行阅读。

（二）名句解析

（1）势易尽者若冰山，事相悬者如天壤。——《幼学琼林·天文》

【解读】情势容易消解，就像阳光照耀冰山一样。不同事物之间的差别很大，就像天地一样。

（2）智欲圆而行欲方，胆欲大而心欲小。——《幼学琼林·人事》

【解读】有智慧的人要能够外圆内方，胆量越大做的事情就要越仔细。

（3）韶华不再，吾辈须当惜阴；日月其除，志士正宜待旦。——《幼学琼林·岁时》

【解读】美好的时光再也不会回来，应当珍惜光阴。光阴随着日月流逝，有志气的人们应当努力前行。

（4）一人之所需，百工斯为备。——《幼学琼林·器用》

【解读】一个人生产和生活所需要的东西，需要各行各业的工匠们共同努力才能备齐。

（5）当知器满则倾，须知物极必反。——《幼学琼林·人事》

【解读】应该知道欹（qī）器满了就会倾覆，事物发展到极点必然走向反面。

文化实践

一、我的家风故事

家族文化是中华文明的重要组成部分，而家族文化的传承需要以良好的家风为基础。家风好，就能家道兴盛、和顺美满；家风差，难免殃及子孙、贻害社会。家风是无言的教育、无字的典籍、无声的力量，其本质是德行、品行的传递，是先人美德对后人品质的影响，是道德准则、处事方法、精神面貌的体现。

请在全班举办一次“我的家风故事”征文活动。

（1）征文内容：以“传承良好家风、注重家风建设”为主题，讲述家训、家规、家书、家教等方面的内容，解说家风对自己道德品质、学习习惯、生活作风等方面的积极影响。

（2）具体要求：① 投稿作品以讲述一两个情节的故事为主，应主题明确，语言平实，细节生动；② 作品必须原创，不得抄袭，作者应对内容的真实性负责；③ 字数不限；④ 以电子邮件 Word 附件的形式发送，邮件主题格式为“姓名—联系方式—家风故事”。

（3）评选规则：全班讨论，集体商定，教师判定。

二、重温那些闪着泪光的故事

2008 年 5 月 12 日，在四川省阿坝藏族羌族自治州汶川县映秀镇发生里氏 8.0 级地震，地震发生后，全国人民团结一心，守望相助，无数救援队伍奔赴一线，共同抗震救灾。在抗震救灾的过程中，涌现出了许多优秀人物，上演了许多感人的故事。请查找相关资料，了解我国在“5·12 汶川地震”中的各项措施、先进人物事迹，以及相关影视、文学、音乐、美术、摄影作品等，并对资料进行整理和分类。

（1）全班学生以 5～7 人为一组进行分组，各组选出一名组长。由组长进行任务分工，并制订出具体的工作计划。各组将小组成员及分工情况填入表 1-2-1 中。

表 1-2-1　小组成员及分工情况

班级		组号		指导教师	
小组成员	姓名	学号	任务分工		
组长					
组员					

（2）按照工作计划，开展班级活动。各组将具体的实施情况记录在表 1-2-2 中。

表 1-2-2　活动实施情况

时间安排	实施步骤
	1. 本组使用的信息搜集方法包括：
	2. 我国的抗震救灾措施主要包括：
	3. 列举先进人物及其事迹（至少 3 个）：
	4. 推荐相关影视作品、文学作品、音乐作品、美术作品和摄影作品（每个类别至少列举一个）：
	5. 上述人物事迹和相关作品体现出了哪些优秀的中华传统美德（至少列举三件事进行说明）？
	6. 汇总资料搜集结果，撰写活动感悟（文体不限，不少于 800 字）。

第二章

至美华章——语言与文学篇

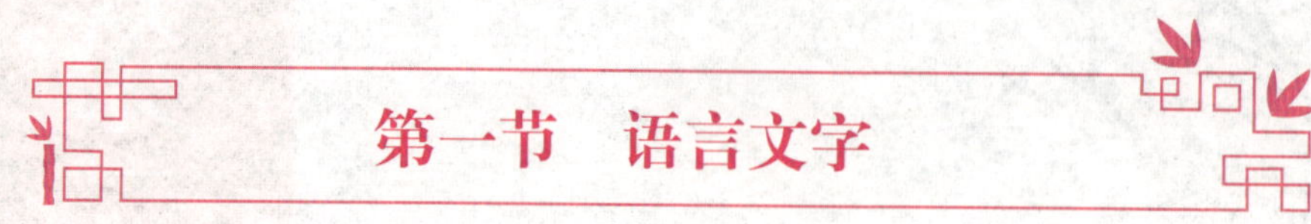

第一节　语言文字

学习目标

知识目标

- 了解汉语和汉字的产生与发展过程。
- 熟悉汉字的造字法。

素养目标

- 规范使用汉字，书写诗意文章，发挥语言文字在弘扬中华优秀传统文化中的重要作用。
- 感受汉字的深厚底蕴及我国日益提升的国际地位和国际影响力，增强传承与弘扬中华优秀传统文化的自觉性和自信心、责任感和使命感。

文化讲堂

一、汉语

汉语历史悠久、体系复杂，是世界上使用人数最多的语言，也是联合国规定的 6 种工作语言之一。

（一）原始汉语的产生

在远古时代，人类最初以单个群体形成群居生活，由于群居生活需要信息交流，所以产生了最原始的口语。原始口语是单个群体在共同生活中形成的共同约定、共同记忆的表意语音，其表意简单，数量不多，只能在单个群体内进行信息传递。

随着人类的不断进化，种群逐渐扩大，产生了原始部落。部落中丰富多样的生产和生活实践，使得人与人之间协调、交流信息的机会越来越多，口语使用更加频繁，所以语音数量大量增加，口语的表意也日益丰富。同时，还出现了用以存贮、传递信息的记事符号。记事符号的产生，适应了大群体活动信息交流的需要，是语言的重大发展。

人类从利用声音传递信息到利用符号传递信息的阶段，是原始汉语产生的阶段。由于当时没有语音记录，只能从古人类的生存历史痕迹中得知。这段历史时期的语言发展是漫长的，也正是有了漫长的原始语言积累，才有后面先进语言的发展，进而逐步形成如今完整的汉语语言体系。

（二）古代汉语的发展阶段

一种语言从产生到普遍应用，往往要经历一个很长的发展过程。作为一种表达工具，汉语一直都在发展和演变，在不同的发展阶段中，其语音、词汇、语法也都有各自的特点。总的来说，其演变过程可以分为上古汉语时期、中古汉语时期和近代汉语时期。

1. 上古汉语时期

上古汉语时期大致从公元前 16 世纪到公元 3 世纪，即商、周、秦、汉时期。这一时期的汉语主要有以下特点：

（1）语音上，没有轻唇音；声调分平、入两大类，又各按音高和音长分为两类，没有去声。

名词解释

轻唇音是由唇与齿的接触而发出的辅音（子音）。

去声是古代汉语声调中的第三调，是普通话声调中的第四调。

（2）词汇上，以单音词为主，复音词和虚词逐渐增加。

（3）语法上，判断句一般不用系词；否定句和疑问句的代词宾语通常要放在动词和介词前面；被动句通常用“于”“见”等虚词表示；实词缺乏一定的词类标志。

2. 中古汉语时期

中古汉语时期包括六朝（一般指三国至隋朝期间南方的 6 个朝代，即孙吴、东晋、南朝宋、南朝齐、南朝梁、南朝陈）、隋、唐、宋这几个朝代。六朝时期，由于少数民族统治中国北方，加速了汉语和北方少数民族语言的融合。唐宋时期，经济和文化高度发展，促进了以中原语言为基础的汉民族共同语的广泛传播和发展。总的来说，这一时期汉语有以下特点：

（1）语音上，以《切韵》音系为代表的中古语音系统形成；平、上、去、入四声形成；轻唇音产生；大量古入声字变为平声。

传世经典

《切韵》

《切韵》是由陆法言执笔，将刘臻、颜之推、卢思道、李若、萧该、辛德源、薛道衡、魏彦渊这 8 位著名学者讨论商定的审音原则加以记录，于隋文帝仁寿元年（601）编写完成的。全书共 5 卷，收 1.15 万字版，分 193 韵。其中，平声 54 韵，上声 51 韵，去声 56 韵，入声 32 韵。唐代初年被定为官韵。增订版本甚多。

《切韵》原书已失传，其所反映的语音系统因《广韵》等增订本得以流传。现存最完整的增订本有两个：一是唐写本王仁昫（xù）的《刊谬补缺切韵》；二是北宋陈彭年等编的《大宋重修广韵》。法国国家图书馆收藏的敦煌唐写本《切韵》残卷（见图 2-1-1），是现存年代最久远的、与陆法言编撰《切韵》最相近的版本。

《切韵》反映了当时汉语的语音系统，规范了韵书修撰的体例，从隋唐至近代一直沿用不废。其归纳的语音体系，经《唐韵》《广韵》《集韵》等书增补，一直是官方承认的正统。

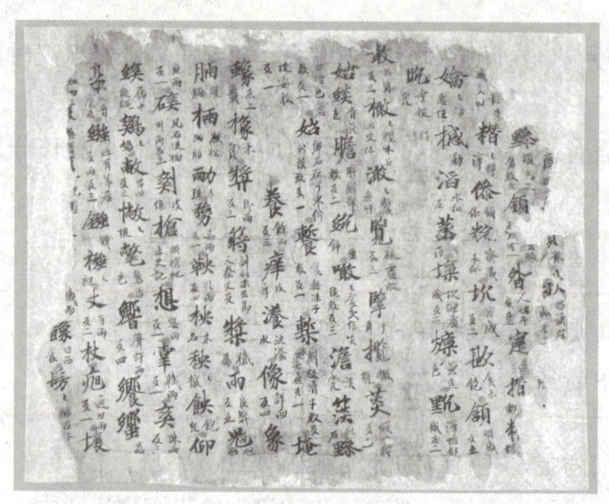

图 2-1-1　敦煌唐写本《切韵》残卷

（2）词汇上，复音词大量增加；有了一定数量的外语借词。

（3）语法上，第三人称代词“他”产生；系词“是”及新的判断句得到广泛应用；否定句、疑问句的代词宾语普遍移到动词后面；用“被”表示的被动句出现；用“将”和“把”表示的处置式产生；“动词+否定副词+动词”式的反复问句产生。

（4）出现文言和白话两种书面语言。这一时期模仿上古汉语的文言占有统治地位，反映口语的白话开始形成，并在变文（古代说唱文学体裁）、语录中得到广泛应用。

古代汉语声调

古代汉语有平、上、去、入四个声调。到了元代，平声分化为阴平和阳平，就是现在的一声和二声，上声有一部分字归并到去声，剩下的是现在的三声，去声和由上声归并的一些字是现在的四声，入声分化到了阴平、阳平、上声、去声四个声调当中。

如今，中华人民共和国通用的现代标准汉语是普通话，其以北京语音为标准音，以北方方言为基础方言，普通话没有入声这个声调。古入声字，有的方言今仍读入声，如闽语、粤语、吴语、晋语等；有的方言今不读入声，分别归入其他声调中。例如，河南郑州话的入声今大部分归阴平，少部分归阳平；重庆话的入声今归阳平；等等。

3．近代汉语时期

近代汉语时期从公元 13 世纪到 20 世纪初，包括元代、明代和清代。总的来说，这一时期汉语有以下几个特点：

（1）语音上，出现卷舌声母；入声消失，并入平、上、去三声；平声分阴平、阳平两类。

（2）词汇上，吸收了大量的外来词，并根据外来的概念创造了大量新词。

（3）语法上，“着”“了”“过”等时态助词的用法进一步固定；“地”“的”等结构助词也得到普遍使用；新的语气词系统形成。

二、汉字

（一）汉字的演变

1. 起源和雏形

汉字是目前世界上唯一仍在使用的表意文字，也是中国文化的重要载体。它记录了中华民族5 000多年的历史进程。一般认为，汉字是由零散的字符逐渐积累，达到一定体量后经过人为规范形成的文字体系。

汉字的起源有许多传说，如仓颉（jié）造字说、伏羲画卦说等。在《周易·系辞》中还提到，“上古结绳而治，后世圣人易之以书契”，认为汉字起源于古人“结绳而治”。

此外，在一些考古发掘和历史遗迹中，人们发现了许多汉字的雏形，为研究汉字起源提供了参考。例如，在距今约8 000年的河南贾湖的龟甲和距今约7 000年的河南裴李岗文化墓葬中的龟甲上，都刻有类似甲骨文的符号；在距今6 500年到4 500年的山东大汶口文化时期的陶器上，有一些刻画的符号很像甲骨文，如图2-1-2所示；在距今5 000年到4 000年的龙山文化时期的灰陶大平底盆残片上，发现了11个刻画符号，这些符号笔画流畅，刻写有一定章法，排列也很规则，已经脱离了符号和图画的阶段，很可能是当时所使用的文字，后被称为“丁公陶文”，如图2-1-3所示；等等。

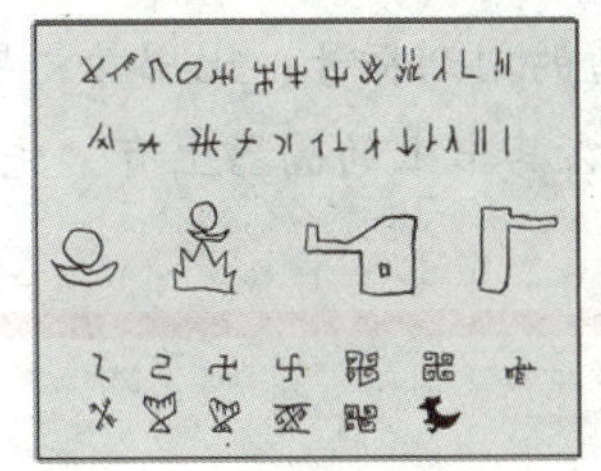

图2-1-2 大汶口陶文

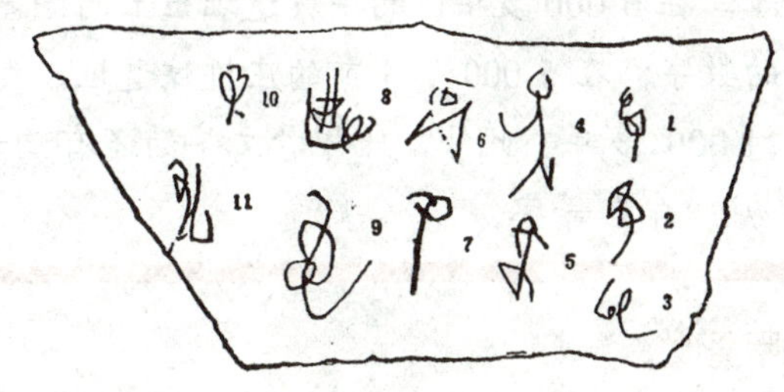

图2-1-3 丁公陶文摹写图

文化溯源

关于汉字起源的传说

仓颉造字说

东汉许慎在《说文解字》中写道，神农时期先民以结绳的方式来记事，到了黄帝时期，史官仓颉受到鸟兽脚印的启发，通过不同形状的脚印将鸟兽区分开来，并依此创造出来“文”。他又将“文”赋予固定规范的形状和读音，且称之为“字”。因此，按书中观点，字源于文，文源于象形，通过仓颉的整理汇编，而形成相对规范的文字，即汉字。

伏羲画卦说

传说，伏羲氏仰观象于天，俯观法于地，观鸟兽之文与地之宜，近取诸身，远取诸物，于是总结出了自然界的发展规律，画出了八卦图。后人以伏羲氏为人文始祖，便将汉字的起源与伏羲画卦联系起来。

《尚书·序》记载，“古者伏牺氏之王天下也，始画八卦，造书契，以代结绳之政，由是文籍生焉”。《纲鉴易知录》记载，“命朱襄为飞龙氏，造书契”“书制有六：一曰象形，二曰假借，三曰指事，四曰会意，五曰转注，六曰谐声。使天下义理必归文字，天下文字必归六书”。

意思是说，伏羲氏之前，人们遇到什么事，都用绳子打结记载，大事打大结，小事打小结。时间一长，就分不清那些结记载的是什么事。为此，伏羲画了八卦，但仅用八种符号记载仍然不行，于是就根据事物的形状，如日、月、山、水等，创造出了文字。

刻契说

契是刻的意思。所谓刻契，就是在木版或竹片上刻些缺口或其他记号，以表达一定的意思。刻契是古人记事的一种方法。例如，猎了一只野兔，就在竹片上刻一只野兔；猎了两只野兔，就刻上两只野兔。

《周易·系辞》中记载："书之于木，刻其侧为契，各执其一，后以相符合。"这是刻契说的有力说明。目前发现的刻契中，"一二三"与现代汉字中的"一二三"一模一样。郭沫若也认为，早期的汉字从结构上分为刻画和图画两大系统。其中，刻画是结绳、契木的演进，图画是八卦、象形字的演进。

这一学说也有很多考古方面的论证：在 8 000 多年前的贾湖遗址出土了一批刻符，在 21 个刻符中，可以识别出 11 个字，分别反映了八卦中离、坤两卦之象；在 7 000 多年前的双墩遗址中，发现了 600 多种刻符，这些刻符具有表意、记数的功能，已经初步具备了原始文字的性质；在 6 000 多年前的半坡遗址出土的陶器上，沿口刻有二三十种符号，其中一些也是原始的数字；在 5 000 多年前的庄桥坟遗址，发现许多用来交流沟通的刻划符号，比甲骨文早了 1 000 多年。此外，比甲骨文早的还有陶寺遗址的唐尧文化，在其出土的陶器上有"尧""易""命"等字。

2. 甲骨文

甲骨文（见图 2-1-4）又称"龟卜文""契文""殷契"等，是商代（约公元前 17 世纪到公元前 11 世纪）的文字，距今约 3 600 年。商代，人们信鬼神、重祭祀，做事之前经常进行占卜。占卜时，人们往往会在龟甲或牛胛骨上刻上向鬼神请问的文字，然后进行炙烤，通过甲骨或牛胛骨上的裂纹来预测吉凶。因此，人们将这种刻凿在龟甲或牛胛骨上的文字称作"甲骨文"。

图 2-1-4　甲骨文

殷墟嵌绿松石甲骨

甲骨文的发现极富传奇性。清光绪二十五年（1899），时任国子监祭酒的王懿荣在药店买回来的药引上发现了一些刻画的符号，这些符号很像古老的文字。经过研究，他初步判定这是殷商时期的文字，并将其命名为"龟版"文字。王懿荣也因此成为第一个收集并研究甲骨文的人。甲骨文从发现至今，经过不同时期的开采，共出土甲骨约 15 万片，历经几代学者努力研究，能准确释义的有 1 500 余字。下面列举一些甲骨文中的文字实例。

（1）“国”的繁体字是“國”。从图 2-1-5 中可以看到，甲骨文的“国”字正是繁体的“國”字去掉外面方框后不完整的“或”字。根据字形分析，“或”字从戈（  ）从口，而口象征疆域，戈象征武力守备，从而非常形象地揭示了“国”的本义。

（2）“学”的繁体字是“學”。从图 2-1-6 中可以看到，甲骨文的“學”，从双手从爻（yáo），《说文解字》认为“从教从冂（jiōng）”。“教”的甲骨文是 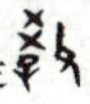 ，像一人手执教鞭用“爻”来教导“子”（小孩），甲骨文的“學”正是双手捧“爻”之形。从这里可以看出，“教”和“学”自古就是一对同时存在的动作，其文字中体现出来的基本信息是相同的。

图 2-1-5 “国”对应的甲骨文

图 2-1-6 “学”对应的甲骨文

3．金文

金文又称“钟鼎文”“彝文”，是指商周时期铸刻在青铜器上的铭文，属于金属上所刻之字。金文应用的年代，上自商代早期，下至秦灭六国，约 1 200 年。根据现有资料，已发现的金文字数共计 3 722 个，其中可以识别的字有 2 420 个。

以金文“国”“学”“易”“名”（见图 2-1-7）4 个字为例，金文与甲骨文相比对后，可以看到：

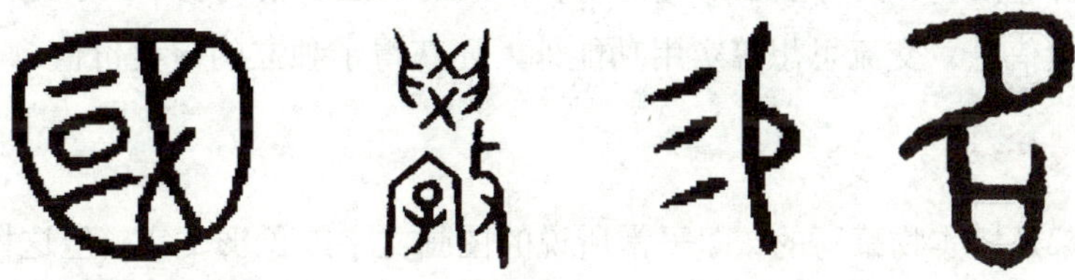

图 2-1-7 金文“国”“学”“易”“名”

（1）有些金文继承了甲骨文的写法，如“易”知字。

（2）有些金文是在甲骨文的基础上，通过增加文字符号而来，如“国”“学”二字。“國”在甲骨文“ ”字的基础上加上外面的方框，更加强调和突出了国家疆域的内涵。“學”是甲骨文“ ”“ ”二字的合并形体，明确了学和教的形态。

（3）有些金文改变了结构。例如，甲骨文的“名”字为“ ”，是左右结构；金文的“名”字为“ 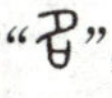 ”，是上下结构。

从上述实例可以看出，金文的本质仍然是一种象形文字，但它已经体现出了文字逐步发展变化的趋势。需要注意的是，金文比甲骨文稍晚出现，但与甲骨文在较长时间内是并行的。甲骨文用以占卜，金文用于纪贺。此外，金文还是承接甲骨文和篆文的桥梁，许多甲骨文之所以能被释读出来，正是因为比对了金文与篆文。

4．从六国文字到秦篆汉隶

春秋战国时期，长时间的割据状态使得文字的发展越来越繁复多样。六国使用的文字各不相同，统称六国文字。以“马”字为例，六国文字与秦篆之间的实际对比如图 2-1-8 所示。

秦统一六国后，迅速实行了“书同文”政策，将六国文字全部进行规范，并统整到秦国文字体系中，为汉字的发展和信息交流的顺畅奠定了基础。秦国的官方文字为篆书，也称“小篆”。由于小篆的书写比较复杂，因此秦国民间又出现了一种小篆的简易化书写体，即隶书，其与小篆的形体比较如图 2-1-9 所示。到了汉代，隶书逐渐成为一种普遍的书写方式，到东汉达到鼎盛，故又称“汉隶”。隶书的出现使得文字书写的速度明显加快，这对于书籍的大量产生和文化教育的推广普及，都具有不可小觑的作用。同时，隶书对之前的文字进行了结构的定型，为楷书的出现打下了基础，是汉字发展史上的里程碑。

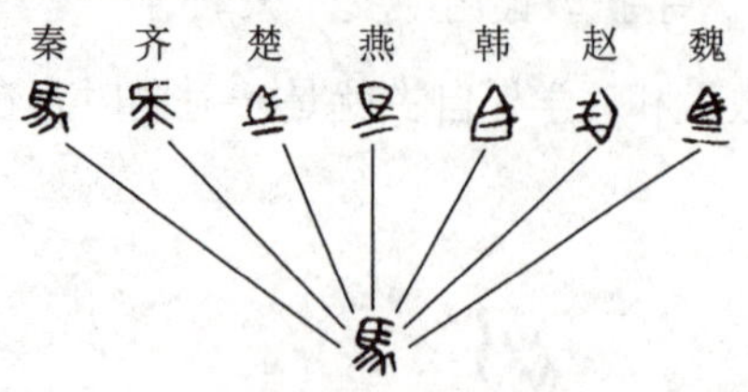

图 2-1-8　六国文字和秦篆的实际对比

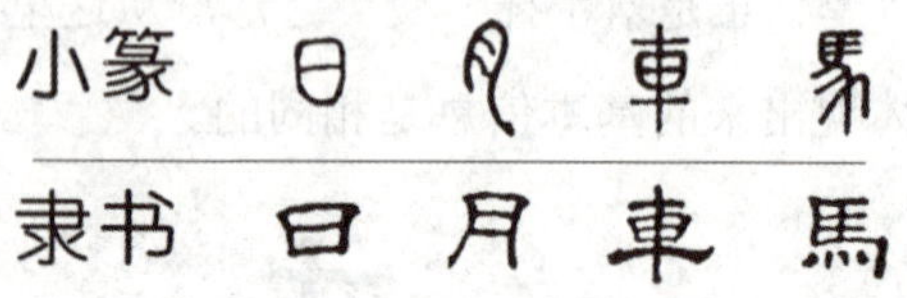

小篆　日　月　車　馬

隶书　日　月　車　馬

图 2-1-9　小篆和隶书的形体比较

5．草书、行书和楷书

随着人们对书写便捷的要求不断提高，汉代出现了章草，后又演变成今草。今草进一步发展，则是实用性弱而艺术性强的狂草。楷书起源于汉代，由隶书演变而来，具有形体方正、笔画平直的特点。行书介于楷书和草书之间。通常，近于楷书的行书称“行楷”，近于草书的行书称“行草”。

在此阶段，文字与艺术之间的联系也越来越紧密。与世界上的其他文字相比，汉字最突出的特点是以形表意，而且它作为具有特殊形体的文字，在发展演变过程中，与汉民族的审美理念发生了机缘性的碰撞和融合，繁衍出艺术价值极高、具有独立审美范畴和体系的书法、篆刻艺术。于是，汉字除了其他文字所具有的记录语言、传达信息、交流思想等实用功能外，还获得了独立的审美价值。

（二）汉字的造字法

汉字刚产生时，都是按实物摹写的，即平常所说的图画文字或象形文字。但这样的文字为数不多，满足不了人们表达思想、传播信息的需要。随着社会的发展，人们的思想日益复杂，象形文字逐渐向符号化发展、演变，记录和传播信息的文字也日益增多，导致文字向“六书”（象形、指事、会意、形声、转注、假借）发展演进。它的构成极其巧妙，记住字形和字义也不觉困难，往往是在原有文字构成的基础上，加以种种组合，以求形成更多的文字，这在世界文化史上是独一无二的。

战国时期，“六书”开始成为汉字构成的“总名”。到了汉代，“六书”中的各个构成已经有了各自的名字。东汉的许慎在《说文解字》中总结了“六书”的规律，系统分析了汉字字形，其具体内容如下。

1．象形

《说文解字》中记载：“象形者，画成其物，随体诘诎（jié qū），日月是也。”象形就是象实物之形，是指把客观事物的形体直接描绘出来。例如，日、月、山、水四字，就是模仿日之形、月之状、山之势、水之态而书写并逐渐演化而来的。象形字（见图 2-1-10）是最古老的一种字体，也是汉字形成的基础。由于语言中很多抽象的概念无法“画成其物”，无形可象，因此象形字存在一定的局限性。

图 2-1-10　象形字（从左到右依次为目、女、虎、车、日、月、羊）

2. 指事

《说文解字》中记载："指事者，视而可识，察而见意，上下是也。"指事是一种用抽象的指示符号来表达语言中某种概念的造字方法。指事字的构成有两种情形：一种是在象形字上添加指示符号，如刃、本、末等（见图2-1-11）；另一种是由纯抽象符号组成，如上、下等（见图2-1-12）。

图2-1-11 刃、本、末　　图2-1-12 上、下

3. 会意

《说文解字》中记载："会意者，比类合谊，以见指㧑（huī），武信是也。"所谓会意，是把意义上能发生联系的两个或两个以上的字拼合在一起，从旧字的比较中派生出新的字义，从而产生新的意思。例如，"人"字和"言"字合并成"信"字，意思是人言而有信；一个"木"字代表一棵树，两个"木"字组合在一起代表成片的树群，即"林"，而三个"木"字则表示更大面积分布的树林，即"森"；"人"和"木"合并成"休"字，表示人靠着大树歇息。

会意字（见图2-1-13）是指事字进一步的抽象，既可以描绘具体的实物，也可以表达抽象的概念；既能描绘静态的物貌，也能反映物体的动态。

图2-1-13 会意字（男、明）

4. 形声

《说文解字》中记载："形声者，以事为名，取譬相成，江河是也。"形声字是由表意的形旁和表音的声旁组合而成的。例如，"湖""河"二字，均以"水"为形，字义和水有关，而声旁"胡""可"则与这两个字的意义没有关系；"松""柏"都属于树木类，均以"木"为形，而声旁"公""白"则与字义没有关系；等等。形声字是汉字从表意走向表音的突破。

形声字的造字能力最强，一切抽象的概念和语言中的新词汇均可用形旁和声旁组合成新字。例如，在元素周期表中，金属元素除"汞"外都用"金"字旁，非金属元素都用"石"字旁，气体元素除"溴"外都用"气"字旁。这些字都可以通过形旁来"察意"。据统计，在汉代的《说文解字》中，形声字约占收录汉字总数的 80%；在宋代的《六书略》中，形声字约占收录汉字总数的 88%；在清代的《康熙字典》中，形声字约占收录汉字总数的 90%；而在现在通用的简化字中，形声字更是占了绝对的多数。

形声字的形旁和声旁的搭配方式主要有 6 种，即左形右声，如清、城、渔、狸、情、描、帽、纺等；右形左声，如彩、领、战、郊、放、鸭、飘、歌等；上形下声，如露、花、岗、草、笠、芳、景、箱等；下形上声，如烈、忘、警、恭、剪、堡、贷、盒等；内形外声，如闷、问等；外形内声，如圆、阁、衷、病、赶、近等。其中，左形右声的字最多，占现代常用形声字的 80%左右。

此外，形声字中一些常用的形旁，其位置也有一定的规律。例如，单人旁、木字旁、竖心旁、绞丝旁、衣字旁、示字旁等一般在字的左边；立刀旁、戈字旁、鸟字旁、欠字旁等一般在字的右边；草字头、竹字头、宝盖头、雨字头等一般在字的上面；心字底、四点底（火字的变形）、皿字底等一般在字的下面；等等。

5. 转注

《说文解字》中记载：“转注者，建类一首，同意相受，考老是也。”所谓“建类一首”，就是指同一个部首；“同意相受”就是指部首相同的同义字。转注是为了适应方言发音上的分歧而采取的一种造字法，反映了语音的发展变化。例如，“老”和“考”同属“老”部，它们在古代都表示年纪大的意思，可以互为注释，彼此同义而不同形。这是因为有的地方由于发音的不同，将“老”(lǎo) 读为“kǎo”音，于是人们又造出了一个与“老”字部首相同、读音相近、意义相同的“考”字。

6. 假借

《说文解字》中记载：“假借者，本无其字，依声托事，令长是也。”“假”是借的意思，假借是指借一个已有的字来表示语言中与其读音相同或相近的词。例如，“令”，原为接受命令，后借用为县令的令；“然”本是烧的意思，后被“然后”借用，人们为了更好地表达烧的意思，就将“然”字加了一个火字旁，即“燃”，用来表示原来的意思。

品味文化

一、汉字对其他文字的影响

汉字是世界上最主要的源文字之一。古往今来，汉字对周边国家的文化产生了巨大的影响，形成了一个共同使用汉字的汉字文化圈。在汉字的影响下，汉字文化圈产生过契丹文、女真文、西夏文、古壮字（方块壮字）、古白字（方块白字）等字体，蒙古文、满文、锡伯文等文字的结构也受到汉字书写方式和书写工具的影响。此外，日文、韩文、越南文字等也是以汉字为基础创造出来的。

自信中国

世界各地的“汉语热”

改革开放以来，中国的快速发展和国际交往的日益增多，都使得汉语在国际上的地位越来越高，其在国际交往中的应用价值大大提升。因此，越来越多的外国人开始通过学习汉语来了解中国文化。汉语水平考试（HSK，又被称作汉语托福）成绩也成为很多国家除英语之外最重要的外语之一，俄罗斯还将汉语列为高考科目。“全世界都在学中国话，孔夫子的话越来越国际化……”用这句歌词来形容当下世界上的“汉语热”一点都不过分。

英国《金融时报》在进行了专门调研后，认为英国富裕家庭对汉语教育的热情，已经超过了其他语言。英国文化教育协会的调查显示，汉语已成为英国家长最想让孩子学习的、对未来最有用的语言，越来越多的英国人意识到学习汉语不仅仅是一种爱好，更是提升自身竞争力的重要技能。

除英国外，汉语也被很多国家列为重要的语言能力指标，学习汉语的人越来越多，开始或正在把汉语作为第二语言的人也越来越多。在美国，有将近300万人学习汉语，汉语已成为仅次于西班牙语的第二大外语；在俄罗斯，近10年来学习汉语的俄罗斯公民增加了两倍多；在法国，10年间学习汉语的中小学生人数翻了四番，汉语已成为初、中等教育阶段位列西班牙语、德语、意大利语之后的第四大“第二外语”；在德国，大学里的汉语速成课程与法语、英语课程并驾齐驱，能说中文的学生们将获得更广阔的就业前景；在加拿大，汉语是除英语和法语这两门官方语言之外的第一大外语；在阿根廷，以中文为母语的公民已达到14万；在澳大利亚，使用汉语的人数占其总人口的1.5%以上，汉语已成为该国第一通用外语。除此之外，南非、毛里求斯、坦桑尼亚、喀麦隆、赞比亚等非洲国家也纷纷将汉语纳入国民教育体系。

那么，为什么世界上流行“汉语热”？为什么要学习汉语？如果这个问题放在过去，其答案大多为“出于好奇”“对中国和中国文化感兴趣”“商业或学业需要”等。而如今，对于这个问题的回答，则以“中国正在崛起”“学汉语可以提高个人就业竞争力”等居多。这充分说明，随着中国国际地位的不断提升和影响力的逐渐扩大，汉语也逐渐得到了世界各国的认可。

印度前总理尼赫鲁在鼓励女儿学习汉语时曾说：“世界上有一个伟大的国家，她的每一个字都是一首优美的诗，一幅美丽的画。这个国家就是中国。”是的，汉语的每一个字都魅力十足，汉语是世界上最美丽的语言。中国离不开世界，世界更需要中国。“汉语热”在全球的不断升温，值得所有中国人振奋，也鼓励着中国人民继续前行。

二、汉字对艺术的影响

汉字深刻影响了中国人的思维方式和行为方式，从中国的绘画艺术和书法艺术中都可以看到汉字对艺术的全面渗透。

汉字的书写符号是方块字，这种音、形、意紧密联系的文字，为形象思维的训练提供了便利的工具，使中国人更擅长形象思维。这种思维方式在中国的绘画作品中得到了充分体现，即追求的不是形似，而是神似。中国画非常注重线条的力度和美感，并通过墨色上的浓淡变化、结构上的对比呼应，以及点、线条等元素所表现出来的拙朴、凝重或飘逸、灵动，力求以简单的线条组构出画家心中要表达的意象，体现出意趣和境界。例如，南宋梁楷的《李白行吟图》（见图 2-1-14）舍弃了一切背景，着墨极少，勾画有致，或深或浅，或浓或淡，简约中求变化，变化中彰显出诗人李白的狂放与傲然，别有一番韵味。

汉字是记录中华文化的符号系统，几千年来还发展出了独特的书法艺术，体现了中国人的审美情趣与精神追求。汉字的最基本元素是单独的笔画，而书法正是利用这种纯粹的笔画进行了各种艺术性和创造性的处理。书法中每一个字或直或曲，或浓或淡，或实或虚，或舒展或凝重，或气势宏大，或朴拙雄浑，千变万化，奥妙无穷，每一个作品都寄托着不同时代、不同书法家的情感诉求。例如，北宋黄庭坚的《诸上座帖》（见图 2-1-15）满纸点画、对比强烈，长线与短点之间的处理具有极强的视觉张力，从一笔一画到结构章法，无不流露出书法家的情感与个性，将对比的艺术推向了极致。

图 2-1-14 《李白行吟图》

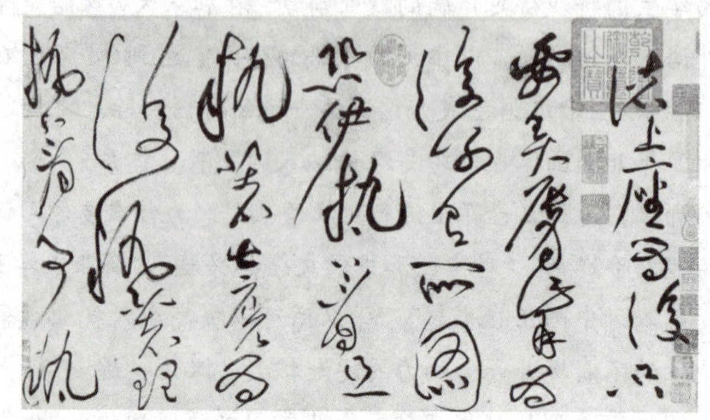

图 2-1-15 《诸上座帖》（局部）

三、汉字对文化传承的影响

汉字记录并凝结了中华文化，被誉为中华文化的“活化石”，是中华民族的伟大发明和智慧结晶。在中华民族的发展过程中，汉字作为最重要的交流手段，以及记录信息的载体和传媒，在中华民族的政治、文化、经济生活中，一直起着不可替代的重要作用。

同时，汉字作为中华文化最主要的载体，至今仍然是维系国家统一和民族团结之最强大又无可替代的纽带。在中国，不同地区和不同民族的人们在汉语发音上有很大差异，但是由于汉字是表意文字，不是表音文字，所以不同地区、不同民族之间的文化交流因使用了汉字而畅行无阻，使得丰富多彩的中华文化得以保存。国学大师饶宗颐先生在《符号·初文与字母——汉字树》一书中说：“我们看欧洲的文艺复兴，不同国族的人们以方音的缘故，各自发展自己的文字，造成一种双语混杂的杂种语言，终于使拉丁文架空而死亡。文字言语化的后果，其害有如此者；汉字不走言语化道路，所以至今屹立于世界，成为一大奇迹。”

汉字与民俗

射虎

射虎即猜灯谜，也叫打灯虎，是元宵节的一项重要活动。古代的射虎谜底大致可以分为两类：一类是四书五经中的原句；一类是市井灯谜，谜面谜底均很通俗。

合体字

民间常将一些带有吉祥含义的短语合写为一个字，以表达愿望。例如，民间嫁娶时，贴在门窗上的“囍”字，意为双喜临门；为了祈求吉祥，将短语“招财进宝”合写，如图 2-1-16 所示；等等。

九九消寒图

在中国北方地区，每年数九的季节都会写下“庭前垂（垂）柳珍重待春风（風）”九个双钩字。这九个字从冬至开始每天根据天气为一个笔画填充颜色（人们为了让“垂”字变成9画，会将它中间的“艹”写成两个“十”），到数九结束完成一幅“九九消寒图”。

花鸟字

一些民间艺人用花卉和禽鸟的图案拼写成汉字，近看是一些花鸟画，远看却是一幅字，这种字画结合的艺术形式就是花鸟字（见图 2-1-17）。在春节庙会中和一些节日集会时，时常可以见到花鸟字。

图 2-1-16 “招财进宝”合体字

图 2-1-17 花鸟字

书海拾贝

《说文解字》经典解读

《说文解字》（见图 2-1-18）简称《说文》，由东汉经学家、文字学家许慎编著，是中国最早的系统分析汉字字形和考究字源的语文辞书。《说文解字》中所引用的古籍有《诗》《书》《礼》《易》《春秋》《老子》《墨子》《韩非子》《国语》《逸周书》《楚辞》《史篇》《山海经》《司马法》《太乙经》等，涉及天地、鬼神、山川、草木、鸟兽、昆虫、杂物、奇怪、王制、礼仪等不同学科的知识。

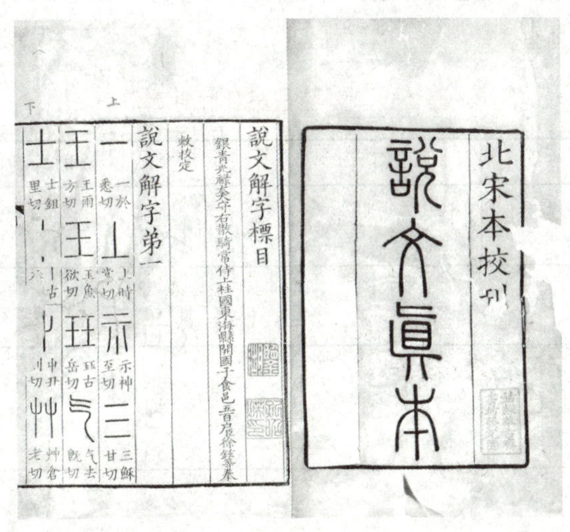

图 2-1-18 《说文解字》（清代刻本）

《说文解字》以小篆为研究对象，共15卷，每卷都分上下两篇。其中，前14卷为文字解说；第15卷为叙目，记录了汉字的产生、发展、功用、结构，以及作者创作的目的等内容。《说文解字》以汉字部首编排，全书共分540个部首，收字9 353个，另有“重文”（即古文、异体字）1 163个，共10 516字。

《说文解字》首创汉字部首，根据“方以类聚，物以群分，同牵条属，共理相贯，杂而不越，据形系联”的原则，以字形为纲，因形立训，将汉字中相同的形旁作为分类的基准，分540个部首排列，从“一”部开始到“亥”部结束，同部字的第一个字就是部首，并用“凡某之属皆从某”标明，即凡同从一个偏旁的字都列在一起，目的是揭示词语的内在规律和词义系统。

《说文解字》正文部分重点在字形的分析，以周秦书面语言为训释对象，从字形出发，阐明篆体文字结构，追溯造字源流，以形为经，以义为纬，探求与字形结构相合的本义，阐述形、音、义三方面的关系。同时，在以形归类的表象下，寻求义类的确立。释义主要采用同义词或近义词解释的方法。每一个字的说解，一般先分析探求其本义，再根据“六书”理论剖析形体结构，说明词义，然后用形声法或读若法（指用同音字或音近字直接注明读音的方法）说明读音。

《说文解字》在中国语言学史上有着重要的地位。历代学者都对《说文解字》进行了大量研究，以清人研究成就最高，其中段玉裁的《说文解字注》、朱骏声的《说文通训定声》、桂馥的《说文解字义证》、王筠的《说文释例》《说文句读》最受推崇。这四位学者也因此被世人尊称为“说文四大家”。

文化实践

一、神奇的汉字

《神奇的汉字》是一档全民汉字挑战节目。第一季既有干货满满的汉字知识和详细生动的汉字讲解，又有欢乐的汉字游戏和紧张激烈的汉字文化比赛，深入浅出地传递了汉字的文化。同时，节目还通过对汉字的追本溯源，研究汉字的字形、字义、字音、字源，让人们更加了解凝聚着中国文化精魂的一笔一画。第二季与中国历史紧密相连，与国学相互依存，深度解读了汉字的魅力。该节目在题目形式上进行了拓宽，以历史、国学、艺术、时尚等多领域的题目延伸出对汉字历史的深层次的解读。

请学生课后观看《神奇的汉字》节目，并参考该节目，举办一场“神奇的汉字”班级活动。

（1）全班学生以5～7人为一组进行分组，并进行小组讨论，确定本组的活动内容，将成员具体情况和讨论情况填入表2-1-1中。

表2-1-1　小组成员及讨论情况

<table>
<tr><td>班级</td><td></td><td>组号</td><td></td><td>指导教师</td><td></td></tr>
<tr><td colspan="2">组长：</td><td colspan="4">组员：</td></tr>
<tr><td rowspan="3">讨论情况</td><td colspan="5">讨论题目：</td></tr>
<tr><td colspan="5">讨论过程记录：</td></tr>
<tr><td colspan="5">讨论结果：</td></tr>
</table>

（2）各组根据讨论结果，制订具体的活动计划，并将表 2-1-2 填写完整。

表 2-1-2　活动计划

项目	内容
活动目的	
活动形式	
活动要求	
活动步骤	

（3）将本组制订的活动计划在班级中展示，并将各组的活动环节穿插在班级活动中，整合成一个大型活动，并将活动节目记录在表 2-1-3 中。

表 2-1-3　活动节目表

序号	节目名称	内容简介	负责人
1			
2			
3			
4			
5			

（4）一切准备就绪后，“神奇的汉字”活动开始，教师和学生一起参加，并将活动过程记录（拍照、录影）下来。

二、方言调查

请按照以下步骤完成调查报告。

（1）全班学生以 5～7 人为一组进行分组，各组选出组长并进行任务分工，将小组成员及分工情况填入表 2-1-4 中。

表 2-1-4 小组成员及分工情况

<table>
<tr><td>班级</td><td></td><td>组号</td><td></td><td>指导教师</td><td></td></tr>
<tr><td>小组成员</td><td>姓名</td><td>学号</td><td colspan="3">任务分工</td></tr>
<tr><td>组长</td><td></td><td></td><td colspan="3"></td></tr>
<tr><td rowspan="7">组员</td><td></td><td></td><td colspan="3"></td></tr>
<tr><td></td><td></td><td colspan="3"></td></tr>
<tr><td></td><td></td><td colspan="3"></td></tr>
<tr><td></td><td></td><td colspan="3"></td></tr>
<tr><td></td><td></td><td colspan="3"></td></tr>
<tr><td></td><td></td><td colspan="3"></td></tr>
<tr><td></td><td></td><td colspan="3"></td></tr>
</table>

（2）按照分工计划撰写报告，将具体的实施情况记录在表 2-1-5 中。

表 2-1-5 实施情况

时间安排	实施步骤
	1．确定本组使用的信息搜集方法，包括：
	2．调查的主要地区包括：
	3．方言的主要使用范围：
	4．方言对当地民俗、文化等方面的影响：
	5．如今方言的使用情况：
	6．汇总调查结果，撰写调查报告。

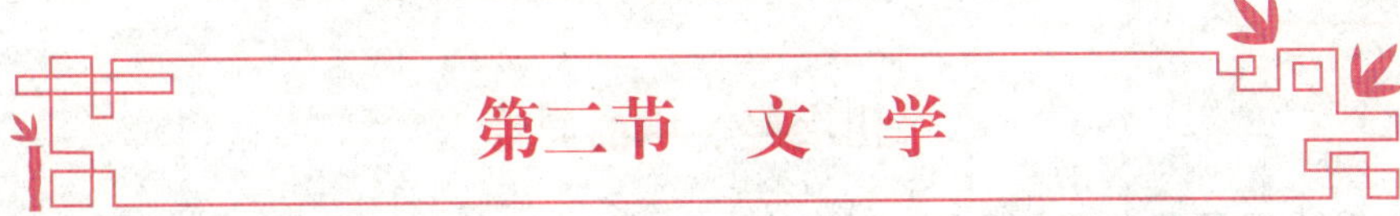

第二节 文 学

学习目标

知识目标

- 理清古代文学的发展脉络。
- 熟悉历朝历代的著名文学家及其经典文学作品。

素养目标

- 领略古代文学的魅力，感受古文诵读的韵味，享受阅读古文的乐趣。
- 汲取中国古代文学的思想精华，自觉提升自身的人文素养。

文化讲堂

一、先秦文学

先秦是指秦统一六国以前的历史时期，即原始时期至公元前 221 年。先秦文学是中国古代文学的早期发展阶段。丰富多彩、灿烂辉煌的先秦文学为我国的文学发展奠定了坚实的基础。这一时期产生了很多优秀的文学作品，其主要形式有神话、诗歌和散文等。

（一）神话

神话是中国文学的源头，具有较高的哲学性和艺术性。原始时期，先民把自然界各种变化的动力都归于神的意志和权力，一切自然力都被他们的想象形象化、人格化。随后，人们又在生产劳动中依照英雄人物的形象，创造出许多神的故事，这就是神话的起源。

《山海经》

从古到今，我国一直都流传着很多神话故事，如女娲补天、后羿射日、大禹治水、黄帝大战蚩尤等。这些神话大都能在《淮南子》《山海经》等典籍中找到相关记载。千百年来，神话一直是文人墨客与民间艺人创作的灵感来源，对后世的诗歌、小说和戏剧等文学体裁影响深远。

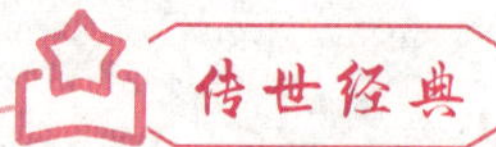

《山海经》中的异兽

《山海经》是中国早期志怪书籍之一，其作者不详，古人认为该书是战国好奇之士取《穆王传》，杂录《庄子》《列子》《离骚》《周书》《晋乘》等书而编著的，现代学者也认为《山海经》成书并非一时，作者亦非一人。《山海经》全书现存18篇，其余篇章内容早佚，共藏山经5篇、海外经4篇、海内经5篇、大荒经4篇。其内容包括山川、道里、民族、物产、药物、祭祀、巫医等民间传说中的地理知识，以及夸父逐日、女娲补天、精卫填海、大禹治水等脍炙人口的远古神话传说和寓言故事。司马迁在《史记》中曾表示，《山海经》“余不敢言也”。《山海经》导致司马迁“不敢言”的因素有很多，其原因之一便是《山海经》记载了很多异兽。那么，《山海经》中有哪些有意思的异兽呢？

《山海经》中描述：“黄山，无草木，多竹箭。有鸟焉，其状如鸮（xiāo），青羽赤喙（huì），人舌能言。”这是一种长着与人一样的舌头、能够说话的鸟。乍一看描述，觉得这种动物十分神奇，但仔细推敲，这种动物其实很像现在的鹦鹉。《山海经》应该是对鹦鹉进行了一些夸张的描述，使其显得像是神话中才有的神奇鸟兽一般。

《山海经》里还记载：“有兽焉，其状如禺（yú）而白耳，伏行人走，其名曰狌狌（shēng），食之善走；其为兽，如豕（shǐ）而人面。”其中，“狌”是“猩”字的古代写法，也就是说，这种类人生物与今天的猩猩十分相似。

《山海经》中还有疑似斑马的记载：“有兽焉，其状如马而白首，其文如虎而赤尾，其音如谣，其名曰鹿蜀。”这种生物像马，但长着白色的脑袋，且身上有着如虎纹一样的白色条纹，很像今天的斑马。

《山海经》中还有一些异兽虽没有类似的动物相匹配，但仍被人们所熟知。例如，书中记载神鸟凤凰：“丹穴之山，有鸟焉，其状如鸡，五采而文，名曰凤皇（凰），首文曰德，翼文曰义，背文曰礼，膺（yīng）文曰仁，腹文曰信。是鸟也，饮食自然，自歌自舞，见则天下安宁。”书中还有对九尾狐的描写，即“青丘之山，有兽焉，其状如狐而九尾，其音如婴儿，能食人；食者不蛊”。

此外，《山海经》还是一本“食谱”，它记载了许多异兽的食用效果，十分有趣。例如，如果一个人睡觉老是做噩梦，可以吃“冉遗鱼”，这是一种“鱼身蛇首六足，其目如马耳”的动物，也可以吃一种名叫“鵸鵌（qí tú）”的动物，“其状如乌，三首六尾而善笑”；如果得了黄疸，可以吃“其状如狸，一目而三尾”的“讙（huān）”；如果得了瘿（yīng）病（即甲状腺肿大），可以吃“状如鸱（chī）而人足”的“数斯”；如果得了痔疮，可以吃“其状鱼身而蛇尾”的“虎蛟”；如果天生善妒，可以吃一种“状如狸而有髦，其名曰类”的野兽，就能变得不嫉妒；等等。这些记载实在堪称神奇。

（二）诗歌

先秦诗歌以《诗经》《楚辞》为代表。

《诗经》是我国第一部诗歌总集，共收入了自西周初年至春秋中叶大约500年的诗歌，共计305篇。《诗经》以风、雅、颂、赋、比、兴“六义”影响后世。风、雅、颂指《诗经》的三个组成部分。其中，“风”包括十五“国风”（诗160篇），“雅”分“大雅”“小雅”（诗105篇），“颂”分“周颂”“鲁颂”“商颂”（诗40篇）。赋、比、兴是《诗经》的主要艺术表现手段。其中，“赋”相当于今日所说的叙述与描写，“比”是比喻，“兴”则是营造抒情氛围和暗示的一种手法。《诗经》是我国文学的光辉起点，其思想性和艺术成就在我国乃至世界文学史上都有极高的地位。

《楚辞》是我国第一部浪漫主义诗歌总集和骚体类文章总集，经历了屈原的作品始创、后人仿作、汉初搜集、刘向辑录等历程。“楚辞”是先秦楚地文化孕育而生的一种独特的诗歌样式。宋代学者黄伯思概括曰：“盖屈宋诸骚，皆书楚语，作楚声，纪楚地，名楚物，故可谓之‘楚辞’。”屈原的系列作品《离骚》《九歌》《九章》《招魂》等为《楚辞》的最高典范，被公认为是继上古神话之后中国浪漫主义文学的另一重要源头。

千古流芳

屈　原

屈原（公元前340年—公元前278年），丹阳秭归（今属湖北宜昌）人，战国时期楚国的诗人、政治家。屈原博闻识广，志向远大，曾任楚国的左徒、三闾大夫，兼管内政外交大事。他提倡“美政”，主张对内举贤任能，修明法度，对外力主联齐抗秦。楚国郢都被秦军攻破后，屈原自沉于汨罗江，以身殉楚国。

屈原是中国浪漫主义文学的奠基人，他将自己对理想的热烈追求融入诗篇中，其作品风调激楚、胸襟博大、感情深沉、意趣幽深，代表著作有《离骚》《九歌》《九章》《天问》等。屈原也非常关注现实，其作品大都反映了现实社会中的种种矛盾，在愤激中又流露出凄凉幽怨的情调。屈原还常用比兴手法表情达意，如用美人香草喻君子，用恶木秽草喻小人。这种“香草美人”的比兴手法，使忠奸、美丑、善恶形成鲜明对照，产生了言简意赅、言有尽而意无穷的艺术效果。

屈原的出现，不仅标志着中国诗歌进入了一个由集体歌唱到个人独创的新时代，而且他所开创的新诗体——楚辞，突破了《诗经》的表现形式，极大地丰富了诗歌的表现力，为中国古代的诗歌创作开辟了一片新天地。后人也因此将《楚辞》中最著名的篇章《离骚》与《诗经》中的《国风》并称为“风骚”。

（三）散文

先秦散文分为历史散文和诸子散文，在我国的文学艺术史上有相当重要的历史价值，为后世文学的同类文体树立了不可磨灭的典范。

历史散文包括《左传》《国语》《战国策》等历史著作，其文字生动、形象，语言富于文采，对后世文学创作产生了深远的影响。《左传》也称《春秋左氏传》《左氏春秋》，成书于战国初期，全书近20万字，全面记载了春秋时期各国的政治、军事、外交、文化等多方面的活动。《国语》是战国时代出现的一种国别史，记载周王朝和诸侯各国的大事。《战国策》主要记载战国时期谋臣纵横捭阖（bǎi hé）的谋略和辞说，刻画了许多生动的人物形象。

《战国策》

诸子散文是儒家、墨家、道家、法家等思想学派的文章，如《论语》《墨子》《孟子》《庄子》《韩非子》《荀子》等。其中，《论语》的语言凝练、亲切、浅显自然，在简单的对话和行动中展示了人物形象，内容有真实之感。《墨子》（除自著部分外）中杂有质朴的议论，展现的是一种“尚实尚质，言之无文”的特色，有一定的逻辑性。《孟子》气势充沛，感情强烈，笔带锋芒，富于鼓动性，有纵横家、雄辩家之气概。《庄子》则大量采用并虚构寓言故事作为论证依据，其想象奇幻，富有浪漫主义色彩。《韩非子》《荀子》基本上都是鸿篇巨制的专题论文，代表了先秦散文的最高境界。

二、秦汉文学

秦汉文学传承了先秦文学的风格，并在先秦文学的基础之上，发展得更加成熟和完善，其文学创作主要有散文、汉赋、乐府诗等。

（一）散文

秦代的散文以李斯的《谏逐客书》为代表。《谏逐客书》是秦代李斯给秦王嬴政的奏议。此文立意高深，站在“跨海内，制诸侯”，完成统一天下大业的高度来分析逐客的利害得失，正反论证，利害并举，充分说明了用客卿强国的重要性，反映了李斯的卓越识见，体现了他顺应历史潮流的进步政治主张和用人路线。此文的写作技巧也十分出色，全文逻辑严密，论辩有力，气势充沛，充分运用摆事实、设比喻、排比句和对偶句等手法，深入浅出、形象鲜明地说清了道理。《谏逐客书》对后来汉代的散文和辞赋产生了一定的影响。

汉代散文的发展与汉代的政治经济发展有着密切联系，主要分为纪传体散文、政论散文和经学散文等。

纪传体散文主要是以人物为主线而进行历史记载的散文，其开创者是史学家司马迁，代表作是《史记》。《史记》是中国历史上第一部纪传体通史，它既开创了中国纪传体史学，也开创了中国的传记文学，还对中国散文的发展起着承前启后的作用。

政论散文是汉代重要的散文类型，是一种专题性的政论文，如董仲舒的《举贤良对策》，晁错的《论贵粟疏》《言兵事疏》，贾谊的《过秦论》《论治安策》等。其中，晁错善于从历史事实、当前情况、各种利弊得失等方面做具体分析，立论精辟而切于实际，其一系列著作是中国古代政论散文的经典；贾谊的政论散文说理透辟，逻辑严密，感情充沛，气势非凡，深刻阐述了其政治思想和治国方略，鲜明体现了积极的人生态度和昂扬向上的精神风貌，代表了汉初政论散文的最高成就。

经学散文就是以经学（对儒学经典进行注解和讲解的学说）为内容而写的散文。由于汉武帝采纳了董仲舒“罢黜百家，独尊儒术”的建议，儒学获得了较高地位，因此很多汉代学者开始深入学习儒家学说，经学散文著作如雨后春笋般涌现，如郑玄的《三礼注》《古文尚书注》《孝经注》《论语注》等。经学散文为后世的玄学散文、佛学散文、理学散文提供了参考。

（二）汉赋

汉赋又称“散赋”，由楚辞的骚体演化而来，分为大赋和小赋。其中，大赋主要流行于西汉，以发表政论为主，代表作品有枚乘的《七发》、司马相如的《上林赋》等；小赋主要流行于东汉，以抒情为主，代表作品有张衡的《归田赋》、赵壹的《刺世疾邪赋》、蔡邕的《述行赋》等。

（三）乐府诗

乐府诗是继《诗经》《楚辞》之后的一种新诗体，主要是指乐府（汉代专门的音乐机构）将从民间采集的歌谣和文人诗歌编辑、整理后配乐歌唱的诗歌。乐府诗的内容一般来自现实生活，经过音乐机构或文人的加工后，不仅具有丰富的社会内容，而且具有高度的思想性。其代表作品有《陌上桑》《战城南》

《十五从军征》《上邪》《孔雀东南飞》等。《孔雀东南飞》代表着汉乐府叙事诗发展的高峰，也是我国文学史上现实主义诗歌发展的重要标志，直接影响了五言诗和唐诗。

《孔雀东南飞》

《孔雀东南飞》原题为《古诗为焦仲卿妻作》，因诗的首句为“孔雀东南飞，五里一徘徊”而得名。《孔雀东南飞》取材于东汉献帝年间发生在庐江郡（今安徽安庆一带）的一桩婚姻悲剧，后经民间口头流传，文人加工润色而成。

《孔雀东南飞》主要讲述了一个哀婉动人的故事。平民女子刘兰芝勤劳善良、知书达礼，嫁入没落的仕宦之家后，与当府吏的丈夫焦仲卿情意甚笃。但是，尽管她“奉事循公姥”“昼夜勤作息”，仍无法让婆婆满意，最终被遣归娘家。临别时，夫妻“二情同依依，结誓不别离”。以娘家兄长为代表的封建势力一再对刘兰芝施加压力，迫她另嫁高门。刘、焦二人知无缘复合，遂先后以死殉情。

《孔雀东南飞》成功地塑造了多个人物形象，如勤劳善良、外柔内刚的刘兰芝，孝顺懦弱、忠于爱情的焦仲卿，唯我独尊、冷酷专制的焦母，自私庸碌、重利轻情的刘兄。整篇文章有 1 700 多字，采用了民歌常用的铺叙和比兴手法，将叙事和抒情有机结合，控诉了封建礼教的残酷无情，歌颂了焦仲卿和刘兰芝的真挚感情和反抗精神。其语言自然流畅、声调和谐，情节结构完整、剪裁精当。诗中既有对现实生活的描述，如详写兰芝离开焦家时的服饰仪容、铺陈太守家备办婚事的奢华；又有浪漫主义的升华，如诗末以松柏连理、鸳鸯和鸣来象征刘、焦爱情的不朽。

《孔雀东南飞》是中国文学史上第一部长篇叙事诗，以其高度的思想性和艺术性成为汉乐府叙事诗发展的高峰。它与北朝的《木兰诗》共同被后人称为“乐府双壁”。它们均对对后世文学发展产生了深远的影响。

三、魏晋南北朝文学

从汉末大乱到隋代统一，中间历时约 400 年。这是秦代之后中国分裂最长的一个历史阶段，也是对中国历史和文化影响极为深远的一个历史时期，其间的文学作品充分地反映了这个时期的历史现状。

（一）诗歌

三国时期，以曹操为核心、“三曹七子”为代表，形成了建安文学集团。其中，“三曹”即曹操、曹丕、曹植，“七子”即孔融、陈琳、王粲、徐幹、阮瑀、应玚（yáng）、刘桢。建安文学继承了乐府诗的现实主义传统，掀起了一个现实主义的文人诗歌新高潮——建安诗风。建安诗歌作品的情调慷慨悲凉，语言刚健有力，大多反映了社会的动乱和民生的疾苦，同时又表达了统一天下的愿望，具有鲜明的时代特色。其代表作品有曹操的《短歌行》、曹丕的《燕歌行》、曹植的《洛神赋》、陈琳的《饮马长城窟行》、王粲的《七哀诗》、阮瑀的《驾出北郭门行》、刘桢的《赠从弟》等。

建安文学

在建安文学之后，是以阮籍、嵇康、山涛、刘伶、阮咸、向秀、王戎七人（史称“竹林七贤”）为代表的正始文学。正始文学大力提倡老庄思想，作品以揭露政治斗争的黑暗和“忧生之嗟”为主，有一种否定现实、韬晦遗世的消极反抗思想。其代表作品有阮籍的《咏怀诗》，嵇康的《幽愤诗》等。

西晋时期，门阀（指世代为官的名门望族）盛行，文学的官僚化和贵族化倾向较重。多数文人远离社会和人民，创作上缺乏现实内容，只追求形式的华美，走上了形式主义的道路。但是，也有一些文人不愿随波逐流，在文学上独树一帜，左思就是其中的杰出代表之一。其诗承建安风骨，抒写怀抱，抨击现实，多不平之音，其作品气势雄健、笔调挺拔、辞采壮丽、形象鲜明，风格独树一帜，人称“左思风力”，代表作品有《三都赋》《咏史八首》等。

东晋时期，在社会动荡和玄学思想的影响下，诗歌由抒情言志走向谈玄论理，出现了玄言诗。玄言诗大多在景色中“寄畅”，借山水体道，是源于山水而感发，进而领悟玄理的一种心境。陶渊明是这一时期玄言诗的代表人物。他把诗歌创作的题材、范围扩大到了乡村、田园等日常生活，为诗歌增添了浓厚的田园生活气息，扩大了诗歌表现生活的情境和内涵。其代表作有《饮酒》《归园田居五首》等。玄言诗为诗歌创作开辟了一个独特、崭新的艺术境界，奠定了山水诗的基本格调。

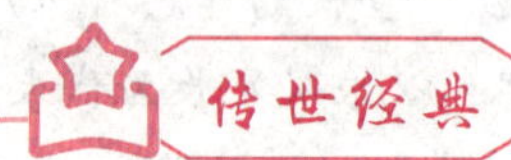

饮 酒

陶渊明

结庐在人境，而无车马喧。
问君何能尔？心远地自偏。
采菊东篱下，悠然见南山。
山气日夕佳，飞鸟相与还。
此中有真意，欲辨已忘言。

南北朝时期，谢灵运开创了山水诗这一诗歌体裁，把诗歌从“淡乎寡味”的玄理中解放出来，提高了诗歌的表现力，其代表作品有《山居赋》《岭表赋》《江妃赋》《登池上楼》等。鲍照也是这一时期的代表诗人，他继承乐府诗的风神气骨，自创格调，创造了以七言体为主的歌行体，为七言体诗的发展开创了新路，其代表作品有《拟行路难》《代东武吟》《代苦热行》等。此外，以萧纲、萧绎、庾信、徐陵、陈叔宝等为主要代表人物的宫体诗也在这一时期流行起来。宫体诗的内容多浮华空洞，诗风柔弱，但它在遣词炼句、铸炼音韵上却有突出的贡献，特别是“四声八病”等理论的成熟，为之后唐代律诗的发展奠定了基础，其代表作品有陈叔宝的《玉树后庭花》，徐陵的《奉和简文帝山斋诗》等。同时，以乐府诗《木兰辞》为代表的乐府民歌在这一时期也有所发展。南北朝乐府民歌继承了汉乐府民歌的现实主义精神，诗风刚健质朴，在形式主义文风泛滥的南北朝时期显得特别可贵。

名词解释

四声指“平、上、去、入”四种声调。

八病指作诗应当避忌的八项弊病，即平头、上尾、蜂腰、鹤膝、大韵、小韵、旁纽、正纽。平头指五言诗第一字不得与第六字同声，第二字不得与第七字同声；但上句第一字与下句第一字同为平声不为病。上尾指第五字不得与第十字同声（连韵者可不论）。蜂腰指五言诗第二字不得与第五字同声。鹤膝指第五字不得与第十五字同声。大韵指一联十个字中，除了叠韵字外，都不能用与句尾字相同韵部的字，如诗句“紫翮拂花树，黄鹂闲绿枝”中，“鹂”与“枝”同为支韵，故犯病。小韵指要在一联之中做到每个字都不同韵。旁纽指在一联或一句之中既不能用同韵母字，也不能用声母字。正纽指一联十字之中，不能用声调不同而声母相同的字。“八病”中，小韵、旁纽和正纽之病难以避开，故近体诗律会忽略以上规定。

（二）小说

魏晋南北朝时期，小说也发展起来。这一时期的小说大多以记载鬼神灵异故事的志怪小说为主，代表作品有西晋张华的《博物志》和东晋干宝的《搜神记》。同时，由于受到诗歌清谈之风的影响，记载历史人物琐闻轶事的志人小说也开始出现，代表作品有刘义庆的《世说新语》等。志怪小说和志人小说奠定了中国古典小说的基本构架。

《搜神记》

四、隋唐五代文学

隋唐五代时期，中国古代文学发展到了一个全面繁荣的新阶段，文坛出现了百花齐放、百家争鸣的局面。这是因为从先秦到汉魏六朝，文学经历了长远的历史发展过程，诗歌、散文、小说等方面积累甚丰。同时，现实主义和浪漫主义都得以建立和发展，不同思想倾向的表现、不同题材领域的开拓、不同文体特征的探索，以及声律的运用、语言风格的创造、手法技巧的革新，都为隋唐五代文学的发展提供了值得借鉴的财富，从而促进了文学的繁荣。

（一）散文

古文运动是这一时期文学发展的重大成就。“古文”这一概念由韩愈最先提出，是相对骈文而言的。韩愈把先秦和汉朝的散文称作“古文”，把六朝以来讲求声律及辞藻、排偶的骈文视为“俗文”。古文运动是一项提倡古文、反对骈文的文体改革运动。

古文运动兼有思想运动和社会运动的性质。韩愈和柳宗元提倡古文，目的在于恢复古代的儒学道统，将改革文风与复兴儒学变为相辅相成的运动，还强调要文以明道。这场运动一直持续到宋代才得以完成，其参与者韩愈、柳宗元、欧阳修、苏轼、苏洵、苏辙、王安石、曾巩，被后世称为古文运动中的“唐宋八大家”。

在古文运动中，韩愈和柳宗元写了大量传记、杂文、寓言、游记之类的文学散文，他们以深厚的功力、独特的风格、精粹的语言，显示了散文在艺术表现上的优越性，终于使“古文”代替骈文、在文坛上占据了统治地位。柳宗元的《永州八记》更是达到了中国山水散文的巅峰。此后，晚唐的皮日休、陆龟蒙、罗隐等人继承韩、柳散文的传统，写出了许多富有战斗锋芒的讽刺性作品，也具有一定的文学和艺术价值。

（二）诗歌

隋唐五代是中国诗歌史上的黄金时代，唐代诗歌更是中国古代诗歌发展的高峰。唐诗数量繁多，仅清代编纂的《全唐诗》录存的唐诗，就达 48 900 多首，其中有姓名可考的作者有 2 200 多人。唐代的诗歌名家辈出、名作如林，其创作之多样、流派之众多、题材风格之丰富、体制之齐备，显示了中国古代诗歌的发展已达到完全成熟的阶段。

唐诗的成就是社会经济和政治发展、思想解放、艺术文化普遍繁荣，人们广泛地总结前人创作经验并推陈出新的结果。总的来说，隋唐五代诗歌的发展，大致经历了以下几个过程：

扫一扫
唐代诗酒文化

（1）隋代及唐初，形式主义诗风虽然还占统治地位，但以“初唐四杰”（即王勃、杨炯、卢照邻、骆宾王）为代表的诗坛，已经有了变革的趋势。初唐诗人陈子昂更是大力倡导革新理念，提出革新办法，进一步发展了“初唐四杰”所追求的充实、刚健的诗风，彻底肃清了诗歌中绮靡纤弱的风气，对盛唐诗作产生了深远影响。

（2）盛唐时期，唐诗进入全面繁荣阶段，后人称这一时期的诗歌繁荣现象为“盛唐之音”。这一时期，李白继承陈子昂的革新精神，以及自先秦以来的文学遗产，创造了独特的浪漫主义诗风，完成了诗歌革新的使命，被称为“诗仙”。杜甫以“转益多师是汝师”为文学主张，对前代文学既有批判又有继承，既注意内容精神又注意声律形式，达到了现实主义诗风的巅峰，成为中国古代诗歌史上继往开来的大师，被称为“诗圣”，其诗作也被称为“诗史”。同一时期，王维和孟浩然的“山水田园诗派”、高适和岑参的“边塞诗派”，也成为独树一帜的诗风代表。

（3）“安史之乱”后，诗歌流派层出不穷。元稹（zhěn）和白居易发起“新乐府运动”，提倡诗歌应继承汉魏乐府风格，直陈时弊；韩愈和柳宗元发起的“古文运动”也影响到了诗坛，对弘扬儒家文化、促进诗风转变具有开辟之功。此外，刘长卿和韦应物的山水诗、李益和卢纶的边塞诗也都具有一定的影响力。

（4）晚唐时期，杜牧和李商隐的诗最为出色，成就堪比盛唐时期诸家，他们因此也被称为“小李杜”。皮日休、聂夷中、杜荀鹤等人继承“新乐府运动”的传统，诗歌中的批判锋芒更为尖锐，所作诗歌也都达到了很高的水平。

传世经典

《长恨歌》

《长恨歌》是唐代诗人白居易所写的一首长篇叙事诗。全诗以精练的语言、叙事和抒情结合的手法，叙述了唐玄宗和杨贵妃在安史之乱中的爱情悲剧。

全篇分为三部分。

第一部分从开篇至“惊破霓裳羽衣曲”，共32句，讲述了唐玄宗和杨贵妃的宫中生活、唐玄宗荒政乱国的情形和安史之乱的爆发。诗人开篇即借“汉皇重色思倾国”一句揭示了故事成为悲剧的原因，诗中“从此君王不早朝”则直接点明“安史之乱”爆发的原因。这一部分是整个爱情悲剧的基础，是“长恨”的内因之所在。诗人在这一部分通过对宫中生活的写实，介绍了一个重色轻国的帝王和一个娇媚恃宠的妃子，形象地暗示唐玄宗的迷色误国就是这一悲剧的根源。

第二部分从“九重城阙烟尘生”到“魂魄不曾来入梦”，共42句，写杨贵妃在马嵬驿兵变中被杀，以及此后唐玄宗对她的思念。杨贵妃的死是这首诗的关键情节。诗人用6句诗对二人的生离死别进行了描写：“六军不发无奈何，宛转蛾眉马前死。花钿委地无人收，翠翘金雀玉搔头。君王掩面救不得，回看血泪相和流。”悲伤之情溢于言表。诗人用细腻的笔触，把唐玄宗那种极不忍割爱但又欲救不能的内心矛盾和痛苦心情形象地表现了出来。杨贵妃死后，诗人写唐玄宗返京后睹物伤情，“归来池苑皆依旧，太液芙蓉未央柳。芙蓉如面柳如眉，对此如何不泪垂”；又写唐玄宗被情思萦绕久久不能入睡的情景，“夕殿萤飞思悄然，孤灯挑尽未成眠。迟迟钟鼓初长夜，耿耿星河欲曙天”。日思夜想都不能了却自己对杨贵妃的相思，所以唐玄宗寄希望于梦境，但是“魂魄不曾来入梦”，道出了唐玄宗婉转凄凉的相思之情。

第三部分从"临邛道士鸿都客"至结尾，讲道士帮唐玄宗到仙山寻找杨贵妃。诗人采用浪漫主义的写作手法，写唐玄宗在现实生活中找不到杨贵妃，就到梦中去找；"上穷碧落下黄泉，两处茫茫皆不见"，梦中找不到，又到仙境中去找。如此跌宕回环，层层渲染，使人物感情回旋上升。最终，唐玄宗在虚无缥缈的仙山上找到了杨贵妃，她以"玉容寂寞泪阑干，梨花一枝春带雨"的形象在仙境中再现，照应了唐玄宗对她的极度思念，进一步深化、渲染了全诗主题。诗的末尾，用"天长地久有时尽，此恨绵绵无绝期"结笔，点明题旨，回应开头，同时给读者留下联想、回味的余地。

《长恨歌》是一首抒情成分很浓的叙事诗，诗人在叙述故事和人物塑造上，采用了我国传统诗歌擅长的抒写手法，将叙事、写景和抒情相结合，恰如其分地表达了人物蕴藏在内心深处的感情，使诗歌"肌理细腻"，富有极强的艺术感染力。

（三）小说

唐代在小说领域最大的收获是"唐传奇"。唐传奇的内容除了记述神灵鬼怪外，还大量记载了人间的世态人情，充分表现了社会现实生活，有的作品还流露出浓厚的市民生活情调，是我国短篇小说达到成熟的标志。其代表作品有王度的《古镜记》、沈既济的《枕中记》、李公佐的《南柯太守传》，陈鸿的《长恨歌传》《东城老父传》，薛调的《无双传》，牛僧孺的《玄怪录》，皇甫枚的《三水小牍》等。

（四）变文

变文是唐代兴起的一种说唱文学，多用韵文和散文交错组成，其内容原为佛经故事，后来范围扩大，涉及历史故事、时事和民间传说等。变文的特点是故事情节夸张、语言渲染色彩浓厚、艺术细节处理粗糙，但对后世白话小说、说唱文学的发展有较大影响。其代表作品有《大目乾连冥间救母变文》《降魔变文》《伍子胥变文》《张义潮变文》《张淮深变文》等。

（五）词

词又称"诗余""乐章""长短句"，是形成于唐代的一种诗体。唐代中后期，外来的胡乐与中原本土的清商乐相结合，诞生了新的音乐类型。民间诗人"填词以和合乐"，根据此音乐类型创作出了句子长短不一的新歌辞，并将其称为"曲子词"，后简称"词"。中唐时期，已经出现了尝试词这一新体裁的文人，如张松龄、张志和、韦应物、刘禹锡、白居易等，其代表作品有白居易的《忆江南》三首、刘禹锡的《忆江南》等。

传世经典

《忆江南》三首

白居易

其一

江南好，风景旧曾谙：日出江花红胜火，春来江水绿如蓝。能不忆江南？

其二

江南忆，最忆是杭州：山寺月中寻桂子，郡亭枕上看潮头。何日更重游？

其三

江南忆，其次忆吴宫：吴酒一杯春竹叶，吴娃双舞醉芙蓉。早晚复相逢。

五代十国期间，后蜀赵崇祚（zuò）编定《花间集》，收录了晚唐和五代时温庭筠、韦庄、皇甫松等 18 位词人的作品。由于这些词人在作品中常描写女性的生活情状，词风轻盈婉约，因此温庭筠、韦庄、皇甫松等人也被后世称为“花间词人”。此外，南唐的李璟、李煜、冯延巳（sì）也是这一时期词的代表人物。其中，李煜的词直抒胸臆，词境优美，情真语挚，语言自然、精练而又富有表现力，达到了以词表达个性化情感世界的高峰，他的代表作《相见欢·无言独上西楼》《虞美人·春花秋月何时了》等都是千古名作。

五、宋代文学

宋代文学上承唐代的诗文革新运动，以诗、词、散文和话本小说为主要形式，开始由抒情为主逐步转向以叙事为主，起着承先启后的过渡作用。

（一）散文

在唐代古文运动的影响下，宋代散文在内容、形式、语言、风格上，都发生了较大的变化，呈现了新的气象。以欧阳修、苏轼、苏洵、苏辙、王安石、曾巩等人为代表的古文大家，成为唐代韩柳古文运动的最好继承者。其中，欧阳修主持礼部时打击了文坛上追求险怪的作风，王安石、苏轼批判了“力去陈言夸末俗”和“以艰深文其浅陋”的辞章家习气。这些文学大家的文章大都晓畅明白，富于理性精神，沾溉了明清的许多古文家。宋代散文的代表作品有欧阳修的《朋党论》《醉翁亭记》《秋声赋》，苏轼的《石钟山记》，王安石的《答司马谏议书》《游褒禅山记》《伤仲永》《读孟尝君传》等。

（二）诗歌

宋代诗歌在唐诗格律完备、发展至高峰的影响下，另辟蹊径，形成了自己的特色。从思想内容上看，宋诗主要反映民生疾苦，慨叹国势衰弱，并弘扬反对妥协投降、要求杀敌复国的爱国主义精神。同时，宋诗在艺术构思、表现技巧、遣词造句等方面都有所创新，特别是在以文入诗、以理入诗及表意显露、描写细密上，都与唐诗各异其趣。

宋代诗歌的发展可以分为北宋和南宋两个阶段。在北宋初期，很多诗人喜欢模仿白居易的诗作，诗风通俗闲适，因此他们的诗被称为“白居易体”，简称“白体”，其代表人物有李昉、徐铉等。除了白体，北宋初期较为常见的还有西昆体。西昆体的诗人喜欢唐末李商隐的作品，在创作中强调堆砌典故，讲究声律，其代表人物有杨亿、钱惟演等，杨亿还将此派诗歌编为《西昆酬唱集》。宋真宗时期，诗坛上出现了晚唐体。晚唐体的诗人追求用词精准、典雅，喜欢在构思方面下功夫，其代表人物有林逋和魏野等。宋仁宗时期，出现了复古体。复古体的诗人多关注现实题材，喜欢用写散文的技巧写诗，反对无病呻吟、浮艳靡丽，倡导清丽平淡的诗风，其代表人物有欧阳修、苏舜钦、梅尧臣等。北宋诗坛的第一个繁荣发展时期是神宗、哲宗两朝，主要代表人物是王安石、苏轼和黄庭坚。他们喜欢在诗中抒发个人的生活感受，表达个人的政治态度和文艺见解，代表作品有王安石的《登飞来峰》《春夜》《泊船瓜洲》，苏轼的《题西林壁》《饮湖上初晴后雨》《惠崇春江晚景》《六月二十七日望湖楼醉书》，黄庭坚的《诗一首》《陈留市隐》等。

南宋建立后，由于“靖康之变”的阴影一直笼罩在人们头上，诗歌的抒情性更强，以表达忠君爱国、抗敌御侮的内容为主。南宋中期出现了“中兴四大诗人”（又称“南宋四大家”），即杨万里、范成大、陆游、尤袤（mào）。他们的诗作虽各有特色，但都喜欢从现实生活和大自然中撷取题材，或表达救国壮志，或描写民生疾苦和田园生活，使宋诗步入第二个繁荣时期。这一时期的代表作品有杨万里的《诚斋集》、范成大的《范石湖集》、陆游的《陆放翁集》等。

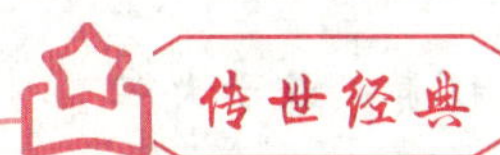

游山西村

陆游

莫笑农家腊酒浑，丰年留客足鸡豚。
山重水复疑无路，柳暗花明又一村。
箫鼓追随春社近，衣冠简朴古风存。
从今若许闲乘月，拄杖无时夜叩门。

（三）词

词极盛于宋代。宋代的词人名家辈出，词作华彩纷呈，由此使词上升到与诗并列齐观的地位，成为宋代文学的代表。

词从晚唐五代开始，逐渐形成了绮靡婉约的风格，文人大都习惯用词寄情，逐渐形成了“诗庄词媚”的文学观念。到了宋代，随着更多的文人加入词的创作中，原本属于宴饮娱乐的词，开始被文人化、典雅化，词的境界也逐渐得到提升，逐渐从男欢女爱和离情别绪中走出来，出现了对人生起伏的感悟，甚至是对家国天下的深思。

宋词派别众多，名家如云。例如，豪放派代表词人有苏轼、辛弃疾等，代表作品有苏轼的《念奴娇·赤壁怀古》《水调歌头·明月几时有》《定风波·莫听穿林打叶声》《望江南·超然台作》《江城子·密州出猎》《浣溪沙·细雨斜风作晓寒》，辛弃疾的《菩萨蛮·书江西造口壁》《青玉案·元夕》《破阵子·为陈同甫赋壮词以寄之》《永遇乐·京口北固亭怀古》《西江月·夜行黄沙道中》《丑奴儿·书博山道中壁》等；婉约派代表词人有柳永、李清照等，代表作品有柳永的《雨霖铃·寒蝉凄切》《蝶恋花·伫倚危楼风细细》《八声甘州·对潇潇暮雨洒江天》《少年游·长安古道马迟迟》《定风波·自春来》，李清照的《声声慢·寻寻觅觅》《一剪梅·红藕香残玉簟（diàn）秋》《如梦令·常记溪亭日暮》《如梦令·昨夜雨疏风骤》等。

千古流芳

爱国才女李清照

李清照（1084—1155），号易安居士，宋齐州章丘（今山东济南章丘）人，是婉约派的代表人物之一，有“千古第一才女”之称。

李清照出生在书香门第，16 岁写的《如梦令·昨夜雨疏风骤》名动京师。成年后她历尽生活磨难，对社会现实有着深刻的洞察和思考，为文学创作提供了源泉和动力。“和羞走，倚门回首，却把青梅嗅”“帘卷西风，人比黄花瘦”“此情无计可消除，才下眉头，却上心头”“守着窗儿，独自怎生得黑”……在这些诗词中，李清照把少女的娇羞烂漫、少妇的慵懒闲适、历尽沧桑的黯然心绪、夫妻分离的入骨相思，勾勒得深刻、逼真、入心、牵魂，展现了其旷世才情。

李清照为什么被称为“千古第一才女”

李清照有着宽阔的视野、独立的人生思考和爱国忧民的情怀。她不慕权贵，敢于大胆发表政见。年少时，李清照读了诗人张耒（lěi）写的《读中兴颂碑》后，心情激荡，当即写了和诗《浯溪中兴颂诗和张文潜》，以唐玄宗荒淫误国、招致安史之乱的历史教训劝宋徽宗，“夏为殷鉴当深戒，简策汗青今俱在”。

李清照还非常关心国家和民族命运。金兵入据中原时，她不甘投降，和丈夫一起流亡江南。在耳闻目睹南宋朝廷只求偏安、不思抗金的现实后，内心压抑焦灼，写下了“南来尚怯吴江冷，北狩应悲易水寒”“南渡衣冠少王导，北来消息欠刘琨”的诗句，表达了对国家命运的担忧。李清照和丈夫逃难途中路过乌江时，站在西楚霸王项羽兵败自刎的地方，心潮澎湃，写下了掷地有声的铿锵诗句：“生当作人杰，死亦为鬼雄。至今思项羽，不肯过江东。”此等豪情壮语，声震九霄，传颂千古。

李清照作为中国古代文学史上少有的女性文学家，代表了中国古代女性追求男女平等、要求参与国家建设的声音，为后世留下了一个女性爱国的光辉典范，并为中国古代女性在中国文学史上争得了一席之地。

（四）话本小说

宋代的小说创作继承了魏晋南北朝的志人志怪小说、唐代的传奇小说，逐渐形成了话本小说。话本小说是民间说话艺人的创作，面向的是市民阶层，大多用浅近的文言或通行的白话来讲述故事，更多地表现了世态人情。它既具有口头文学清新活泼的特色，又发扬了志怪、传奇等古代小说的优良传统，在思想性和艺术性上都有一定成就。宋代话本小说是中国小说史上一个重要的发展阶段，其代表作品有《简帖和尚》《错斩崔宁》等。

六、元代文学

（一）元曲

元代文学最高的成就是曲。曲包括杂剧和散曲。杂剧是戏曲，散曲属诗歌，两者均以曲辞为主，总称为“曲”。

元杂剧大多描写元代各阶层，尤其是社会中下层人们的生活和情感故事，还有一些以历史故事为题材的剧本。元散曲是在北方的俗谣俚曲（指通俗的歌谣）的基础上发展起来的，一般用抒情、写景、叙事等方式填词，采用清唱形式表演。著名的“元曲四大家”（即关汉卿、白朴、马致远、郑光祖）都对元曲的发展做出了重要贡献，代表著作有关汉卿的《窦娥冤》《单刀会》《救风尘》，白朴的《梧桐雨》《墙头马上》，马致远的《汉宫秋》，郑光祖的《倩女离魂》等。此外，王实甫虽不在元曲四大家中，但他所著的《西厢记》也是中国文学史上的经典之作。

（二）南戏

南戏是北宋末至元末明初在中国南方兴起的戏曲剧种。它综合了当时众多的艺术形式，以曲牌连缀的形式讲述长篇故事，后逐渐发展和衍变为海盐腔、余姚腔、昆山腔、弋阳腔“四大声腔”，影响了后世的多个剧种。南戏的代表作品有《琵琶记》和“四大传奇”（即《荆钗记》《白兔记》《拜月亭》《杀狗记》）。

七、明代文学

（一）小说

明代的小说创作呈现出空前繁荣的盛况。明代前期，历史题材的章回演义小说《三国演义》是我国长篇小说的开山之作，它和英雄传奇小说《水浒传》共同拉开了明代小说的帷幕。明代中期，小说创作进入了新的发展时期，我国第一部浪漫主义神魔小说《西游记》、第一部由文人独创的世情小说（又称“人情小说”“世情书”，是中国古典白话小说的一种）《金瓶梅》相继问世，为中国长篇小说的发展开拓了新领域。《三国演义》《水浒传》《西游记》《金瓶梅》也被称为明代“四大奇书”。

此外，以冯梦龙的“三言”（《喻世明言》《警世通言》《醒世恒言》）和凌濛初的“二拍”（《初刻拍案惊奇》《二刻拍案惊奇》）为代表的明代短篇小说，在思想内容的深度和广度上也取得了极大的进步。

（二）戏剧

明传奇是明代戏剧的主要成就。明代涌现了大批有成就的传奇作家，形成了以汤显祖为代表的强调内容、注重文采的“临川派”，以沈璟为代表的讲究音律的“吴江派”，以及以梁辰鱼为代表的着力辞藻的“昆山派”。明传奇的代表作品有汤显祖的《牡丹亭》、李开先的《宝剑记》、梁辰鱼的《浣纱记》、王世贞的《鸣凤记》。其中，《宝剑记》《浣纱记》《鸣凤记》被称为明代“三大传奇”。

八、清代文学

清代文学是中国古代文学的一个光辉总结，各种文体无不具备，诸多样式发展繁荣。同时，清代的文学流派和理论主张还开启了近代文学的大门。

（一）诗词

清代诗人提倡兼学唐宋诗歌的长处，在继承的基础上不断创新，风格多样，流派林立，在数量上和总体成就上都超过了元、明两代，使已经走向衰微的古代诗词又呈现出“中兴”的局面。这一时期的诗词代表作品有顾炎武的《精卫》，黄宗羲的《卧病旬日未已，闲书所感》，王士祯的《初春济南作》，袁枚的《独秀峰》，黄遵宪的《感怀》，纳兰性德的《木兰词·拟古决绝词柬友》《长相思·山一程》，郑板桥的《题竹石画》，龚自珍的《己亥杂诗》等。

传世经典

纳兰性德的诗词名作

《木兰词·拟古决绝词柬友》

人生若只如初见，何事秋风悲画扇。等闲变却故人心，却道故人心易变。

骊山语罢清宵半，泪雨霖铃终不怨。何如薄幸锦衣郎，比翼连枝当日愿。

《长相思·山一程》

山一程，水一程，身向榆关那畔行，夜深千帐灯。

风一更，雪一更，聒碎乡心梦不成，故园无此声。

（二）散文

清初散文可分两类：一类是以黄宗羲、顾炎武、王夫之等为代表的政治散文，主要以学术修养为根底，以政论、史论见长，表现出强烈的时代精神；另一类是以“清初三大散文家”（侯方域、魏禧、汪琬）为代表的文人散文，主要以传记文学为主，文风各具特色，表现出较高的艺术价值。

清代出现了影响最大、延续时间最长的散文流派——桐城派，代表人物是方苞、刘大櫆（kuí）、姚鼐（nài），号称“桐城三祖”。他们推崇程朱理学和唐宋八大家，提出义法和神气说，提倡义理、考据和辞章，使古文理论系统化、规范化，在创作上也取得了一定成就。嘉庆年间，恽敬、张惠言开创阳湖派，他们强调在学习唐宋古文的同时，还应兼学诸子百家、史书禅书，主张文章要合骈、散两体之长，增强文学性。

（三）小说

清代是中国古典小说全面成熟的时期，清代小说是清代文学辉煌的标志。蒲松龄的《聊斋志异》成为文言小说发展史上前无古人后无来者的艺术典范；纪昀的《阅微草堂笔记》是清代笔记体小说的代表作品；袁枚的《子不语》表现出向六朝志怪回归的趋势。

在章回小说方面，诞生了标志中国古典小说现实主义高峰的《红楼梦》。它以贾宝玉、林黛玉、薛宝钗之间的恋爱、婚姻悲剧为中心，写出了以贾府为代表的四大家族由盛而衰的历程。《红楼梦》不仅是古代小说的最高艺术典范，而且是整个中国古典文学的最高峰。此外，其他长篇小说，如《镜花缘》《歧路灯》等也取得了较高的成就。

（四）戏剧

作为清代戏剧的主要成就，清传奇在形式上承继明传奇的体制，且更加完备。康熙时期洪昇的《长生殿》和孔尚任的《桃花扇》并称“南洪北孔”。这两部作品“借离合之情，写兴亡之感”，在思想上和艺术上都代表了这一时期戏剧的最高成就。

传世经典

《长生殿》

《长生殿》是清初剧作家洪昇创作的传奇，共二卷。全剧共五十出。前半部分写唐玄宗和杨贵妃在长生殿盟誓，安史乱起，马嵬之变，杨贵妃命殒黄沙的经过。后半部分大都采自野史传闻，写安史之乱后，唐玄宗思念杨贵妃，派人上天入地、到处寻觅她的灵魂，而杨贵妃也深深地挂念唐玄宗。他们的真情感动了上天，在织女星的帮助下，终于在月宫中团圆。

《长生殿》通过描写唐玄宗和杨贵妃之间的爱情故事，反映唐代开元、天宝时期的社会历史生活，表现了强烈的国破家亡之恨（如剧中《弹词》《私祭》两出戏）和爱国思想（集中体现在对郭子仪和雷海青两个人物的描写上）。此外，虽然该剧讲述的是一个浪漫的爱情故事，但剧中又穿插了很多历史事件和反映百姓疾苦的内容，极具现实意义和讽刺意味。

品味文化

我国的古代文学是中华传统文化的重要组成部分。文学与历史密不可分，中国古代文学作品产生于不同的历史背景之下，不同时代的文学作品都烙印着不同时代的特征，为后人展现了丰富多彩的中国历史画卷。而中国古代文学延续至今，除了历史，还向世人展示了中华民族在精神、思想、文化方面的积淀。从另一个角度看，中国传统文化的传承在一定程度上依靠文学来进行。孔子借助文学表达自己的思想，认为当政者修身的最终目的是成“仁”。孟子在《孟子·尽心》中曰：“民为贵，社稷次之，君为轻。”也是在用文学来表达自己的思想观念。诸多大家借助文学表达自己的思想和见解，最终汇聚在一起，形成了独特的中华文化。中国古代文学是中华民族智慧的结晶，无论文体如何，无论产生于怎样的社会背景，它们都有着极高的参考价值，这种价值不仅体现在对于一个时代的鉴定，更是对人文领域的探索。

中国古代文学是传统文化中最容易为现代人理解、接受的一种形态，是将现代人与传统文化联系在一起的最直接的桥梁，也是世界其他文化背景中的人们了解中国传统文化的最佳窗口。在全球化的浪潮中，学习和研究古代文学对于中国人树立文化自信、传播中华优秀传统文化有着推动作用，有助于提升我国的形象，增强文化软实力。

书海拾贝

古代文学经典推荐

中国几千年的文化尽是精髓，文学经典更是举不胜举，从《诗经》到汉赋，再到唐诗、宋词、元曲、明清小说和戏剧，不同的文学体裁以文化链的形式，概括出中华文明的辉煌历史，是我国传统文化中的璀璨明珠。表 2-2-1 中列举了部分古代文学经典著作，可供青年学生阅读。

表 2-2-1　中国古代文学经典推荐

序号	书名	内容简介	推荐理由
1	《搜神记》	《搜神记》由东晋史学家干宝编撰，全书 20 卷，共有 454 个故事。其内容多为神灵怪异之事，也有不少民间传说和神话故事。文章设想奇幻，极富浪漫主义色彩	《搜神记》是除《楚辞》《淮南子》外，记载神鬼传说的集大成者
2	《世说新语》	《世说新语》又名《世说》，是南朝宋时所作的文言志人小说集。其内容主要是记载东汉后期到魏晋期间一些名士的言行与轶事，反映了当时名士世族的生活状态	《世说新语》是魏晋南北朝时期笔记体小说的代表作，是我国最早的一部文言志人小说集。鲁迅先生称它为“一部名士底（的）教科书”
3	《文心雕龙》	《文心雕龙》是南朝文学理论家刘勰（xié）创作的一部理论系统、结构严密、论述细致的文学理论专著。全书共 50 篇，用精美的骈文写成。书中全面总结了齐梁以前的文章写作精义，体大思精，笼罩群言	《文心雕龙》在论述具体的文学创作活动时，抛弃了抽象的说教，表达了朴素的唯物主义文学观。同时，它对文学创作和文学批评、文学的特点和规律等一系列问题，提出了精湛透彻的见解，富于独创性

续表

序号	书名	内容简介	推荐理由
4	《白氏长庆集》	《白氏长庆集》又名《白氏文集》《白香山集》，是唐代诗人白居易的诗文合集。此书共75卷，现存71卷	《白氏长庆集》全面反映了白居易的文学创作成就和文学主张，对我国现实主义诗歌理论的发展有巨大贡献
5	《三国演义》	全名为《三国志通俗演义》，又称《三国志演义》，由明代罗贯中所著。《三国演义》以描写战争为主，述说了从东汉末年的群雄割据混战，魏、蜀、吴三国之间的政治和军事斗争，一直到司马炎一统三国、建立晋朝的故事，反映了三国时期各类社会斗争与矛盾的转化，并概括了这一时代的历史巨变，塑造了一群叱咤风云的三国英雄人物	《三国演义》是中国第一部长篇章回体历史演义小说
6	《水浒传》	《水浒传》是明代文学家施耐庵所著的一部英雄传奇的章回体长篇小说。它以北宋末年宋江起义为主要故事背景，形象地描绘了农民起义从发生、发展直至失败的全过程，深刻揭示了起义的社会根源，满腔热情地歌颂了起义英雄的反抗斗争和他们的社会理想	《水浒传》是中国古代第一部描写农民起义的小说。书中的人物众多，各有特色；小说情节跌宕起伏，引人入胜
7	《西游记》	《西游记》是明代吴承恩所著，它以“唐僧师徒西天取经”这一故事为蓝本，通过艺术加工，深刻地描绘了当时的社会现实	《西游记》是中国古代第一部浪漫主义章回体长篇神魔小说
8	“三言二拍”	“三言二拍”是明代五本著名传奇小说集的合称。“三言”是指明代冯梦龙编纂的《喻世明言》《警世通言》《醒世恒言》，这些作品题材广泛，内容复杂，从各个角度不同程度地反映了当时市民阶层的生活面貌和思想感情。“二拍”是指凌濛初所编的《初刻拍案惊奇》《二刻拍案惊奇》，是作者根据野史笔记、文言小说和当时的社会传闻创作的，反映了市民生活、社会风气及人们渴望平等的自由主义思想	“三言二拍”是我国文学史上第一部规模宏大的白话短篇小说总集，也是白话短篇小说发展历程上，由民间艺人口头艺术转为文人作家案头文学的第一座丰碑，是中国古典短篇白话小说的巅峰之作
9	《红楼梦》	《红楼梦》又名《石头记》，由清代作家曹雪芹所著。小说以贾、史、王、薛四大家族的兴衰为背景，以富贵公子贾宝玉为第一视角，描绘了一批举止见识出于须眉之上的闺阁佳人的人生百态	这部作品展现了真正的人性美和悲剧美，是一部具有高度思想性和艺术性的伟大作品，被列为中国古典四大名著之首
10	《古文观止》	《古文观止》是清代吴楚材、吴调侯编著的一本供学生学习文言文的文学读本，收录了自春秋战国到明朝间的各类史书记载、名人传记、大臣上疏、皇帝诏书、书信序文、文学小品文等222篇文章，体裁多样、类型丰富	《古文观止》中的文章难度不一、篇幅较短，可以使读者循序渐进、由易到难，一步一步地走进中国古典文学，欣赏奇美绚烂的文学美景。正所谓：“一册在手，便可与古相接；足不出户，即览历代精华。”

文化实践

一、泛舟书海，品书鉴书

书是人类文明的结晶，是智慧的载体。读书是灵魂与修养的一种享受，也是提高自身必不可少的方式。为了在班级形成“多读书、读好书”的文明风尚，也为了鼓励同学们走出课堂这个“象牙塔”，在书的海洋中寻找精神食粮、充实自我、丰富生活，请在班级内组织一次书评大会。

（1）每个学生选择一本自己最喜欢的中国文学作品，写出书评。

（2）全班学生以 5～7 人为一组进行分组，组员将自己的书评在组内进行展示并互评，将相关信息填入表 2-2-2 中。

表 2-2-2　书评展示及评价表

班级		组号		指导教师	
小组成员姓名		推荐书目	展示方式		书评内容

（3）各组选出本组最佳书评，在全班展示。展示的方式可以是朗诵、解说、多媒体展示、评论等形式。

二、读书情况调查

了解学生在课外阅读方面的基本情况，通过调查的数据，得出结论，可以更好地引导学生进行课外阅读，并及时发现阅读中存在的一些问题，有针对性地提出合理化建议，为学生提供阅读指导和帮助。

请根据以下步骤在全班范围内开展“学生读书情况调查”活动。

（1）全班学生以 5～7 人为一组进行分组，各组选出一名组长。由组长进行任务分工，并制订出具体的工作计划。各组将小组成员及分工情况填入表 2-2-3 中。

表 2-2-3　小组成员及分工情况

班级		组号		指导教师	
小组成员	姓名	学号	任务分工		
组长					
组员					

（2）按照分工计划在全校范围内开展问卷调查活动，统计学生的阅读情况，并将具体的调查情况记录在表 2-2-4 中。

表 2-2-4　学生读书情况调查汇总

小组成员姓名		发放问卷数量	
收回问卷数量		每天读书的学生比例	
调查情况统计	具体内容		
学生最喜欢读的书籍	类型：		
	原因汇总：		
学生不喜欢读的书籍	类型：		
	原因汇总：		
学生读书建议			

（3）各组根据调查情况，撰写调查报告。

第三章

国粹传承——艺术篇

第一节 书 法

学习目标

知识目标

- 了解书法的主要类型。
- 深刻理解书法的文化内涵。

素养目标

- 欣赏书法之美，感受其中蕴含的人文情怀，提升自身的艺术素养。
- 感受书法的深厚底蕴，领略中国文化的独特魅力，增强传承与弘扬中华优秀传统文化的自觉性和自信心、责任感和使命感。

文化讲堂

书法是一种以汉字为表现对象，以毛笔为书写工具的线条造型艺术。它不仅是中华民族的文化瑰宝，还在世界文化艺术宝库中独放异彩。在漫长的演变和发展历史中，书法经历了由篆书到隶书、草书、楷书、行书的发展阶段，产生了数量众多的书法家和书法作品，逐渐成为一门成熟的艺术形式。

一、篆书

篆书是我国最古老的书法字体。从汉字发展的角度看，篆书是一个比较宽泛的概念，汉字隶变之前的古文字都属于篆书，包括先秦时期的甲骨文、金文，秦代小篆及汉代篆书碑刻等字体形态。

甲骨文是先秦时期产生的，其已经具备书法艺术的用笔、结体、章法三要素，可以说是书法最初的艺术形态。甲骨文的字体直线较多，笔画瘦硬方直，线条挺拔遒劲，字形古朴空灵，体现了先秦时期人们运刀如笔的艺术技巧。

石鼓文为什么是国宝

金文较为常见，保存了古代象形文字的明显特点，多铸于青铜器上，曾与甲骨文并行于商代，一直延续到秦汉时期。《大盂鼎》、《毛公鼎》（见图 3-1-1）、《虢（guó）季子白盘》（见图 3-1-2）都是金文中之名品。

石鼓文（见图 3-1-3）因其刻石外形似鼓而得名，是汉字从金文向小篆发展的过渡性书体，在书法史上起着承前启后的作用。石鼓文字体方整，笔力劲健，章法匀称，有雄浑朴茂的艺术美感，被历代书法家视为学习篆书的重要范本，有“书家第一法则”之誉。

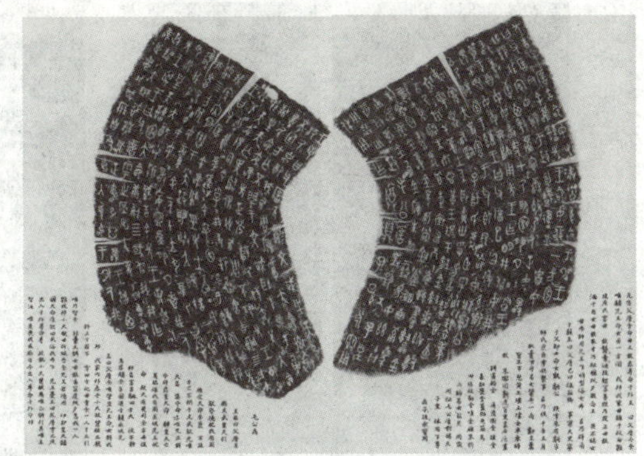

图 3-1-1 《毛公鼎》

图 3-1-2 《虢季子白盘》

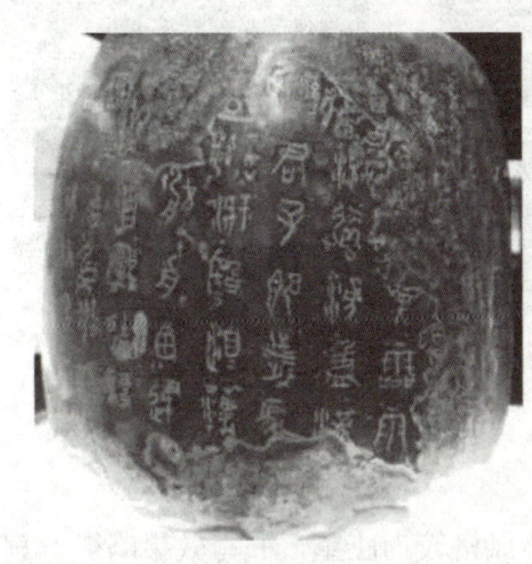

图 3-1-3 石鼓文

小篆也称“秦篆”，是经过统一规范的秦代官方标准字体，其字形修长，排列整齐，行笔圆转，线条均匀且长，以《泰山刻石》与《琅琊台刻石》（见图 3-1-4）为典范。

汉代篆书以东汉碑刻为主，其结体茂密，体势方圆结合，用笔遒劲，与秦篆的风格大不相同，留下了以《祀三公山碑》、《嵩山少室石阙铭》、《袁安碑》（见图 3-1-5）、《张迁碑》为典范的碑刻作品。

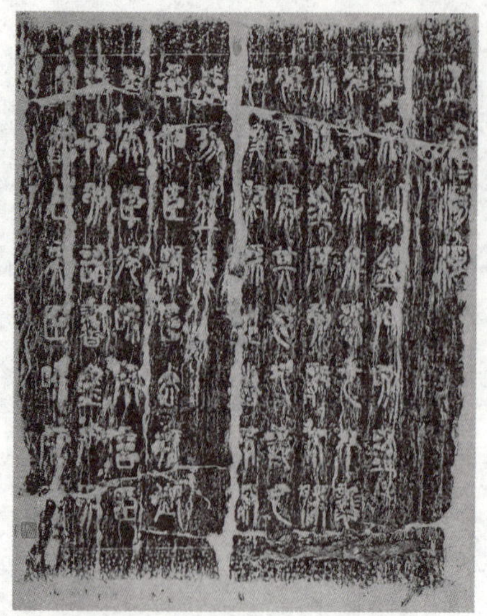

图 3-1-4 《琅琊台刻石》

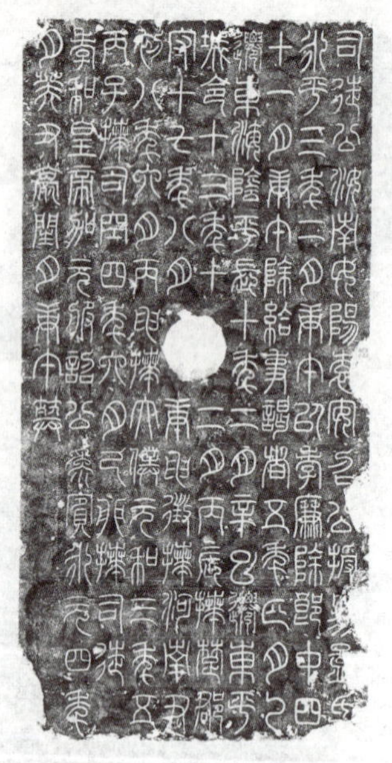

图 3-1-5 《袁安碑》

二、隶书

隶书起源于战国晚期，由篆书演化而来，风格较为庄重，书写效果略微宽扁，横画长而竖画短，呈长方形，讲究“蚕头雁尾”“一波三折”。

隶书在汉代逐步发展完善并得到广泛应用。汉代隶书可分为西汉简帛（在竹木简牍或丝绸上书写）和东汉碑刻两类。我国甘肃省武威地区出土的西汉《武威汉简》（见图 3-1-6），朴茂自然，笔画肥瘦，刚柔结合，变化多端，是研究隶书的重要实物资料。刻在今陕西汉中褒城石门隧道西壁之上的东汉《石门颂》（见图 3-1-7），用笔大气磅礴，挥洒自如，结体宽博舒朗、气势开张，布局巧随石势、错落有致，其以鲜明的艺术个性成为汉代隶书中的珍品，为历来书法家所赞赏。

图 3-1-6 《武威汉简》（部分）

图 3-1-7 《石门颂》（局部）

传说故事

隶书的传说

相传隶书为秦代程邈所创。秦始皇统一六国后，推行“书同文”政策，小篆被定为全国统一文字。但是，用小篆写公文不便于速写，费时费力，非常影响工作效率。程邈是某县衙的一名小吏，专门负责抄写文件，因被诬陷获罪关进监狱。入狱后，程邈没有消沉，而是结合自己之前抄写公文时遇到的小篆书写问题，决心创造一种容易辨认又书写快速的新书体。于是，他开始潜心研究小篆的书写特点和民间的书写习惯，每天在地上涂画，把小篆回转的笔画改成方折形，把原来的象形结构变成笔画形式，把原来的竖长体态改为横向的扁方形制，使书写简便了很多。

研究成功后，程邈把简化后的3 000个隶书字体编纂成册，进呈给秦始皇。秦始皇看后对这种文字大加赞赏，于是赦免了程邈，并颁布文字改革法案，命令官员学习和使用这种新的书体。从此以后，这种字体便逐渐推广开来。

三、草书

草书始于汉代。最早的草书谓之章草，是篆书演进到隶书阶段派生出来的一种书体。章草的起笔、收笔纯用隶法，字字独立，但每个字的笔画之间又加进了萦带（实笔与虚笔之间笔断意不断的连笔效果）连绵的笔法，是草书连绵圆转风格之始。西汉史游的《急就章》和东汉崔瑗的《贤女帖》是章草之典范。

浅谈书法的发展

汉末，章草进一步“草化”，脱去隶书笔画的行迹，上下字之间的笔势牵连相通，偏旁部首也做了简化和互借，形成今草（亦称“小草”）。据史书记载，今草为东汉张芝所创，世称张芝为“草圣”。东晋王羲之博采众长，是今草集大成者，其作品《十七帖》（见图 3-1-8）是历代草书之绝品。

到了唐代，今草进一步演化，形成了狂草。狂草亦名大草，其字形狂放多变，笔势连绵环绕，有“一笔书”的效果，唐代张旭、怀素是狂草的代表人物，有“颠张狂素”之称。其中，张旭的草书行文跌宕起伏，动静交错，满纸如云烟缭绕，与李白的诗歌、裴旻的剑舞并称“三绝”，代表作《古诗四帖》（见图 3-1-9）乃草书巅峰之篇。怀素是中国草书史上承前启后的佼佼者，其草书笔法瘦劲，飞动自然，如骤雨旋风、随手万变，代表作品有《自叙帖》《苦笋帖》《圣母帖》《论书帖》等。

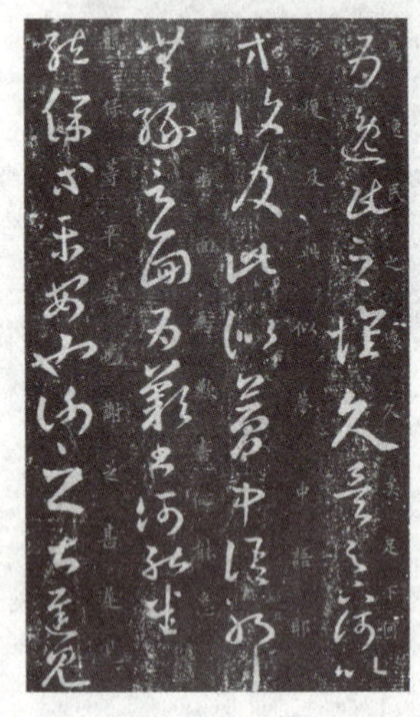

图 3-1-8 《十七帖》（局部）

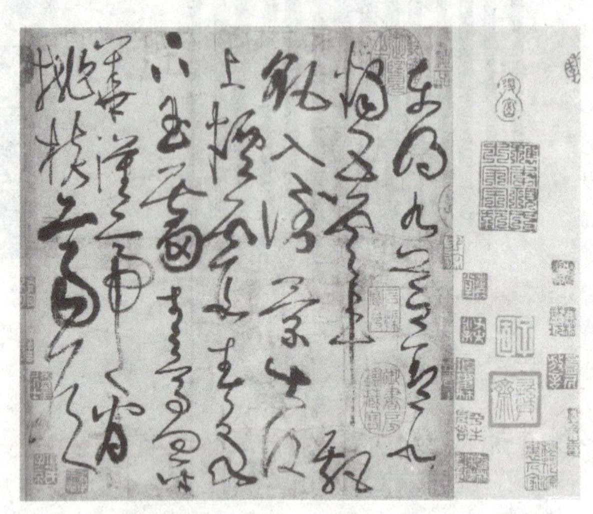

图 3-1-9 《古诗四帖》（局部）

四、楷书

楷书又称“正书”“正楷”“真书”，由隶书演变而来。楷书源于魏晋时期，南北朝时得到发展，隋代开始融合，至唐代发展成熟，并作为正体字（正规的字体）一直流传到今天。楷书点画独立，结体严谨、方正，重心平稳，行笔较慢。唐代欧阳询的《九成宫醴（lǐ）泉铭》（见图 3-1-10）和虞世南的《孔子庙堂碑》（见图 3-1-11）都是历代书法家公认的楷书妙品。

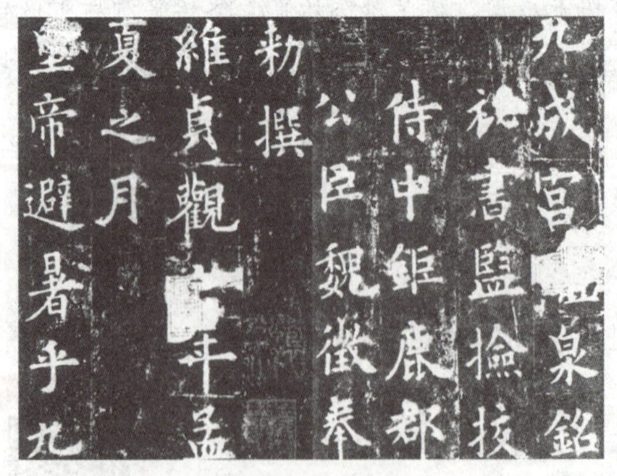

图 3-1-10 《九成宫醴泉铭》（局部）

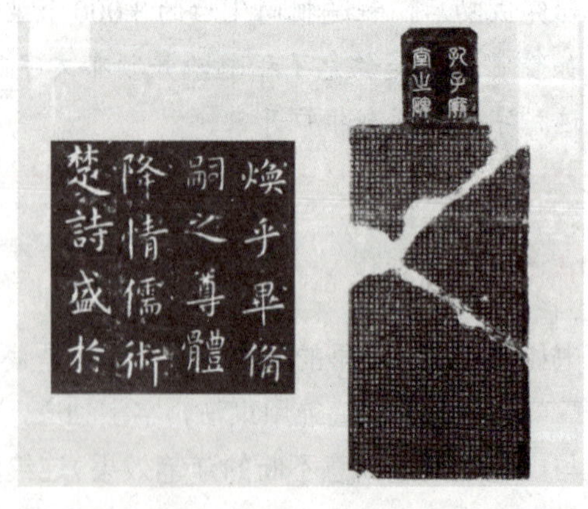

图 3-1-11 《孔子庙堂碑》

楷书四大家

楷书四大家，是对书法史上以楷书著称的四位书法家的合称，他们分别是唐代的欧阳询、颜真卿、柳公权和元代的赵孟頫（fǔ）。

欧阳询的楷书法度严谨，笔力险峻，后人称为“欧体”，世称“唐人楷书第一”，其代表作有《九成宫醴泉铭》等。

颜真卿的楷书端庄雄伟，气势开张，世称“颜体”，其代表作有《颜勤礼碑》《颜氏家庙碑》《多宝塔碑》《麻姑仙坛记》等。

柳公权所写楷书，体势劲媚，骨力劲健。较之颜体，柳字则稍清瘦，故有“颜筋柳骨”之称，其代表作有《金刚经刻石》《玄秘塔碑》《神策军碑》等。

赵孟頫的楷书用笔遒劲，结字严谨，体势飘逸，其代表作《玄妙观重修三门记》结体宽博深稳，运笔酣畅圆润，最适合当字帖。

五、行书

行书出现在东汉末年，是介于楷书、草书之间的一种字体。行书大小相兼，收放结合，疏密得体，浓淡相融，弥补了楷书书写速度慢、草书难以辨认的不足，既书写快捷又易于识别。

行书的代表作首属东晋王羲之的《兰亭序》（见图 3-1-12）。《兰亭序》通篇布局纵有行、横无列，行款紧凑，首尾呼应；行与行之间疏密有致；字与字之间大小参差，不求划一，保持了随手书写的自然姿态，颇得天然潇洒之美，被奉为“天下第一行书”。唐代颜真卿的《祭侄文稿》（见图 3-1-13）字体凝重峻涩而又神采飞动，笔势圆润雄奇，姿态横生，得自然之妙，被称为“天下第二行书”。北宋苏轼的《黄州寒食帖》（见图 3-1-14），通篇书法起伏跌宕，气势奔放，无荒率之笔，被称为“天下第三行书”。

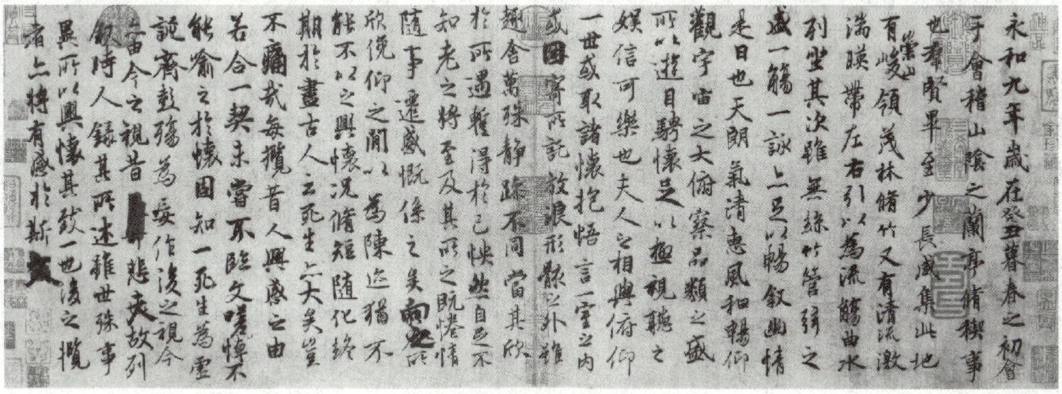

图 3-1-12 《兰亭序》（唐冯承素摹本）

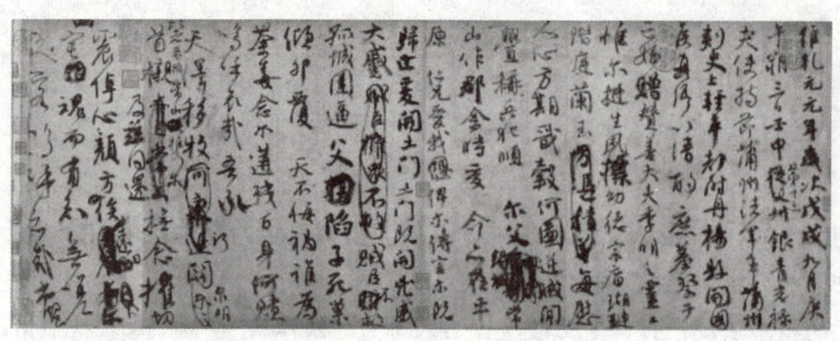

图 3-1-13 《祭侄文稿》

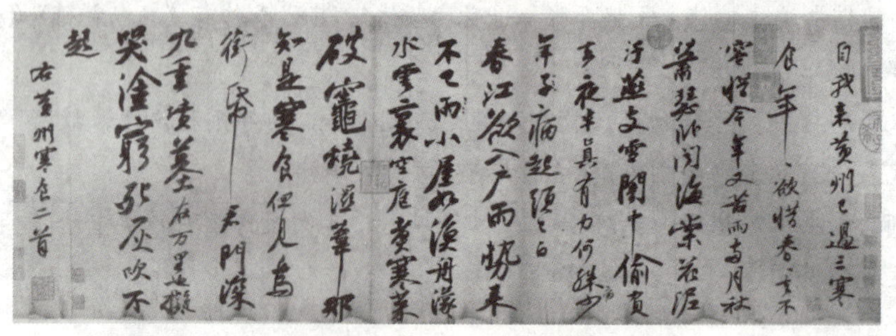

图 3-1-14 《黄州寒食帖》

此外，行书大家还有宋代的黄庭坚、米芾、蔡襄（他们与苏轼一起被称为“宋四家”）；元代的赵孟頫、鲜于枢；明代的祝允明、文徵明、董其昌、王铎；清代的刘墉、何绍基等。这些行书大家都有不少作品流传于世，其中赵孟頫的《洛神赋》、文徵明的《滕王阁序》、董其昌的《白居易琵琶行》、王铎的《拟山园帖》更是行书的传世佳作。

品味文化

一、书法的“神采”

历来书法大家的作品，都以“神采”为最高标准。南朝王僧虔在《笔意赞》中所说：“书之妙道，神采为上，形质次之，兼之者方可绍于古人。”张怀瓘也说：“善识书者，惟观神采，不见字形。”所谓“神采”，是指书法作品中表现出来的精神、气韵、风采。

书法作品的“神采”是书法家思想情感、审美情趣等内在精神的体现。清代王澍在《论书剩语》中说：“作字如人，然筋骨血肉，精神气脉，八者备而后可为人。”可见，书法和人一样，没有骨肉，就没有精神。书法作品的“神采”也是书法家个性品质的体现。唐代柳公权说：“心正则笔正。”明代项穆说：“正书法，所以正人心也；正人心，所以闲圣道也。”清代刘熙载亦云：“书，如其学，如其才，如其志，总之曰如其人而已。”纵观我国古代的书法大家，他们的作品中都体现了各自不同的个性和品格。例如，王羲之潇洒自然，妙趣横生；颜真卿刚直忠义，其字雄浑大度；张旭性情旷达、放荡不羁，其字龙飞凤舞、气势非凡……

书法的“神采”不是单纯地模仿就可以得到的。要想写好书法，不仅要有纯熟的用笔，还需要“书外求书”，即在丰富文化知识、仔细观察生活、提高品德修养、进行意境构思诸方面多下功夫。只有这样，才能写出精湛绝妙的书法作品。

二、书法的“精神”

首先，书法体现了正直坦荡、忠诚担当的中华民族精神。例如，颜真卿正直敦厚、刚正威武，其书法作品在体现大唐繁盛风度的同时，也与他高尚的人格相契合，是书法的艺术美与自身人格美的完美结合，堪为后世之表。

其次，书法体现了博采众长、刻苦磨砺的求学精神。“宝剑锋从磨砺出，梅花香自苦寒来。”从古至今，无数书法家艺术成就的取得，都是转益多师、博采众长、刻苦钻研、精益求精的结果。例如，钟繇（yáo）曾拜曹喜、蔡邕、刘德升为师，博采众长，痴练成魔，终成大器；王羲之小时候师从著名女书法家卫夫人，后又吸取张芝、钟繇的书法优点，加之父亲传授的笔法论和自己的体悟，改造创新，最终达到“贵越群品，古今莫二”的高度；等等。正是他们身上所具备的勤学苦练、持之以恒、不断创新等优良品质，才促使他们成为古今闻名的书法大家。

最后，书法体现了关爱寡弱、扶危济困的民本思想。我国自古就有关爱孤寡、扶助弱小的优良传统，历代书法家也用自己的良好品行为世人做了榜样。例如，王羲之曾留下“竹扇题字”的美谈；郑板桥在知天命之年出任县令，为官十二载，身体力行，救助贫困，不惧威压，为民请命，他时刻牵挂百姓疾苦，还曾发出“衙斋卧听萧萧竹，疑是民间疾苦声。些小吾曹州县吏，一枝一叶总关情”的感叹；等等。

新时代的青年学生应体会并传承书法中体现的民族精神，以及书法家身上的良好品质，自觉培养崇德尚义、正直忠信的道德情操，自强不息、刚健有为的奋发精神，注重在实践中学真知、悟真谛，刻苦磨炼、增长本领、戒骄戒躁、谦虚勤奋，不断充实自我、提升自我、锤炼自我，为自己的人生助力。

书法家故事三则

颜真卿：大义凛然

李希烈叛，唐德宗遣颜真卿赴汝州召降。朝臣劝其勿行，真卿乃曰：“君命不可违！”颜真卿见到希烈，贼军千余人围而骂之，又欲杀之，真卿色不变，责其背叛朝廷。时希烈欲称帝，希烈知其贤，以宰相之位诱其降。真卿斥曰：“吾年且八十，乃大唐之朝臣，岂受若等诱胁邪！吾守吾节，死而后已！”贼皆失色。希烈乃囚真卿，于庭中掘坎，扬言坑之，真卿曰：“死生乃天命，吾何惧！”贼人又积薪于庭，曰：“不降，当焚之。”真卿起身赴火，为人所拦。希烈遂缢杀之。

欧阳询：流连观碑

唐代大书法家欧阳询，字信本，潭州临湘（今湖南长沙）人。他精通各种书法，博采众长，自成一家，人称“欧体”。有一次，他路过一处荒地，在乱草丛中发现西晋书法家索靖书写的一块石碑。欧阳询下马坐在碑前仔细观看，边看边体会索靖草书的妙处。晚上回到住处后，他彻夜难眠，一直想着白天看到的石碑。第二天天一亮，欧阳询又骑马赶到石碑前反复揣摩，还铺开纸，一笔一画地临摹。就这样，他在碑旁待了三天三夜，直到将索靖草书的笔法融会贯通、了然于胸后，才高兴地离去。

王羲之：竹扇题字

一次，王羲之见到一个老婆婆在集上叫卖竹扇。老婆婆的竹扇很简陋，没有什么装饰，所以一直卖不出去。王羲之看到此景，怜悯之心油然而生，便上前说：“婆婆，你这竹扇上没画没字，当然卖不出去。我给你题上字，怎么样？”老婆婆虽不认识王羲之，但见他这样热心，便把竹扇交给他写。王羲之提起笔，在每把扇面上龙飞凤舞地写了几个字，然后对老婆婆说：“你只告诉买扇的人，上面是王右军写的字即可。”老婆婆将信将疑地照做了。果然，集上的人一看扇面上真是王羲之的字，都争抢着买老婆婆的扇子，很快扇子就卖完了。

翰墨留香

一、《峄山刻石》

《峄山刻石》（见图 3-1-15）又称“峄山石刻”“峄山碑”“峄山铭”等，是秦代的一方摩崖石刻，为秦代李斯所书，属小篆作品。《峄山刻石》分为两部分，前半部分“始皇诏”刻于秦始皇二十八年（公元前 219 年），共 144 字，主要是赞扬秦始皇和表达秦统一六国后的好处；后半部分“二世诏”刻于秦二世元年（公元前 209 年），共 79 字，记录了李斯随同秦二世出巡时，上书请求在秦始皇所立刻石旁刻诏书的情况。《峄山刻石》用笔单纯齐一，藏锋逆入，圆起圆收，转角处都呈弧形，无外拓之笔；结字对称均衡，端庄秀丽；章法秩序井然，具有节奏韵律感，与《泰山刻石》《琅琊刻石》《会稽刻石》合称“秦四山刻石”。《峄山刻石》原石已毁于南北朝时期，现有宋代和元代摹刻碑，分别藏于西安碑林和邹城博物馆。

图 3-1-15　《峄山刻石》（左为西安碑林所藏，右为邹城博物馆所藏）

二、《兰亭序》

《兰亭序》又称《兰亭集序》，共 28 行，324 个字，是书圣王羲之最著名的作品，被誉为“天下第一行书”。公元 353 年，王羲之与友人在浙江绍兴兰渚山的兰亭以文会友。乘着酒醉兴起时，王羲之将诗歌会上众人所作的诗赋辑成一集，并作序一篇，记述流觞曲水一事，抒发内心感慨，因此有了《兰亭序》。

《兰亭序》通篇遒媚飘逸，笔以中锋为主，间有侧锋，笔画之间的萦带纤细轻盈，或笔断而意连，提按顿挫自然天成，整体布局错落有致，具有潇洒、优美的无穷魅力。宋代书法大家米芾称其为“中国行书第一帖”，并被历代书界奉为极品。《兰亭序》最让人惊叹的是，文中的每个字都精妙绝伦，凡有相同的字，笔法姿态必不相同。例如，文中共有 21 个“之”字（其中正文 20 个，落款 1 个）这些“之”字在用笔轻重、肥瘦、藏露、方圆等技巧上都有所不同，向来为人们所称道。

《兰亭序》

《兰亭序》的真迹殉葬于昭陵，有摹本、临本传世，如欧阳询的《定武本兰亭》，褚遂良的《洛阳宫本兰亭序》《神龙半印本兰亭序》《张金界奴本兰亭序》，冯承素的《神龙本兰亭》（见图 3-1-16）等。其中，冯承素的《神龙本兰亭》墨色最活，被视为最佳摹本。

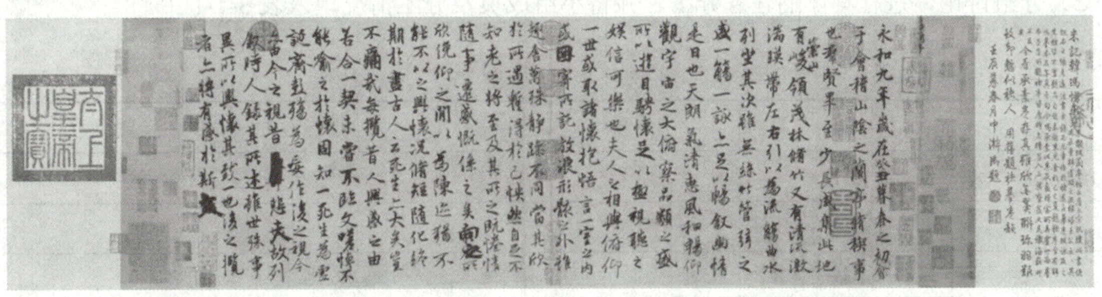

图 3-1-16 《神龙本兰亭》

三、《多宝塔碑》

《多宝塔碑》（见图 3-1-17）全称《大唐西京千福寺多宝佛塔感应碑文》，公元 752 年，由当时的文人岑勋撰文、书法家徐浩题额、书法家颜真卿书丹、碑刻家史华刻石而成，为楷书作品，现存于西安碑林第二室。

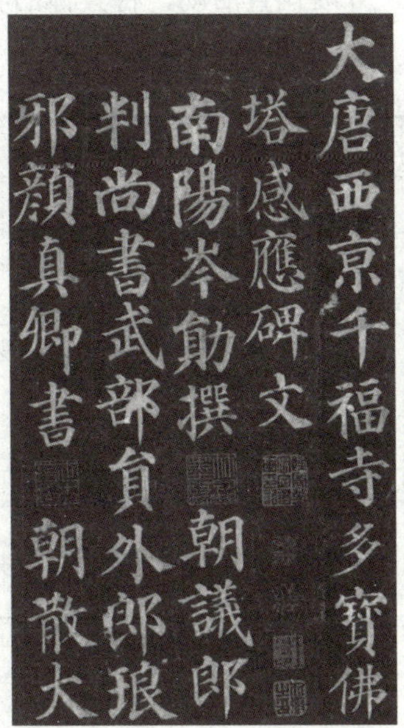

图 3-1-17 《多宝塔碑》

《多宝塔碑》共34行，主要记载修建多宝塔的经过。它的书体反映了颜真卿早期秀媚多姿的书风。从整体上看，此碑结构严密，点画端庄，布白匀整，用笔转折变化丰富，有方有圆，横细竖粗，对比强烈。全篇书体虽笔力雄浑厚重，却墨酣意足，在笔墨流动处颇显秀媚之姿，极具颜楷的“雄媚”书风。

文化实践

一、“文房四宝”的前世今生

“文房四宝”是指笔、墨、纸、砚，是中国传统的书画用具。文房四宝的诞生与流变，体现出中华传统艺人的匠心与智慧。请分组对文房四宝的诞生、演变与现状进行调查，感受我国传统文化艺术的勃勃生机。

（1）全班学生以5～7人为一组进行分组，选出一名组长。

（2）分组讨论，进行具体的任务分工，并将小组成员及分工情况填入表3-1-1中。

表3-1-1　小组成员及分工情况

班级		组号		指导教师	
小组成员	姓名	学号	任务分工		
组长					
组员					

（3）按照任务分工，开展调查活动，将具体的实施情况记录在表3-1-2中。

表3-1-2　调查步骤

时间安排	实施步骤
	1．确定本组使用的信息搜集方法，包括：
	2．“文房四宝”的诞生与演变调查：
	3．“文房四宝”的发展现状：
	4．“文房四宝”名品（每一种至少列举一个）：
	5．汇总调查结果，撰写论文。

二、班级书法比赛

书法是中华民族特有的艺术形式，是中国传统文化的重要组成部分。为了激发学生学习书法的兴趣，提高学生传承和弘扬中华民族优秀文化传统的意识，请组织一次班级书法比赛，具体要求如下。

（1）活动参加人员：本班学生。

（2）活动内容：原创书法作品或临摹优秀的书法作品，其书写内容应健康、积极向上，能展现出学生较高的文化素质和思想觉悟。

（3）书写规则：① 在篆书、隶书、草书、楷书、行书中自选一种书体；② 现场比赛用纸由班委会统一购买；③ 笔、墨、画毯等书写用具自备。

（4）活动时间：由全班商讨确定。

（5）活动准备：由班委会聘请有关专家组成评审委员会，负责比赛各项评审工作。

（6）全班学生按照表 3-1-3 进行分组，将分组情况填入表中。

表 3-1-3　活动分工表

<table>
<tr><th colspan="2">组织设置</th><th>工作内容</th><th>岗位设置</th><th>岗位职责</th></tr>
<tr><td colspan="2" rowspan="2">管理小组</td><td rowspan="2">负责统筹整个活动的各个环节，协调各小组的工作</td><td>组长：</td><td>负责活动中的指导、监督、检查、协调等工作</td></tr>
<tr><td>副组长：</td><td>协助组长管理组内工作，监督小组成员的任务执行情况</td></tr>
<tr><td rowspan="5">工作小组</td><td rowspan="2">后勤保障组</td><td rowspan="2">负责制订具体规则，制作并发放宣传单，向院系老师发邀请函，购置比赛用品，现场拍摄等后勤保障工作</td><td>组长：</td><td rowspan="4">组长：负责落实本组工作的执行情况、管理组员、合理安排组员的工作任务
组员：服从组长管理，自觉遵守活动纪律，积极参与组内工作，与组内成员团结协作</td></tr>
<tr><td>组员：</td></tr>
<tr><td rowspan="2">评委会</td><td rowspan="2">邀请有关专家组成评审委员会，负责制订评分标准、统计比赛结果等</td><td>组长：</td></tr>
<tr><td>组员：</td></tr>
<tr><td>主持人</td><td>负责报幕及撰写报幕词</td><td>主持人（男、女各一名）：</td><td>提前排练，熟悉比赛各环节，保证比赛的正常进行并圆满完成主持工作</td></tr>
</table>

（7）书法比赛活动开始，工作小组和管理小组引导老师、评审专家和参赛选手就位；参赛选手按照要求进行书写；后勤保障组负责录像和拍摄；评委为每个节目打分、写评语，评委会统计选手得分并公布比赛结果。

第二节 绘 画

学习目标

知识目标

- 了解中国画的主要类型。
- 深刻理解中国画的文化内涵。

素养目标

- 感受中国画的意蕴，培养宁静致远的人生态度和坚韧顽强的高尚品格。

文化讲堂

中国画简称“国画”，是中国传统的绘画形式。其最大的特点是意境高远，注重人的情感与精神的表现，讲求“以形写神”，追求一种“妙在似与不似之间”的神韵。在内容创作上，中国画体现了古人对自然、社会及与之相关联的政治、哲学、宗教、道德、文艺等方面的认知。中国画种类多样，题材广泛，主要分为人物画、山水画和花鸟画三种。

一、人物画

人物画是中国画中最早的一个画种。据记载，周代就出现了劝善诫恶的历史人物壁画。战国及秦汉时期，以神话故事和历史故事为题材的作品大量涌现。魏晋南北朝时期，宗教画尤为兴盛，这一时期出现了以顾恺之为代表的第一批人物画大师。盛唐时期，吴道子将宗教人物画推至新高度。两宋是中国人物画深入发展的时期，绘画风格和题材均发生了转变，风格由工笔重彩向线描水墨转化，出现了简笔写意人物画，如梁楷的《泼墨仙人图》；题材加入了丰富多彩的市民生活，如张择端的《清明上河图》。元明清时期，人物画的发展不及山水画和花鸟画，但也出现了许多卓有成就的人物画家，如元代的王绎、赵孟頫，明代的唐寅、陈洪绶，清代的任颐等。

《洛神赋图》

中国古代人物画可细分为道释画（以道教、佛教为内容的绘画）、仕女画、肖像画、风俗画、历史故事画等。它不拘泥于人物的外表，注重人物个性的刻画，更多地强调“传神”（即主观情感的抒发），追求形神兼备、气韵生动。

中国古代著名的人物画作品数不胜数。例如，东晋顾恺之的《洛神赋图》（见图 3-2-1），用高古游丝描（一种线描画法）将人物的神韵、风姿表达得惟妙惟肖，其中的“辞别”场景，一改汉代的平视画法，采用俯视角度，开阔了视野；唐代阎立本的《步辇图》（见图 3-2-2），巧妙地运用人物形象的对比手法，更好地衬托出了唐太宗的至尊风度；周昉的《簪花仕女图》（见图 3-2-3），以游丝描人物，行笔轻细柔媚，反映了当时贵族女子的生活状态。此外，还有唐代吴道子的《地狱变相图》《送子天王图》，张萱的《虢国夫人游春图》（见图 3-2-4）；五代南唐顾闳中的《韩熙载夜宴图》；宋代李公麟的《维摩诘像》，李唐的《采薇图》，梁楷的《李白行吟图》；元代王绎的《杨竹西小像》；明代仇英的《列女图》，张宏的《击缶图》《布袋罗汉图》；清代任颐的《酸寒尉像》；等等。

图 3-2-1 《洛神赋图》（局部）

图 3-2-2 《步辇图》（局部）

图 3-2-3 《簪花仕女图》

图 3-2-4 《虢国夫人游春图》

文化溯源

中国画在古代的别称——丹青

丹青一词最早出现在《周礼·秋官》一文中："职金，掌凡金、玉、锡、石、丹、青之戒令。"其本意是指红色的朱砂和青色的石青两种天然矿石颜料。在原始社会，人们从大自然中捡来朱砂和石青两种矿石，把它们研磨成细粉，用来描绘并装饰看到的事物。后来，人们逐渐发现了更多五颜六色的天然矿石，经过加工后，可以用在绘画中，使画面中的色彩逐渐丰富起来，从而更加漂亮美观。久而久之，"丹青"一词就成了绘画颜料的代称。

唐宋之后，绘画高速发展，各种绘画技法更加成熟。这时，"丹青"一词由于承载了绘画艺术的历史演变，文化内涵更加丰富，于是成为国画的书面语用词被固定下来，经常出现在古人的诗文里，如杜甫在《丹青引赠曹将军霸》中说："丹青不知老将至，富贵于我如浮云。"

如今，"丹青"依旧约定俗成地作为中国画的代称。人们形容某人擅长国画时，就会赞其"工于丹青"。那些国画造诣很高的画家，如吴昌硕、齐白石、张大千等大师级国画家，常被人们尊称为"丹青妙手"，含有景仰之意。

二、山水画

山水画是以自然山川为主要描绘对象的绘画。魏晋南北朝时期，山水画仍附属于人物画，山水作为人物画的背景呈现。隋唐时期，山水开始从人物画的背景中独立出来，出现了运用不同色彩描绘山川的画作，如展子虔的青绿山水、李思训的金碧山水、王维的水墨山水、王洽的泼墨山水等。自唐代后，山水画得到空前发展，名家辈出，如荆浩、关仝（tóng）、李成、董源、巨然、范宽、许道宁、燕文贵、宋迪、王诜、米芾等。到了元代，山水画趋向写意，以虚带实，侧重笔墨神韵。明代是中国山水画发展的鼎盛时期，画风迭变，画派林立，出现了极具影响力的浙派和吴门画派。清代山水画一部分沿袭传统，一部分开拓创新，形成了丰富多彩的绘画风格。

中国传统的山水画可以分为水墨山水、青绿山水（以石青、石绿为主色的山水画）、浅绛山水（以墨色为主，施以浅浅的褚石色的山水画）、小青绿山水（在浅绛的基础上再薄施石绿色和石青色的山水画）和没骨山水（不用墨线勾勒，直接以大面积的水墨或色彩描绘物景的山水画）等。山水画尤其注重写意，具有特殊的意境、格调和气韵，蕴含着“天人合一”的生命哲学，具有丰富的内涵。

《千里江山图》

隋代展子虔的《游春图》（见图 3-2-5），是中国存世最早的山水画。该画用青绿着色法描绘了人们春游的情景，以山水为主体、人物为点缀，使山水脱离了作为人物画背景的地位，独立成幅。宋代王希孟的《千里江山图》（见图 3-2-6）画面雄浑壮阔，气势磅礴，将祖国的大好河山描绘得惟妙惟肖，是一幅既写实又富理想的山水画作品。元代黄公望的《富春山居图》（见图 3-2-7）被誉为“画中之兰亭”，此画采用阔远的构图方式，展现山水的整体风貌，传达出生机勃勃、变幻无穷的意境，令人叹为观止。除此之外，南宋夏圭的《溪山清远图》、清代王时敏的《南山积翠图》等，都是山水画中的经典之作。

图 3-2-5 《游春图》（局部）

图 3-2-6 《千里江山图》（局部）

图 3-2-7 《富春山居图》(局部)

三、花鸟画

花鸟画是中国特有的一个画种，以植物和动物为主要描绘对象，包括花卉、翎毛、蔬果、草虫等。

花鸟画最早可追溯至原始社会的岩画及彩陶装饰上，汉代有所发展，常常作为人物画中的陪衬。魏晋南北朝时，开始出现不少独立形态的花鸟绘画作品，如顾恺之的《凫雀图》、史道硕的《鹅图》、顾景秀的《蜂雀图》、萧绎的《鹿图》等。

隋唐时期，花鸟画已独立成科，在形式和技法上都得到了完善，著录中计有花鸟画家 80 多人，如薛稷善于画鹤，曹霸、韩幹善于画马，韦偃善于画牛，李泓善于画虎，卢弁善于画猫，张旻善于画鸡，齐旻善于画犬，李逖善于画昆虫，张立善于画竹等。

五代时期，花鸟画发展迅速，逐渐进入成熟期，以黄筌、徐熙为代表的两大流派（即工笔和写意）确立了花鸟画发展史上的两种不同风格，有“黄筌富贵，徐熙野逸”之说。其中，黄筌的画作在画法上非常细致，设色浓丽，显出富贵之气，代表作品有《写生珍禽图》等；徐熙则开创“没骨”画法，落墨为格，杂彩敷之，略施丹粉而神气迥出，代表作品有《雪竹图》等。

宋代时，花鸟画受到文人思想的影响，喜欢寄情于花鸟，表现崇高、贞洁、虚心、向上、坚强的品质，因此花鸟画中出现了梅、竹、松、兰等形象。这一时期花鸟画的代表作品有北宋赵昌的《写生蛱蝶图》，易元吉的《百猿图》，崔白的《双喜图》《寒雀图》，赵佶的《芙蓉锦鸡图》《柳鸦图》（见图 3-2-8），苏轼的《古木怪石图》，文同的《墨竹图》，以及南宋林椿的《果熟来禽图》等。

图 3-2-8 《柳鸦图》

郑板桥的诗书画成就

元代时，出现了一批专门画水墨梅竹的画家，如柯九思、吴镇、王冕等。明代和清代时，花鸟画也得到了发展，许多画家在花鸟画上卓有成就，如明代的徐渭、陈道复，清代的石涛、恽寿平、朱耷（号“八大山人”）和“扬州八怪”等。其中，朱耷的花鸟画笔墨与造型独树一帜，代表作品有《荷石水鸟图》（见图3-2-9）；“扬州八怪”中的郑燮（即郑板桥）喜欢画竹，其代表作品《修竹新篁图》（见图3-2-10）更是达到了“不似之似”的艺术妙境，为花鸟画的经典之作。

图3-2-9　《荷石水鸟图》

图3-2-10　《修竹新篁图》

千古流芳

扬州八怪

扬州八怪也称“扬州画派”，是清代康熙至乾隆年间活跃于扬州地区的一批风格相近的书画家的总称。史上对扬州八怪的说法不一，一般公认为金农、郑燮、黄慎、李鱓（shàn）、李方膺、汪士慎、罗聘和高翔八人。扬州八怪大多出身贫寒，生活清苦，清高狂放。他们主张创新，注重实践，喜欢表达个性，其书画作品不落俗套，往往成为抒发心胸志向、表达真情实感的媒介。从绘画美学的角度来说，他们是当时进步的现实主义与积极的浪漫主义相结合的美学思想典范。

扬州八怪的绘画作品涉及山水、人物、花鸟，为数之多，流传之广，无可计量。仅据《扬州八怪现存画目》中记载，国内外200多个博物馆、美术馆及研究单位收藏的扬州八怪作品就有8 000余幅。

扬州八怪的大胆创新之风，也不断为后世画家所传承。近现代名画家，如吴让之、吴昌硕、齐白石、徐悲鸿等，都在某些方面受“扬州八怪”的影响。郑燮作为扬州八怪中的杰出代表，更是对后世影响深远，被很多画家推崇。徐悲鸿就曾在郑燮画作《兰竹》上题云：“板桥先生为中国近三百年最卓绝的人物之一。其思想奇、文奇，书画尤奇。观其诗文及书画，不但想见高致，而其寓仁慈于奇妙，尤为古今天才之难得者。”

品味文化

一、中国画的精神境界

中国画的题材多以自然为主，是中国人以山为德、以水为性的内在修为意识。老子说：“上善若水。”孔子说：“知者乐水，仁者乐山。知者动，仁者静。知者乐，仁者寿。”由此可见，无论是道家还是儒家，都认为君子、智者和仁者应该拥有如山与水般的秉性和胸襟。这些思想一直影响着中国画的创作思维，使中国画在自然与人生、物质与心灵之间找到了一种平衡与和谐，体现出一种宁静致远的人生态度和坚韧顽强的傲岸品格。

中国画最讲求意境，即诗中有画、画中有诗的境界。这种境界是画家对生活的深切感受和对现实生活的高度提炼，也是画家真挚情感的投入。而要想达到这种境界，就必须注重自身的修养，内修心而外益世，抒胸臆以振斯文。因此，从古至今，中国画对画家的修养要求很高。很多画家同时也是哲学家、文学家和书法家，都经历过一段刻苦自励的修养过程。

中国画能反映出一个画家的学问、阅历、品德、情操和思想深度，还同时具有道德教化的功能。唐代张彦远曾说：“夫画者，成教化，助人伦。”展开中国古代的绘画史，不难发现很多画作都以道德教化体现了其精神价值。例如，山水画通过描绘自然景色，隐喻人要有高洁淡雅的精神修养；花鸟画中的“四君子”，体现了中国人高雅圣洁、坚守气节、重视精神修养的审美精神；人物画中的垂钓主题、隐逸主题等体现了君子超凡脱俗、不慕名利的品格；等等。又如，元代画家王冕一生爱好梅花、淡泊名利，画作表达出他不向世俗献媚的坚贞品格，其题画诗《咏梅》更是生动形象地传达了王冕“只留清气满乾坤”的高洁人格；清代书画家郑燮一生只画兰、竹、石，他以画明志，表达了不畏权贵、刚正不阿的高尚品格。

中国画的“四君子”

中国画的“四君子”是指梅、兰、竹、菊，它们形象高洁，常被赋予丰富的文化内涵。其中，梅花在漫天飞雪的隆冬盛开，不畏严寒、经霜傲雪，象征君子威武不屈；兰花独处幽谷，喜居崖壁，深谷幽香，象征君子操守高洁、遗世独立；竹子虚怀若谷、中通外直、清雅靓丽，象征君子虚心自强、高风亮节；菊花在深秋绽放，顶风傲霜、潇洒飘逸，象征君子隐逸世外、不陷污浊。

二、中国画的现实意义

首先，中国画体现出的热爱自然的情怀符合现代社会的需要。古人云：“取之有道，用之有度。”道家提出应遵循自然规律而行，“人法地、地法天、天法道、道法自然”。这些中华文化中的“天人合一”思想充分体现在了中国画中，表现了中国人敬畏自然、热爱自然的情怀，也反映出中国人希望反哺自然、保护自然、融情自然，从而达到万物并育、天人和谐的思想境界。新时代的青年应该学习中国画中体现的对自然的敬畏和热爱之情，要像对待生命一样对待生态环境，为改善生态环境贡献力量。

其次，中国画是在不断革新中发展的，其不断创新的精神值得青年学习。唐代殷仲容多次进行水墨花鸟画的尝试终于成功，南宋梁楷开创了人物画泼墨大写意的画风，明代徐渭开创了水墨大写意花鸟画画法，清代石涛创立了清润淋漓、墨色肆意的“当头劈脸”大写意画风……一代代中国画家在传承的基础上勇于探索、勇于创新，甘做、敢做先行者，这种锐意进取的精神是中华民族的精神财富，也激励着一代代中国人大胆开拓。作为新时代的青年，要自觉承担起创新奋进的责任，要努力学习文化知识，用扎实的理论功底指导自己的实践；要踏实做事，在做中多观察，勤思考；要勇于探索，大胆开拓，善于发现和解决新问题；要综合运用逆向思维和发散思维多角度探究，另辟蹊径，终会有“柳暗花明又一村”的新发现。

最后，中国画所体现的精神内涵为新时代的青年提供了完善自我的参考。青年兴则国家兴，青年强则国家强；青年有信仰，国家有力量，民族有希望。新时代的青年应像中国画中所体现的那样，常用真善美来雕琢自己，培养高洁的操行和纯朴的情感，展现出无畏无惧、慷慨潇洒、积极乐观的精神面貌，不计较一时的成败得失，处优而不养尊，受挫而不短志，使顺境和逆境都成为人生的财富而不是人生的包袱，努力让自己成为一个高尚的人。

画之意境

一、《清明上河图》

《清明上河图》（见图3-2-11）是北宋张择端的作品，绢本，淡设色，纵24.8厘米，横528厘米，描绘的是清明时节北宋都城汴京（今河南开封）东角子门内外和汴河两岸繁华热闹的景象。

图3-2-11 《清明上河图》（局部）

《清明上河图》可分为三段：首段描绘市郊景色，茅檐低伏，阡陌纵横；中段以中间的“上土桥”为中心，描绘了桥下艄公们紧张的工作、汴河两岸的风光，以及桥上车马来往如梭、行人熙攘的场景；后段描绘的是市区街道的繁华。全卷画面内容丰富生动，再现了北宋全盛时期都城汴京的生活面貌。

《清明上河图》是一幅用现实主义手法创作的长卷风俗画，也是中国绘画史上的无价之宝。它用笔兼工带写，设色淡雅，不同一般的界画，即所谓“别成家数”。画面构图采用鸟瞰式全景法，真实而又集中概括地描绘了当时汴京东南城角这一典型的区域。同时，画家用传统的手卷形式，采取“散点透视法”组织画面，长而不冗，繁而不乱，严密紧凑，如一气呵成。画中所摄取的景物，大至寂静的原野、奔涌不息的河流、高耸的城郭；小到舟车里的人物、摊贩上的货物、市招上的文字，都一一呈现在画面之中。在多达 500 余人的画面中，穿插着各种情节，组织得有条不紊，同时又具有情趣。

二、《五牛图》

《五牛图》（见图 3-2-12）是唐朝韩滉（huàng）的绘画作品，作品纵 20.8 厘米，横 139.8 厘米，在横卷上画了五头姿态和神态各异的牛。

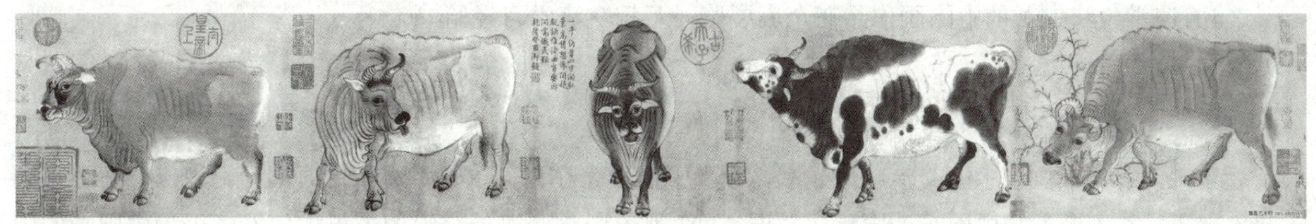

图 3-2-12 《五牛图》

《五牛图》中的五头牛从右至左一字排开：第一头是俯首吃草、荆棘蹭痒的棕色老牛；第二头是身躯壮大、翘首摇尾、步履稳健的黑白杂花牛；第三头是稍显瘦弱、白嘴皓眉的深赭色老牛；第四头是躯体高大、牛角耸立、回首而顾的黄牛；第五头是络首而立、体态丰厚的棕牛。整幅作品的画面除右边第一头牛旁边的小树丛外，没有其他的背景，每头牛可独立成章。

在技巧的运用上，韩滉用粗壮有力的墨线勾勒牛的轮廓，表现出牛的强健、沉稳和行动迟缓，同时对牛的眼睛、鼻子、蹄趾、毛须等部位着意渲染，凸显出牛强健有力的躯体和质感真实的皮毛。“点睛”是此画牵动全局的关键，韩滉将牛眼适当夸大，着意刻画，使五牛的瞳眸都炯炯有神，达到了形神兼备的艺术境界。韩滉还用尖细劲利的笔触细心描绘了五牛眼眶边缘的睫毛，通过这种细节刻画，让五牛表现出不同的神情和个性。

此外，《五牛图》在构图上也极具特色。韩滉将中间的牛画成正面形象，形成画面的中心，呈现出一种立体感；两面各安排两牛，呈对称形状向左右两方延伸，使五牛既可以相互联系，又表现出一定的独立性，从而构成了一个和谐的统一整体。同时，五牛虽是平行排列于画面上，但通过它们的昂首、低头、回眸、左右顾盼等动态特征，使整个画面动态十足，形成了新颖的组画构图样式。

有专家考证，《五牛图》渗透着韩滉浓厚的个人情感。画中的五牛寓指韩滉兄弟五人，韩滉通过牛的任重、勤劳、温驯而又倔强的品性，表达了自己爱国忠君的真情实感。此外，据史书记载，韩滉任宰相期间，非常注重农业的发展，他以牛为画题，也可能有鼓励农耕之意。

此画历来评价极高。元代画家赵孟頫曾说：“五牛神气磊落，稀世名笔也。”明代书画家李日华在《六研斋笔记》中评价韩滉《五牛图》：“虽着色取相，而骨骼转折筋肉缠裹处，皆以粗笔辣手取之，如吴道子佛像衣纹，无一弱笔求工之意，然久对之，神气溢出如生，所以为千古绝迹也。”

文化实践

一、中国画体验活动

请学生参与中国画体验活动，通过中国画的创作，感悟中国画独到的表现方法，体验中国传统艺术。

（1）活动人员：全班学生。

（2）活动形式：邀请一名中国画专业人士进行现场教学，学生临摹中国画。

（3）活动准备：班委会负责购买相关的绘画用具和纸张，学生提前查阅并了解中国画的绘画方法等相关知识。

（4）活动开始后，请学生认真听专业人士的讲解，并在专业人士的指导下临摹中国画作品。

（5）请学生将完成的中国画作品在全班展览，互相交流学习经验。

二、走向世界的中国画

近年来，中外书画艺术的交流越来越多，不少中国画家在西方国家举办中国画展览，积极参与各种国际艺术盛事，并不断发掘中国画的国际化发展空间。那么，这些海外交流的效果如何？能否为中国画的国际化发展开拓出新局面？请调查中国画走出国门的情况，搜集国内外专家和观众的评价，并想一想还有哪些方式可以在国际上更好地推广中国画。

（1）全班学生以 5～7 人为一组进行分组，各组选出组长并进行任务分工，将小组成员及分工情况填入表 3-2-1 中。

表 3-2-1　小组成员及分工情况

<table>
<tr><td>班级</td><td></td><td>组号</td><td></td><td>指导教师</td><td></td></tr>
<tr><td>小组成员</td><td>姓名</td><td>学号</td><td colspan="3">任务分工</td></tr>
<tr><td>组长</td><td></td><td></td><td colspan="3"></td></tr>
<tr><td rowspan="6">组员</td><td></td><td></td><td colspan="3"></td></tr>
<tr><td></td><td></td><td colspan="3"></td></tr>
<tr><td></td><td></td><td colspan="3"></td></tr>
<tr><td></td><td></td><td colspan="3"></td></tr>
<tr><td></td><td></td><td colspan="3"></td></tr>
<tr><td></td><td></td><td colspan="3"></td></tr>
</table>

（2）根据任务分工，开展调查活动。将具体的实施情况记录在表 3-2-2 中。

表 3-2-2 调查步骤

时间安排	实施步骤
	1. 确定本组使用的信息搜集方法，包括：
	2. 调查中国画在国外的展出情况：
	3. 调查中国画在国外的收藏情况：
	4. 当代国画家及其作品：
	5. 对在国外推广中国画，传播中国传统艺术的建议：
	6. 汇总调查结果，撰写论文。

第三节 音 乐

学习目标

知识目标

- 了解中国古代歌舞、传统戏曲、民族器乐的发展脉络或主要类型。

素养目标

- 深刻体会中国传统音乐中所体现的文化内涵，培养对祖国传统音乐的热爱之情，增强文化自信。
- 了解中国各地区、各民族的传统音乐，体会其中所蕴含的不同文化、历史和情感，树立弘扬民族文化、促进各民族团结的坚强信念。

文化讲堂

一、古代歌舞

歌舞艺术是人们最早创造和运用的表演形式之一，从诞生那天起，歌与舞便相互补充、水乳交融，在共同的思想内容要求下，逐渐结合成为一个有机整体，成为一种综合音乐、舞蹈、诗歌等多种艺术，边歌边舞的艺术形式。中国的歌舞艺术是在劳动人民长期的社会生活和劳动实践中形成的，是劳动人民集体创作的结晶。概括地说，中国古代歌舞的发展经历了以下几个阶段。

（一）古乐舞

远古时期，人们为了统一劳动节奏，在集体劳作的过程中常常用节奏感极强的“劳动号子”来喊口号，这种劳动号子伴随着劳动而生，是古代歌舞的雏形。《淮南子·道应》记载：“今夫举大木者，前呼‘邪许’，后亦应之，此举重劝力之歌也。”其中的“劝力之歌”就指劳动号子。

原始氏族时期，音乐形式一般都是歌、舞、乐三位一体的古乐舞，主要表现的是繁衍生息、祭祀典礼、战争武功等内容。例如，《吕氏春秋·古乐》中记载的“昔葛天氏之乐，三人操牛尾，投足以歌八阕”，形象地描述了葛天氏部落边舞边歌的场景。

葛天氏的传说

葛天氏是中国古代神话中上古时代的“圣皇”之一，与燧人氏、伏羲氏齐名。据传，葛天氏是以“葛”（一种植物）为图腾的葛部族的领袖，其在《吕氏春秋》《中国人名大辞典》《辞源》《帝王世纪》中均有记载。

葛天氏创造了我国最早的歌舞——葛天氏之乐。葛天氏之乐在诸多典籍中均有记载，《吕氏春秋·古乐》中曰：“昔葛天氏之乐，三人操牛尾，投足以歌八阕。一曰‘载民’；二曰‘玄鸟’；三曰‘遂草木’；四曰‘奋五谷’；五曰‘敬天常’；六曰‘达帝功’；七曰‘依地德’；八曰‘总万物之极’。”从《路史》第七卷的相关记载可以看出，葛天氏之乐是祭祀、劳动、捕猎等生活情景的再现，由操牛尾的三人共同完成，其内容可以分为8个部分。根据《路史》的记载，葛天氏之乐在规模和结构上都已经相当完整，完全可以称为“歌舞”了。它与历朝历代的诗、词、歌、赋一样，反映了当时社会、经济、文化等方面的发展水平和阶段。

葛天氏不仅发明了原始乐舞，而且善于治理天下。他在葛部落建立了崇尚自然、生活安乐的远古和谐社会。《路史·禅通纪》记载：“其为治也，不言而自信，不化而自行。”意思是葛天氏无为而治，开创了一个质朴无华、社会和谐、百姓安宁的时代。古史所载，令无数后人对葛天氏时代心向往之。在古代文人骚客的诗文中，常出现“葛天氏”这三个字，大都为了表示逍遥、自在、无拘无束的境界。例如，东晋陶渊明在《五柳先生传》中写道：“衔觞赋诗，以乐其志，无怀氏之民欤？葛天氏之民欤？”元代沈禧在《阮郎归·山市樵歌》中写道：“忘世虑，断尘缘。逍遥傲葛天。”这些诗词都表达了人们对葛天氏之治的向往。又如，北宋范仲淹曾在诗中说：“吾非葛天氏，谁为刘伯伦？”其中的刘伯伦即“竹林七贤”之刘伶，刘伶追求自由逍遥、无为而治。可见，在范仲淹的心目中，葛天氏乃闲淡从容、无拘无束之人。

（二）周代的六代乐舞

西周建立了一套严格又烦琐的礼乐制度，古乐舞也由原来的崇拜“图腾”、歌颂祖先转变为宴会和祭祀活动中的主要活动。六代乐舞是该时期歌舞艺术的代表，它主要用于祭祀大典和重大宴飨（xiǎng）活动，被后世儒家尊奉为雅乐（古代帝王朝贺、祭祀天地等大典活动时所用的一种传统宫廷音乐）的最高典范。

六代乐舞大部分由周代以前各时期的代表性乐舞整理而成，包括黄帝时期的《云门大卷》、尧时期的《大咸》、舜时期的《大韶》、夏禹时期的《大夏》、商代的《大濩（hù）》和周代的《大武》。其中，《云门大卷》《大咸》《大韶》《大夏》称为“文舞”，舞者需左手执龠（yuè，是一种形状像排箫的乐器），右手秉翟（dí，用野鸡羽毛作装饰的道具）；《大濩》和《大武》称为“武舞”，舞者需手里拿着朱干（盾）和玉戚（斧）。

（三）汉代盘鼓舞

汉代经济发达、国力昌盛，俗乐开始发展起来。俗乐即世俗音乐，是指流行于民间的歌舞音乐。它继承了先秦道家的美学思想，提倡自然之美，强调人的内在情感，注重人的情感抒发。俗乐的出现从根本上打破了歌舞艺术由雅乐统治的局面，开创了雅乐与俗乐并存、共同发展的新气象，从而使歌舞艺术进入了一个新的发展时期。

汉代盘鼓舞《相和歌》欣赏

盘鼓舞是汉代歌舞的代表，是一种踏在盘子或鼓上表演的中国传统舞蹈，舞时将盘子和鼓排列在地上，一般鼓为一面或两面，盘为六个或七个，舞者有男有女，他们在盘、鼓上高纵轻蹑，踏出有节奏的音响，并表演各种舞蹈技巧。在我国河南新野汉墓和山东嘉祥宋山东汉墓出土的汉代乐舞画像石（见图3-3-1）中，都有对盘鼓舞的形象描绘：他们或飞舞长袖，或踩鼓下腰，或按鼓倒立，或身俯鼓面，或单腿立鼓上，或正从鼓上纵身跳下，形态各异，舞姿优美。

汉代还设立了我国第一个专门的音乐机构——汉乐府。汉乐府通过采录和整理民间歌舞曲目，了解各地的民情动态。汉乐府的设立使我国歌舞艺术开始走上专业化的道路，大量的民间歌舞作品也得以流传下来。

图3-3-1　汉代乐舞画像石

（四）唐代歌舞大曲

唐代是一个百花争艳的时代，各种不同形式的歌舞艺术都得到了发展。其中，最能代表唐代歌舞艺术成就的是歌舞大曲。

唐代歌舞大曲是一种综合器乐、歌唱和舞蹈，含有多段结构的大型乐舞，在唐代宫廷音乐中占有重要地位，也代表着唐代音乐艺术的最高水平。《霓裳羽衣舞》是唐代最著名的歌舞大曲，相传由唐玄宗李隆基根据《婆罗门曲》改编而成。这部作品共36段，主要描写唐玄宗向往神仙生活，去月宫见到仙女的故事，其舞蹈、音乐、服饰都非常华美，生动地描绘了虚无缥缈的仙境和舞姿婆娑的仙女形象，给人以身临其境的艺术感受。白居易曾作《霓裳羽衣舞歌（和微之）》，对此曲的结构和舞姿做了细致的描绘。

（五）宋元词曲

词曲是宋代和元代重要的音乐创作体裁，包含“文”与“乐”两种艺术形式。宋元时期的文人常常将诗词文章作为歌词，并用古琴、琵琶等乐器配乐，以便更好地表达自己的思想情感。

词调歌曲是宋代词曲的主要形式，它在民间歌曲的基础上发展而成，其音乐部分称“曲子”，歌词部分称“词”，所以又称“曲子词”。曲子词还有明显的风格流派之分，如以姜夔（kuí）为代表的清雅派，以周邦彦、柳永为代表的婉约派和以苏轼为代表的豪放派等，代表作品有姜夔的《扬州慢·淮左名都》、周邦彦的《风流子·新绿小池塘》、柳永的《鹤冲天·黄金榜上》、苏轼的《念奴娇·大江东去》等。宋代民间歌舞艺术的发展为元杂剧、明清戏曲等艺术表演形式奠定了良好的基础。

元代歌舞艺术的发展成就是曲子。曲子分为杂剧和散曲。其中，杂剧是一种用北曲（宋元时期北方各种曲调的统称）演唱的传统戏曲形式，其内容以揭露社会黑暗，反映人民疾苦为主，是现实主义与浪漫主义的结合；散曲是元代最具时代特色的艺术歌曲，一般用抒情、写景、叙事等方式填词，并采用清唱形式表演，十分短小精致。元代曲子的代表作品有关汉卿的《窦娥冤》、郑光祖的《倩女离魂》、马致远的《汉宫秋》、白朴的《梧桐雨》等。

传世经典

窦娥冤

《窦娥冤》全名为《感天动地窦娥冤》，是元代关汉卿创作的杂剧，刊行于明万历十年（公元1582年）。

《窦娥冤》全剧四折，描写寡妇窦娥在无赖陷害、昏官毒打下，屈打成招，成为杀人凶手，被判斩首示众。临刑前，满腔悲愤的窦娥许下血溅白练、六月飞雪、大旱三年三桩誓愿。果然，窦娥的冤屈感天动地，三桩誓愿一一实现，这也让所有人都开始相信窦娥是真的被冤枉的。最后，窦娥的父亲窦天章在京城做官返乡，窦娥的冤案得到昭雪，杀人凶手被处以死刑，贪官知府也得到了应有的惩罚。

《窦娥冤》是中国古代悲剧成熟的标志和中国古代悲剧的典范作品。它生动刻画出窦娥这个敢于反抗的女性形象，展示了当时生活在社会底层的人们有苦无处诉的处境，控诉了贪官草菅人命的黑暗现实。在艺术上，《窦娥冤》用丰富的想象和夸张手法，设计六月飞雪的情节，使得故事情节更生动，主题思想更深刻，既洋溢着浓郁的生活气息，又充满奇异的浪漫色彩，同时还暗示着广大人民伸张正义、惩治邪恶的愿望一定会实现，具有震撼人心的艺术效果。

（六）明清俗曲

明清时期，俗曲在各地民歌的基础上逐渐发展起来，并流行于城镇市民阶层。俗曲也称“俚曲”“时调”“时曲”“小曲”“小唱”“小调”“杂曲”等，是对宋元词曲的直接继承和发展。它突破了宋元词曲的框架，常用重复、对比、问答等表现手法，以及独唱、对唱、合唱等演唱形式，曲调细腻流畅，内容以反映城镇人民生活为主，代表作品有明代的《锁南枝》《山坡羊》《打枣竿》，清代的《闹五更》《寄生草》《银纽丝》《剪靛花》《王大娘》《满江红》《鲜花调》等。

在这一时期，许多文人还对民间流传的俗曲进行了编辑、整理和再创作，使其得到了更好的发展。例如，明末文学家、戏曲家冯梦龙从民间搜集、整理了800余首歌词，编成歌曲专集《山歌》《挂枝儿》；清代文学家蒲松龄根据自己搜集的资料，配用俗曲50多种，编著了《聊斋俚曲集》；等等。

二、传统戏曲

戏曲是一种由文学、音乐、舞蹈、美术、武术、杂技及表演等多种形式汇集而成的艺术，是中国特有的艺术类型，在世界戏剧史上独树一帜。中国传统戏曲约有360多个剧种，以京剧、越剧、黄梅戏、豫剧最负盛名。

（一）京剧

京剧是中国影响最大的戏曲剧种，以历史故事为主要演出内容，被视为中国的国粹，深受广大群众喜爱。其场景布置注重写意，念白的音乐性强，腔调以西皮、二黄为主，在表演上歌、舞并重，动作上融合了多种武术技巧，主要伴奏乐器有京胡、京二胡、月琴、三弦，以及鼓、锣、铙钹等打击乐器。

名词解释

西皮即黄陂调，是戏曲腔调之一，它的唱腔明快高亢、刚劲挺拔，适合表达欢乐、激情、奔放的情感。

二黄包括导板（倒板）、慢板（慢三眼）、原板、垛板、散板、摇板、回龙等板式，适合表达沉着稳重、凝练严肃的情感。

在京剧中，西皮常与二黄并用，合称“皮黄”。

扫一扫

京剧《贵妃醉酒》选段

京剧一般分为生、旦、净、丑、杂、武、流等行当（后三行已不再立专行），各行当都有一套表演程式，其唱、念、做、打的技艺也各具特色。京剧还有流派之分，各流派都有自己的代表作品、代表角色、唱法等。例如，京剧旦角主要分为梅派、程派、尚派、荀派四大流派。其中，以梅兰芳为代表的梅派唱腔尾音自然、角色女性化，代表作品有《贵妃醉酒》（见图 3-2-2）、《打渔杀家》等；以程砚秋为代表的程派唱腔虚音上提、音色浑厚，代表作品有《锁麟囊》（见图 3-3-3）、《贺后骂殿》、《春闺梦》、《四郎探母》等；以尚小云为代表的尚派唱腔清亮激越、吐字清楚，其代表作品有《新玉堂春》、《乾坤福寿镜》、《汉明妃》（见图 3-3-4）、《昭君出塞》等；以荀慧生为代表的荀派唱腔尾音婉转、转音较多，其代表作品有《红娘》（见图 3-3-5）、《香罗带》、《金玉奴》等。

图 3-3-2 《贵妃醉酒》（剧照）

图 3-3-3 《锁麟囊》（剧照）

图 3-3-4 《汉明妃》（剧照）

图 3-3-5 《红娘》（剧照）

（二）越剧

越剧是在浙江一带的山歌、小调与余姚秧歌班的影响下而形成的，主要流行于浙江、上海、江苏、江西和福建等地区。越剧长于抒情，以唱为主，声腔清幽婉丽、优美动听，表演真切动人，极具江南灵秀之气。其题材以“才子佳人”为主，流派众多，常见的伴奏乐器有二胡、扬琴、三弦、笛、箫及打击乐器等。越剧的经典剧目有《梁山伯与祝英台》（见图 3-3-6）、《红楼梦》、《西厢记》（见图 3-3-7）、《五女拜寿》、《打金枝》、《白蛇传》、《孔雀东南飞》、《穆桂英挂帅》、《陆游与唐琬》、《狸猫换太子》等。

越剧《打金枝》选段

图 3-3-6 《梁山伯与祝英台》（剧照）

图 3-3-7 《西厢记》（剧照）

名词解释

山歌是人们在山间野外放牧、砍柴、挑担、锄草、行路等个体劳动生活中随意咏唱的一种短小民歌。歌者完全不受正在从事的劳动节奏的限制，兴之所至，引吭而歌。山歌一般音调悠长，节奏自由，结构简单，善于表现热情、坦率、真诚的情绪和性格，具有很强的抒情性。山歌的地方色彩浓厚。一般来说，北方和高原地区的山歌具有高亢嘹亮、粗犷有力的特点，平原地区和江南各地的山歌具有清新明快、婉转秀丽、含蓄细腻的特点，草原地区的山歌则多为牧歌，具有辽阔、悠远而奔放的特点。最具有代表性的地方山歌包括陕北的“信天游”、山西的“山曲”、内蒙古的“爬山调”、陇中高原的“花儿”、客家山歌、大别山区的“慢赶牛”等。

小调又称“小曲”“俚曲”“时调”等，是广泛流传在各城镇、集市的一种民歌体裁。小调反映了人们社会生活中的各个方面，其歌唱内容包括爱情婚姻、离别相思、风土人情、娱乐游戏、民间故事等。小调大多曲调流畅、婉柔、曲折而细腻，节奏鲜明，代表曲目有《绣荷包》《苏武牧羊》《月牙五更》等。

秧歌是一种用锣鼓等乐器伴奏，将舞蹈和歌唱融为一体的汉族民间艺术，深受人们的喜爱。秧歌在不同的地区有不同的风格样式，比较著名的有湖北秧歌、东北秧歌、陕西秧歌等。

（三）黄梅戏

黄梅戏是流行于安徽、江西和湖北部分地区的戏曲剧种，其表演质朴细腻，曲调丰富，唱腔淳朴流畅，以明快抒情见长，具有丰富的表现力、浓郁的生活气息和清新的乡土风情，雅俗共赏。黄梅戏最初只有打击乐器伴奏，即所谓“三打七唱”。中华人民共和国成立初期，黄梅戏逐渐确定用高胡作为主要伴奏乐器，并逐步建立起以民族乐器（包括高胡、二胡、琵琶、竹笛、扬琴、唢呐、司鼓等）为主，西洋乐器（包括电子琴、单簧管、口琴等）为辅的混合乐队，以增强音乐的表现力。黄梅戏的经典剧目有《天仙配》、《牛郎织女》、《槐荫记》、《女驸马》（见图 3-3-8）、《孟丽君》、《夫妻观灯》等。

图 3-3-8　《女驸马》（剧照）

黄梅戏《女驸马》选段

（四）豫剧

豫剧又称“河南梆子”“河南高调”，流行于河南及邻近各省的部分地区，是河南省的主要剧种之一。其唱腔有豫东调、豫西调、祥符调和沙河调四种流派，现主要流派为豫东调和豫西调。豫东调以商丘为中心，发声多用假嗓，男声高亢激越，女声活泼激荡，擅长表现喜剧风格的剧目；豫西调以洛阳为中心，发声全用真嗓，男声苍凉悲壮，女声低回婉转，擅长表现悲剧风格的剧目。

豫剧的常用伴奏乐器有板胡、二胡、小三弦、笛子和打击乐器，以梆子击拍，节奏明快、欢畅，现代的豫剧伴奏中又加入了琵琶、竹笛、笙等民族乐器和小提琴、大提琴等西洋乐器，增强了音乐的表现力。

豫剧的传统剧目有 1 000 多个，其中很大一部分取材于历史小说和演义，如封神戏、三国戏、瓦岗戏、包公戏、杨家将和岳家将等，还有很大一部分剧作描写爱情、婚姻、道德伦理，传统代表剧目有《桃花庵》、《对花枪》、《三上轿》、《花木兰》（见图 3-3-9）、《穆桂英挂帅》、《五世请缨》等。20 世纪 50 年代后，豫剧还出现了不少描写现实生活的现代戏和新编历史剧，新编优秀剧目有《朝阳沟》（见图 3-3-10）、《小二黑结婚》等。

图 3-3-9　《花木兰》（剧照）

图 3-3-10　《朝阳沟》（剧照）

三、民族器乐

中国民族器乐历史悠久。早在远古时期，我们的祖先就已经开始使用骨哨作为乐器。在河姆渡遗址出土的骨哨，西安半坡遗址出土的埙（xūn），河南安阳殷墟出土的石磬，湖北随州曾侯乙墓出土的编钟、编磬、悬鼓、笙、瑟等，都证明了中国人早在先秦时期就已经开始制作和使用乐器，展示了中国古代人民的智慧和创造力。

骨哨

骨哨是用禽类的一截骨管制成的，一侧有孔。远古时期，猎人会用骨哨模拟动物的声音引诱猎物，并猎杀。

在浙江余姚河姆渡遗址出土的骨哨（见图 3-3-11），距今约 7 000 年。这些骨哨长 4～12 厘米不等，器身略有弧度。其中的一件骨哨出土时，腔内插有一肢骨，将有孔的一段放入嘴里轻吹，同时抽动腔内肢骨，就可以吹出简单的音调。在一些骨哨上，还留有磨制的痕迹。可见当时的人们已经有了审美意识，在条件许可的情况下，会尽量将骨哨打磨得光滑、平整。

河南舞阳贾湖遗址出土的“贾湖骨笛”（见图 3-3-12）是目前出土的世界上最古老的吹奏乐器，距今约 9 000 年。由于其结构比河姆渡骨哨复杂，因而被命名为“骨笛”。

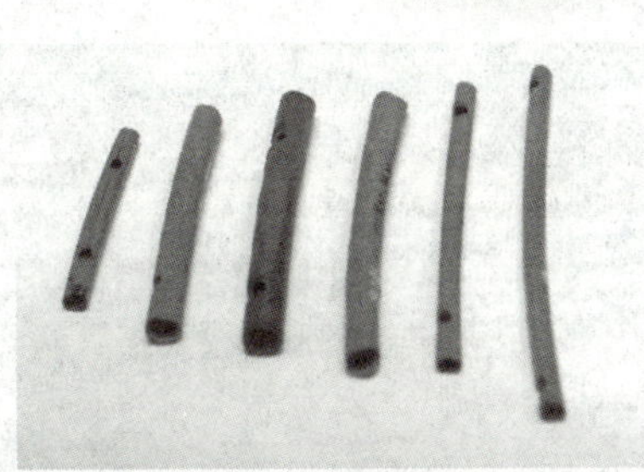
图 3-3-11　河姆渡骨哨

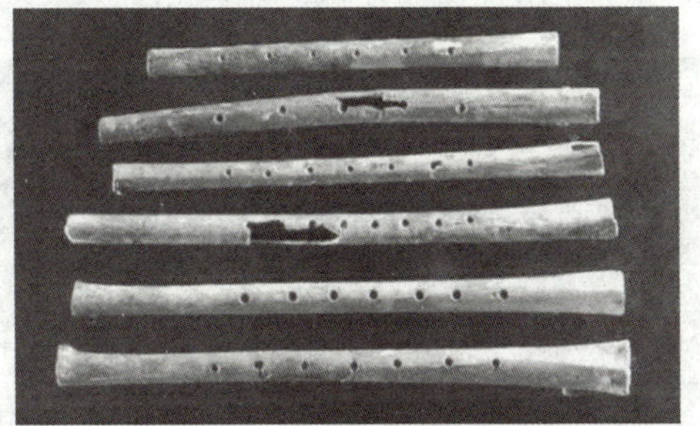
图 3-3-12　贾湖骨笛

在西周时期，我国古代艺人还创造出了世界上最早的乐器分类法，即八音分类法。八音分类法中的“八音”是指金、石、土、革、丝、木、匏（páo）、竹八种材质。其通过乐器的材质进行分类，具有音色归类的作用。

到了汉代，我国同周边国家的联系加深，吸收了大量外来乐器，如横笛、竖箜篌（见图 3-3-13）、琵琶等。由于乐器种类越来越丰富，汉代乐器已经可以初步分为打击乐器、管乐器和弦乐器。其中，打击乐器包括编钟、编磬、建鼓等，管乐器包括竽、笙、箛（gū）等，弦乐器包括瑟、琴、筝等。

图 3-3-13　竖箜篌

文化溯源

汉代画像石上的乐器

汉代是中国历史上一个辉煌的时代，它的艺术和文化都对后世产生了极其深远的影响。在山东出土的汉代画像石（3-3-14）上，刻有许多“乐舞图”和“宴饮图”。通过这些图，可以直观地感受到音乐在当时人们生活和娱乐中的重要地位。图中所展现的乐器，大多流传至今。

从汉墓出土的画像石中可以看出，汉代乐器的基本配器原则是以瑟、笙、排箫等演奏旋律，以鼓控制节奏。画像石中还经常出现吹奏排箫的场面。例如，山东临沂市吴白庄画像石，就呈现了汉代贵族观看排箫表演的场景。

古人认为，琴为乐器之首。琴在画像石中最为常见，据《风俗通义·声音》记载，汉代琴有七根弦，依次为宫、商、角（jué）、徵（zhǐ）、羽、少宫、少商。“瑟”也是画像石中较为常见的乐器，其外形类似于今天的古筝，为木制，体型比琴稍大。瑟的音色比较凄凉，除了与琴合奏之外，还能和鼓、箫、笛等乐器合奏。

在我国山东沂南、沂水、嘉祥武梁祠、海阳、临淄、凤凰岭等地出土的画像石中，还可以见到“竽”。在汉代，这种乐器是人们非常喜爱的乐器之一。据《风俗通义·声音》记载，竽的外形是“管三十六簧也，长四尺二寸。今二十三管”。遗憾的是，竽从南北朝时就已经越来越罕见，最终消亡。我国现代的专家根据典籍的记载，并参考和竽外形相似的乐器“笙”，成功复原了“竽”的外形，如图3-3-15所示。

图3-3-14　汉代画像石

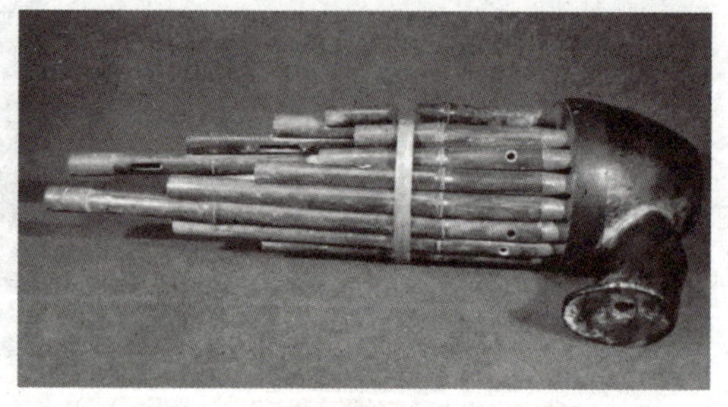

图3-3-15　竽

汉代画像石中的乐器既是一个独立的艺术天地，又和其他的石刻画像共同组成了精巧绝伦的石刻艺术世界，充分展示了汉代艺术特有的魅力。

唐代的乐器种类非常丰富，琴、瑟、箜篌、琵琶等弹奏乐器得到了空前的发展。由于唐代各民族之间的关系密切，中外文化交流频繁，民族器乐中还融合了大量不同地域、不同民族风格的艺术成分，逐渐形成了十部乐，即燕乐、清商乐、西凉乐、天竺乐、高丽乐、龟兹乐、安国乐、疏勒乐、康国乐和高昌乐。唐玄宗李隆基还多次提高俗乐（指世俗的音乐，与十部乐相对）的地位，下令把少数民族和外国的乐曲名改为汉文曲名，从而加速了中外音乐的融合，促进了唐代器乐艺术的繁荣。

宋代和元代的器乐艺术继承和发展了唐代的弹奏乐器艺术，同时，羌笛、箫管等吹奏乐器，葫芦琴、马尾胡琴等弦乐器也开始流行。此外，随着商业和手工业的发展，以市民阶层为主体的市民文化成为这一时期音乐的主体，民间开始出现以艺术为生的艺人。器乐艺术从宫廷皇族走向了普通民众，逐渐成为娱乐大众、愉悦身心的重要手段。市民音乐的兴起，使得这一时期产生了大量优秀的民间器乐艺术作品，如郭沔（miǎn）的《潇湘水云》《秋鸿》，刘志方的《忘机曲》《吴江吟》，毛敏仲的《渔歌》《樵歌》《山居吟》《列子御风》《庄周梦蝶》等。

明清时期，器乐艺术有了进一步的发展。器乐合奏的形式在各地广泛流行，产生了许多大型合奏曲。其中，比较突出的有打击乐器与吹奏乐器合奏的陕西鼓乐，用笛、管、弦、云锣等多种乐器合奏的十番鼓等。这一时期，器乐曲的创作还受到了戏曲、说唱等音乐形式的影响，许多曲牌被引入器乐。同时，琵琶、三弦等乐器也在戏曲、说唱等多种艺术形式中广泛运用。

《潇湘水云》

品味文化

传统音乐是中国传统文化的重要组成部分，它能够体现中华民族的意志、道德、文化和追求。

第一，中国传统音乐讲究“清、幽、淡、远”，是古人修身养性，塑造人格的最好手段。

第二，在中国传统文化中，音乐反映了中国古代安邦治世的理念。例如，中国古代的“礼乐”制度对当时的社会发展起到了一定的作用，《礼记·乐记》曰：“致礼乐之道，举而错之，天下无难矣。”“乐者，天地之和也；礼者，天地之序也。”这里的“乐”的实质就是对“礼”的辅佐，即把最震撼人心的音乐与礼法结合在一起，对中国古代的整个社会有着强大的渗透力。

第三，中国传统音乐反映了中华传统文化的包容性。例如，被广为传唱的《茉莉花》采用了清朝《鲜花调》的曲调和歌词，以花喻人，展现了中国人含蓄、内敛的性格，表演者用优美的声音与柔美的舞姿将茉莉花的高雅纯洁进行了完美的展现，其中戏曲曲调的加入使说唱和歌舞完美地融合在一起。由此可以看出，中国的民族音乐正如中国传统文化一样，是在相互包容、相互促进的基础上不断发展的。

第四，中国传统音乐注入了各民族的民间习俗和生活方式，展现了各民族文化的整体风貌。中国是一个多民族国家，不同地区、不同民族的音乐与当时、当地的社会历史文化背景有着密切关联，能够反映其整体风貌，包括社会形势、民俗风尚、历史发展等。中国各民族、各地区民间音乐历经世代唱诵而流传至今，很多地区和民族的音乐都承载着自身的历史内涵，其传承本身就是对本地区和本民族文化的继承。

自信中国

最早走向世界的民歌《鲜花调》

一般认为，《鲜花调》就是《茉莉花》的前身，其原因是《鲜花调》前两段的唱词与《茉莉花》的唱词相似。《鲜花调》的唱词是“好一朵鲜花，好一朵鲜花，有朝的一日落在我家。你若是不开放，对着鲜花儿骂……好一朵茉莉花，好一朵茉莉花，满园的花开赛不过她。本待要采一朵戴，又恐怕看花的骂……”现在流行的《茉莉花》，其实是《鲜花调》第二段唱词的演变。

扬州有名调，清曲曲牌多。早在清代中叶，《鲜花调》已在扬州流行。乾隆年间的戏曲集中已有《鲜花调》的记录。清人钱德苍编纂的戏曲剧本集《缀白裘》一书中，戏曲《花鼓》一剧明确标出演唱时需要使用《鲜花调》。清代中后期，随着演唱范围的扩大，《鲜花调》逐渐衍生出各种变体，如《武鲜花》《文鲜花》《茉莉花》等。

1804 年，英国人巴罗在伦敦出版的《中国游记》中最先记录了《鲜花调》的五线谱。1821 年（另一说是 1837 年），贮香主人编纂的《小慧集》刊载了《鲜花调》的工尺谱（一种记谱法）。1926 年，意大利作曲家贾科莫·普契尼在他的歌剧《图兰朵》中，借用了四段中国民族音乐的曲调，其中给人印象最深的就是第一幕的童声合唱《鲜花调》，其歌词“好一朵美丽的茉莉花，好一朵美丽的茉莉花。芬芳美丽满枝桠，又香又白人人夸。奴有心把你摘下，送给别人家”与今天广为传唱的《茉莉花》如出一辙。《鲜花调》是最早走向世界的中国民歌。

天籁之音

一、民乐合奏《春江花月夜》

《春江花月夜》

《春江花月夜》改编自琵琶独奏曲《夕阳箫鼓》。这首乐曲抒情写意，描绘了浔阳（今江西九江）江上迷人的月色，通过动与静、远与近、情与景的结合，尽情描绘了江南诗情画意的美景。《春江花月夜》就像一幅色彩斑斓的山水画卷，用舒缓明快的旋律，把人们带入美丽的月夜。

《春江花月夜》共 9 段和一个尾声，是我国传统的标题音乐，每段都有一个小标题，分别是“江楼钟鼓”“月上东山”“风回曲水”“花影层叠”“水深云际”“渔歌唱晚”“洄澜拍岸”“桡（ráo）鸣远濑（lài）”“欸（ǎi）乃归舟”和尾声。

第一段“江楼钟鼓”用琵琶模拟钟楼鼓声，并在段末最后段落用箫和琵琶深化主题。

第二段“月上东山”是乐曲的第一变奏，形象地描绘了明月升空的夜景，这一段还用大鼓轻轻奏出远处轰鸣的效果，使乐曲显得意境深远。

第三段“风回曲水”和第四段“花影层叠”是乐曲的第二变奏，旋律在层层下旋之后又回升，与前面所描绘的恬静画面形成鲜明对比。

第五段“水深云际”是乐曲的第三变奏，音乐主要在浑厚的中低音区进行，呈现出一幅江中晚景图。

第六段“渔歌唱晚”是乐曲的第四变奏，旋律风趣、生动，段落中的箫声柔美、悠扬，就像远处的渔歌，欢快的乐器合奏声势浩大，就像由远而近的渔船兴致勃勃地归来，把人们的欢乐情绪充分地展现了出来。

第七段“洄澜拍岸”是乐曲的第五变奏，琵琶和乐队交相辉映，展示出一幅群舟竞归，激起江水拍岸的壮美景象。

第八段“桡鸣远濑”是一段乐队合奏，是对划船摇橹的声音和摇橹动作的描写，这一段常略去不奏，或者与第九段合并演奏。

第九段“欸乃归舟”是全曲的高潮，旋律由慢而快、由弱而强，乐器由少而多，逐一加入，使得旋律显得紧凑有力，充分表现了小船回归时人们的欢乐情绪。

尾声由二胡与箫先后奏出悠扬、徐缓的主题旋律，将人们带回乐曲开始时幽静深远的意境之中。

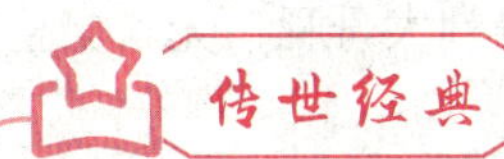

春江花月夜

春江潮水连海平，海上明月共潮生。
滟滟随波千万里，何处春江无月明！
江流宛转绕芳甸，月照花林皆似霰。
空里流霜不觉飞，汀上白沙看不见。
江天一色无纤尘，皎皎空中孤月轮。
江畔何人初见月？江月何年初照人？
人生代代无穷已，江月年年望相似。
不知江月待何人，但见长江送流水。
白云一片去悠悠，青枫浦上不胜愁。
谁家今夜扁舟子？何处相思明月楼？
可怜楼上月裴回，应照离人妆镜台。
玉户帘中卷不去，捣衣砧上拂还来。
此时相望不相闻，愿逐月华流照君。
鸿雁长飞光不度，鱼龙潜跃水成文。
昨夜闲潭梦落花，可怜春半不还家。
江水流春去欲尽，江潭落月复西斜。
斜月沉沉藏海雾，碣石潇湘无限路。
不知乘月几人归，落月摇情满江树。

作者张若虚是扬州人，与贺知章、张旭、包融并称“吴中四士”，流传下来的诗作只有《春江花月夜》《代答闺梦还》两首。其中，《春江花月夜》被称为“孤篇横绝全唐”，它奠定了张若虚在唐代文学史上的不朽地位。

《春江花月夜》原是乐府《清商曲辞·吴声歌曲》旧题，被列为“江南派琵琶曲目”。张若虚沿用旧题，运用富有生活气息的清丽之笔，以月为主体，以江为场景，描绘了一幅幽美邈远、惝恍迷离的春江月夜图，创造了一个深沉、寥廓、宁静的月下景色。全诗共三十六句，每四句一换韵，通篇融诗情、画意、哲理为一体，意境空明，想象奇特，语言自然隽永，韵律宛转悠扬，具有极高的审美价值，被闻一多誉为“诗中的诗，顶峰上的顶峰”。

20 世纪 20 年代，上海的新式音乐社团将琵琶独奏曲《夕阳箫鼓》改编成民乐合奏曲，并根据《夕阳箫鼓》的曲意，采用张若虚的诗名作为民乐合奏曲的曲名，于是便有了民乐合奏曲的经典之作《春江花月夜》。

二、豫剧《谁说女子不如男》

《谁说女子不如男》是豫剧《花木兰》中的一段唱腔。在这段唱腔中，与花木兰一起从军的刘大哥对女子抱有偏见，认为“这天下苦差事都让我们男子做了，女子成天在家享清闲”。花木兰面对刘大哥的偏见，列举事实说明女子的功绩，得出“这女子们哪一点儿不如儿男”的结论，使得刘大哥哑口无言。整段唱腔富有河南的乡土气息，气势激昂，表现了木兰独立、自信、勇敢的性格。

豫剧《花木兰》

《花木兰》是豫剧表演艺术家常香玉的代表作品之一。该剧讲的是北朝时期，番邦犯境，边关告急，花木兰的父亲列名征兵军帖。木兰虑及老父体弱、弟弟年幼，决定女扮男装，代父从军。在从军途中，木兰结识了几个同样应征入伍的朋友，便与他们相伴同行。在战场上，木兰屡立奇功。元帅拟为木兰封官晋爵，并把爱女许与木兰。木兰不要官爵，也不能与元帅之女成婚，于是便求元帅赐予自己千里马，回故乡探亲。木兰回乡后，脱去战时袍，换上旧时装。后来，朝廷为了奖励木兰，册封她为尚书郎。元帅率领众将抬着礼物给木兰贺喜。谁知木兰穿着女装出堂，元帅见了惊讶不已。听过木兰的从军缘由后，元帅盛赞木兰是巾帼英雄。

1951 年 7 月，剧作家陈宪章、王景中将马少波京剧《木兰从军》进行了改编，创作了豫剧《花木兰》，并由香玉剧社排演。该剧一经演出就好评如潮，剧中的《谁说女子不如男》唱段，更是成为这部剧中最受欢迎的唱段。

《谁说女子不如男》的旋律优美、大气，充分展现了替父从军的女英雄花木兰温柔与刚毅并存、理性与感性兼有的形象。其唱腔采用二八板（一板一眼，起于眼，落于板），末尾处常用甩腔表现花木兰想要说服刘大哥的心理状态。唱腔的节奏也比较简单，各句紧紧相连，在塑造花木兰的男儿气概时起到了极为重要的作用。此外，此段唱腔还多次使用了口语化的五字相连的唱法，如“白天去种地，夜晚来纺棉”“许多女英雄，也把功劳建”等。这种唱法既有节奏的对比和变化，又非常统一，使整个唱段显得更加贴近生活，朴实自然。在“不分昼夜”“千针万线”这两处，还常常加入重音来强调女子在家并不是“享清闲”，而是在为出门在外、为国出征的男子提供衣和食等后勤保障。在“有许多女英雄，也把功劳建”前有一处间奏，这一处的间奏与前面的有所不同，其节奏型变得非常密集，这既体现了花木兰激动的心情，也为后面的唱段做好了铺垫。在后面的唱段中，花木兰果真话锋一转，提到了一些古代的女英雄，她们同男子一样为国杀敌并取得战功，突出了“女子哪一点不如男”这一主题。

《花木兰》是我国著名的豫剧表演艺术家常香玉的代表剧目。通过常香玉的经典演绎，《花木兰》不仅成为豫剧艺术宝库中特色鲜明、熠熠闪光的经典名剧，而且使得剧中花木兰的巾帼英雄形象深入人心，广为传颂。《谁说女子不如男》作为此剧的经典唱段，也成为当今各类艺术影视节目中经常采用的经典剧目，有着很高的审美和艺术价值。

文化实践

一、中国少数民族音乐探寻

我国有 56 个民族，很多民族都有自己特有的民族歌舞和民族乐器。请调查我国少数民族音乐的种类和发展情况等，并按照要求完成以下任务。

（1）全班学生以 5～7 人为一组进行分组，各组选出组长并进行任务分工，将小组成员及分工情况填入表 3-3-1 中。

表 3-3-1 小组成员及分工情况

班级		组号		指导教师	
小组成员	姓名	学号	任务分工		
组长					
组员					

（2）小组商议，制订出具体的分工计划，填入表 3-3-2 中。

表 3-3-2 工作计划

步骤	工作内容	时间安排	负责人
1			
2			
3			
4			
5			

（3）按照分工计划，开展调查活动。将具体的实施情况记录在表 3-3-3 中。

表 3-3-3 调查步骤

时间安排	实施步骤
	1．确定本组使用的信息搜集方法，包括：
	2．列举至少 3 个少数民族的音乐特征：
	3．介绍少数民族歌舞目前的使用和发展情况：
	4．介绍少数民族乐器目前的发展情况：
	5．汇总调查结果，撰写论文。

二、迎节庆，唱戏曲

2021 年，河南卫视“元宵奇妙夜”晚会的戏曲节目新意十足，引发了全网热议。“年少人盼的是立功边境”“年老人我喜的是一门忠贞”，这两句《五世请缨》中的戏词，紧密结合时事热点，致敬陈红军、陈祥榕、肖思远、王焯冉四位戍边英雄，引无数人热泪盈眶，使传统戏曲也获得了年轻一代的共鸣。

新时代下，如何使传统戏曲焕发生机，获得更多人的喜爱呢？请结合时事，排演戏曲节目。

（1）学生按特长进行分组，将分组情况填入表 3-3-4 中。

表 3-3-4　小组分工表

<table>
<tr><th colspan="2">组织设置</th><th>工作内容</th><th>岗位设置</th><th>岗位职责</th></tr>
<tr><td colspan="2" rowspan="2">管理小组</td><td rowspan="2">领导小组全面统筹各工作小组的工作</td><td>组长：</td><td>负责活动中的指导、监督、检查、协调等工作</td></tr>
<tr><td>副组长：</td><td>协助组长管理，落实安全保障，监督工作小组的执行推进情况</td></tr>
<tr><td rowspan="12">工作小组</td><td rowspan="2">资料检索组</td><td rowspan="2">利用互联网、图书馆等搜集相关资料，提供支持</td><td>组长：</td><td rowspan="12">组长：负责落实本组工作的执行情况、管理组员、合理安排组员的工作任务
组员：服从组长管理，自觉遵守活动纪律，积极参与组内工作，与组内成员团结协作</td></tr>
<tr><td>组员：</td></tr>
<tr><td rowspan="2">导演组</td><td rowspan="2">负责选取戏曲选段，进行角色分配、组织排练，演出时进行统筹安排等工作</td><td>组长：</td></tr>
<tr><td>组员：</td></tr>
<tr><td rowspan="2">演出组</td><td rowspan="2">按照导演要求进行排练和演出</td><td>角色：</td></tr>
<tr><td>演员：</td></tr>
<tr><td rowspan="2">服装组</td><td rowspan="2">租借或制作合适的戏服</td><td>组长：</td></tr>
<tr><td>组员：</td></tr>
<tr><td rowspan="2">化妆组</td><td rowspan="2">为演员化妆</td><td>组长：</td></tr>
<tr><td>组员：</td></tr>
<tr><td rowspan="2">后勤组</td><td rowspan="2">负责场地联系、宣传等其他工作</td><td>组长：</td></tr>
<tr><td>组员：</td></tr>
</table>

（2）全班一起讨论戏曲构思，要求与时事结合紧密，并能够与当下的节庆气氛相符合，主题应积极向上，使人产生共鸣。

（3）节日当天进行演出，以恭贺佳节，传播戏曲文化。

第四节 雕塑

学习目标

知识目标

- 了解中国传统雕塑的主要类型及发展情况。
- 深刻领会中国传统雕塑中的文化内涵。

素养目标

- 能深刻体会到传统雕塑艺术中的钻研精神，积极参加实践活动，在细照笃行中不断修炼自我，敢于面对挑战，勇往直前。

文化讲堂

雕塑又称“雕刻”，是指用可雕刻材料（如石头、木头、可熔铸的金属、可塑的黏土等）制作出具有可视、可触摸的具体形象，以表达思想情感的一种艺术形式，属于一种造型艺术。梁思成先生曾说：“艺术之始，雕塑为先。”纵观中国雕塑史，从先秦到清末，再到近现代，雕塑艺术贯穿了中国几千年的文明，有着宽厚深沉、智慧灵性、自然质朴和丰富多元的表现形式，是中国传统艺术的重要组成部分，也是中华乃至世界文化遗产中绚烂的瑰宝。

中国传统雕塑技艺精湛，种类繁多，本章节主要介绍石雕、玉雕和木雕。

一、石雕

石雕是最古老的雕塑艺术。早在石器时代，我们的祖先就开始对石头进行雕琢，将其改造为器具及装饰品，并利用其记录信息和传承文化。人们把原始人用石头作为载体进行文字和图画等信息记录的雕刻称为石刻，是石雕艺术的源头。在珠海南水镇高栏岛发现的石器时代刻在岩壁上的岩画图形和符号（见图 3-4-1），内容丰富、工艺完美、规模宏伟，是原始人类石刻的最好证明，其中最大的一幅高 3 米、长 5 米，线条凿刻清晰，从复杂的线条中还可辨认出人物和船的形象，具有极大的历史价值、艺术价值和科研价值。

随着造纸技术与印刷术的发展，石刻传递信息的功能逐渐减弱，开始更多地作为一种艺术创作形式而存在。在汉代，石雕艺术得到了空前的发展，被普遍运用于当时的墓穴建筑中，主要反映墓主人的身份与地位，记录了当时的社会状况和文化成就，其文字与图画之间相互呼应，是当时石雕艺术高度发展的证明。西汉石雕《马踏匈奴》（见图 3-4-2）是这一时期不可多得的精品，它充分展现了霍去病这位少年英雄的英勇事迹，反映了当时的时代风貌与强烈的文化自信。

图 3-4-1　石器时代刻在岩壁上的岩画图形和符号

图 3-4-2　西汉石雕《马踏匈奴》

魏晋南北朝和隋唐时期，由于宗教的繁荣发展，石雕中开始加入宗教因素，出现了数量众多的石窟艺术作品，云冈石窟和龙门石窟是其中最具有代表性的石窟遗迹。其中，位于山西大同的云冈石窟始凿于北魏时期，是一座供奉佛教塑像的大型石雕群；位于河南洛阳的龙门石窟是北魏和隋唐时期的佛教石雕艺术，代表了中国石雕艺术的最高峰。

中国历代皇帝宫殿和陵寝中的台基、阶梯、栏杆、走道、中庭、石桥等，也有各种各样的石雕艺术。例如，明清两代用来祭天与祈祷丰年的天坛，其主体建筑之下的基座、白石圆坛、石构件上都有十分精致的石刻，如图 3-4-3 所示。另外，北京圆明园、安徽凤阳皇陵、南京明孝陵、北京十三陵、河北遵化清东陵、河北易县清西陵等处，也都保留着大量的明清陵墓石刻。

图 3-4-3　天坛石刻

二、玉雕

玉雕是用玉石加工雕琢而成的工艺品，是中国独有的雕塑技艺。玉雕始于新石器时代，主要以北方的红山文化和南方的良渚文化为代表。

红山文化时期的玉雕多以动物为题材，均磨制加工而成，其工艺水平较高，风格质朴而豪放。在内蒙古赤峰市翁牛特旗三星他拉村出土的红山文化玉龙（见图 3-4-4）是这一时期玉雕的代表。此玉雕呈碧绿色，体卷曲，形似反写的字母“C”，背有一对穿圆孔，可供穿挂用。

良渚文化时期的玉器造型、装饰技艺都有一定的创新，制玉工艺已与石器工艺分离，玉雕的造型较为复杂，风格朴素雅致，出现了云雷纹、鸟纹、蛙纹、兽面纹等繁密精细的装饰花纹。神人兽面纹玉琮（见图 3-4-5）是良渚文化时期玉雕的代表，其色彩及纹饰对后世青铜器的影响巨大。

图 3-4-4　红山文化玉龙

图 3-4-5　神人兽面纹玉琮

到了商代，玉雕成为礼仪用具和装饰佩件，造型以动物、人物居多。春秋战国时期，玉雕的造型更加优美，春秋白玉龙纹璜、战国黄玉龙首璜都是这个时期玉雕作品的代表。

汉代玉雕技艺有了进一步发展，所制玉器分为礼玉、葬玉、饰玉、陈设玉四大类，其中最能体现汉代玉器特色和雕琢工艺水平的，有玉握（死者手中握着的器物）、玉枕、镶玉棺、玉奔马、玉熊、玉鹰及玉辟邪等。这些玉器多为圆雕或浮雕作品，显示了汉代玉雕浑厚豪放的艺术风格。在陕西省咸阳市渭城区周陵镇新庄村东南，汉元帝陵墓出土的玉仙人奔马（见图 3-4-6）代表了汉代超高的玉雕技艺。此玉雕为白玉，质地温润，致密坚硬；奔马昂首嘶鸣，张口露牙，右前蹄蹬空作飞腾状，躯干上有阴刻翅膀；马背上骑着一个双臂向前、双手紧挨马颈的玉人，具有很高的艺术观赏价值。

隋唐时玉雕技艺已趋成熟。同时，受佛教和西域文化的影响，隋唐玉雕还出现了佛教人物的造型和图案。唐代的青玉镂雕飞天（见图 3-4-7）、青玉鸟衔花佩（见图 3-4-8）等都是这一时期的玉雕精品。

图 3-4-6　玉仙人奔马

图 3-4-7　青玉镂雕飞天

图 3-4-8　青玉鸟衔花佩

宋元时期，玉雕工艺产生质的飞跃，宫廷中设有“玉院”，出现了浅磨深琢、浮雕圆刻的玉雕手法。这一时期的玉雕构图复杂、层次丰富、形神兼备。北宋花形镂雕玉佩（见图 3-4-9）、元代渎山大玉海（见图 3-4-10）都是这一时期玉雕作品中的佳作。

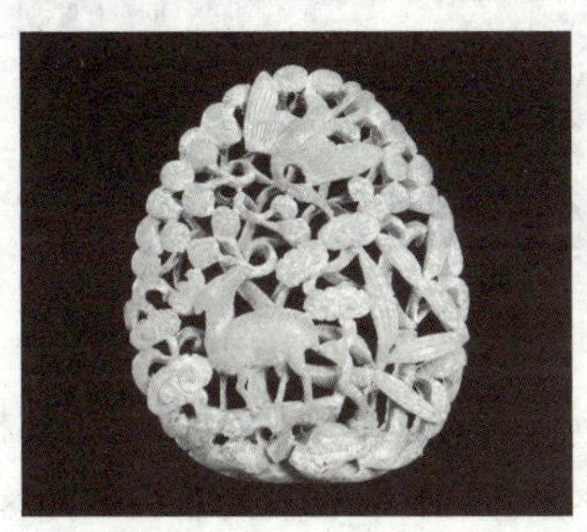

图 3-4-9　花形镂雕玉佩

图 3-4-10　渎山大玉海

明清时期是玉雕发展的鼎盛时期，其玉质之美，琢工之精，器型之丰，作品之多，使用之广，都是前所未有的。明清玉雕追求精雕细琢，明代的云鹤连珠纹饰、兽面蕉叶纹耳杯、乳钉兽面纹觯（zhì）、人物纹桃式杯（见图 3-4-11），清代的菊瓣形玉盘、桐荫仕女图玉雕（见图 3-4-12）等都代表了这一时期玉雕的高超水平。

图 3-4-11　人物纹桃式杯

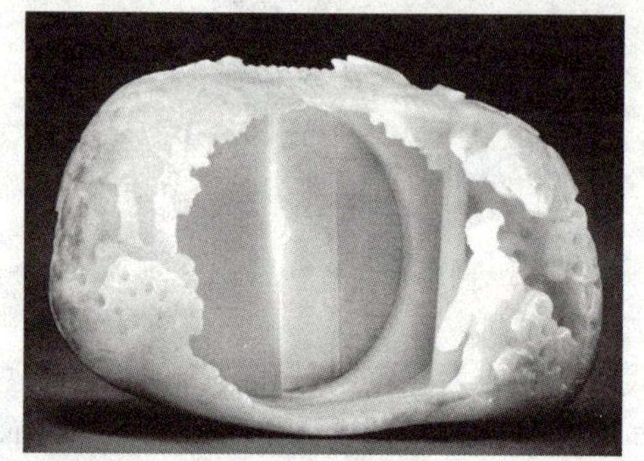

图 3-4-12　桐荫仕女图玉雕

三、木雕

木雕的分类

木雕艺术起源于新石器时期，早在 7 000 多年前的浙江余姚河姆渡文化时期就已出现木雕品。秦汉两代木雕工艺趋于成熟，出现了施彩木雕（带有彩绘的木雕），标志着古代木雕工艺达到了相当高的水平。唐代木雕工艺日趋完美，许多保存至今的唐代木雕佛像具有造型凝练、刀法熟练流畅、线条清晰明快的工艺特点，是中国古代艺术品中的杰作。明清时期是木雕艺术的一个辉煌时期，涌现出大量有史可考的名家及作品。我国现存的木雕经典作品主要有唐代迦叶菩萨头像（见图 3-4-13）、云南关岳庙的木雕佛像等。

此外，木雕还经常用于传统民居中，其中最著名的就是被誉为“天上取样人间造，雕艺精湛世上绝”的山西王家大院中的木雕（见图 3-4-14）。王家大院的建筑上下、房屋内外，随处可见精雕细刻的木雕艺术品。这些艺术品从屋檐、斗拱到神龛、门窗，以其独具匠心的设计、完美逼真的造型、奇特匪夷的构思成为中国木雕艺术的巅峰之作，处处散发着中国传统文化的精神、气质和神韵。

图 3-4-13　唐代迦叶菩萨头像

图 3-4-14　王家大院中的木雕

中国木雕分布极广，形成了具有浓郁地方特色、各有千秋的流派。这些木雕流派在全国都极具影响力，其中，浙江东阳木雕、浙江乐清黄杨木雕、广东潮州金漆木雕和福建龙眼木雕最为著名，并称“中国四大木雕”。

品味文化

一、寓意美好

雕塑以文化为根基，融合了各方的元素，结合了时代的要求和特征，这些象征着时代的作品古朴精致、意境风雅、寓意美好。

在传统雕塑中，每一个寓意都有特定的图案与之对应。例如，吉祥如意用龙、凤、祥云、灵芝、如意来表示；长寿多福用寿星、寿桃、松、鹤来表示；家和兴旺用鸳鸯、并蒂莲、白头鸟、鱼、荷叶来表示；安宁和平用宝瓶、如意来表示；事业腾达用荔枝、桂圆、核桃、鲤鱼跃龙门、猴子爬树、竹节来表示；辟邪消灾用观音、佛、钟馗、关公、张飞来表示。这些美好的寓意能丰富人们的精神世界，让人们对生活充满希望和热情。

二、见证历史

中国传统雕塑的灵感来源于神话传说、风俗习惯、自然风景、古书典籍等各个方面，是中国千年历史和文明的载体，是中国传统文化的见证。同时，每一件雕塑作品都是创作者对命运的探索、对美好生活的追求和对审美的理解，是中国人民不断思考和探索的结晶。

三、磨炼意志

好的技艺并不是一日之功。雕塑者必须要耐得住寂寞，脚踏实地，潜心学习，勤于练习，才能完成一件作品。雕塑者所具备的勤学苦练、脚踏实地的品质，正是当代青年学生需要培养的。此外，一件好的雕塑作品还需要创作者大胆创新、勇于尝试、敢于突破，这也符合当代青年学生弘扬个性、紧跟时代的需求。因此，青年学生应该在学习雕塑艺术的过程中，体会其中所蕴含的工匠精神，并躬身力行，从而为将来自身的发展奠定基础。

四、以物喻人

在雕塑艺术中，玉雕常常用来比喻人之品性。孔子曾说“玉有玉德”，即仁、智、义、礼、乐、忠、信、天、地、德、道，并认为君子应该重视自身修养。《左传》中有云：“信者，言之瑞也，善之主也。”其中，“瑞”的本意是玉制的信物。从周代开始，玉凭借其独特的物理性质成为礼乐文明建设中，承载礼仪及诚信道德内涵不可替代的器物。例如，古人常常佩戴玉佩、玉镯等玉雕饰品，不仅是因为玉雕饰品美观，还有借玉表明自己具有良好品格之意；中国古代的最高统治者在决定重要事宜时都会使用玉玺盖章，代表了统治者的信誉。

精雕细琢

一、云冈石窟

云冈石窟位于山西省大同市西郊的武周山南麓，是我国规模最大的石窟群之一，2001 年被联合国教科文组织列入《世界遗产名录》。据文献记载，云冈石窟始凿于北魏兴安二年（453），大部分完成于北魏迁都洛阳之前（494），其造像工程则一直延续到正光年间（520—525）。石窟依山而凿，东西绵亘约 1 千米，气势恢宏，内容丰富，现存主要洞窟有 45 个，附属洞窟 209 个，佛龛 1 100 多个，大小造像 59 000 余尊。造像最大者达 17 米，最小者仅几厘米。窟中的菩萨、力士、飞天形象生动活泼，塔柱上的雕刻精致细腻，上承秦汉现实主义艺术之精华，下开隋唐浪漫主义色彩之先河，与甘肃敦煌莫高窟、河南龙门石窟并称“中国三大石窟群”，是世界闻名的石雕艺术宝库之一。

云冈石窟形象地记录了佛教在中国发展的历史轨迹，其造像将古代印度、波斯的一些艺术元素与北魏时期的艺术风格相结合，在充分展现当时高超雕塑技艺的同时，使各种风格在这里实现了前所未有的融合，反映出佛教造像在中国逐渐民族化、世俗化的过程，是石窟艺术“中国化”的开始。

早期云冈石窟中，雕塑作品以“昙曜五窟”为代表。昙曜五窟（见图 3-4-15）是开凿最早的 5 个石窟，由当时的高僧昙曜主持开凿，窟中的佛像雕塑面相丰圆、身体壮硕、气势磅礴，具有浑厚、纯朴的西域风情。

图 3-4-15　昙曜五窟

中期云冈石窟出现了中国宫殿建筑式样的洞窟，以及在此基础上发展出的中国式佛像龛，对后世的石窟建造产生了重要影响。这一时期的石窟雕塑以精雕细琢、装饰华丽著称于世，显示出复杂多变、富丽堂皇的北魏时期艺术风格。

晚期云冈石窟的窟室布局和装饰，更加突出地展现了浓郁的中国式建筑装饰风格，反映出佛教艺术“中国化”的不断深入。这一时期窟室规模较小，佛、菩萨雕像大多面相清瘦、眉目开朗、神采飘逸，是中国北方石窟艺术“瘦骨清像”的源起。

此外，云冈石窟中留下的各种乐舞和百戏杂技雕刻，也是当时佛教思想流行的体现及北魏社会生活的反映。

二、“大禹治水图”玉山

“大禹治水图”玉山（见图 3-4-16）是清代乾隆时期的宫廷玉雕，现藏于北京故宫博物院宁寿宫的乐寿堂中。

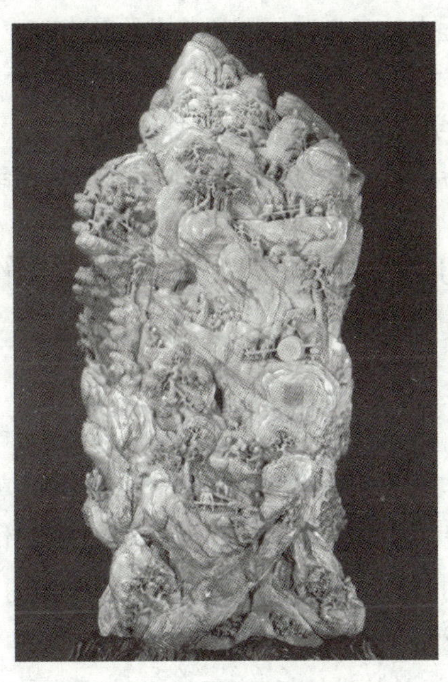

图 3-4-16 “大禹治水图”玉山

“大禹治水图”玉山是中国玉器宝库中用料最宏、运路最长、花时最久、费用最昂、雕琢最精、器形最巨、气魄最大的玉雕工艺品。该玉雕根据清内府所藏《大禹治水图》画轴临仿而成，表现的是“大禹治水”的故事。它高 224 厘米，宽 96 厘米，座高 60 厘米，重 5 000 千克，耗时 6 年完成，其所用玉料是产自中国新疆和田密勒塔山的青玉。

“大禹治水图”玉山雕有峻岭叠嶂、瀑布急流、古木苍松，展现了在山崖峭壁上，成群结队的劳动者开山治水的场景，表现了勤劳、勇敢、坚毅不屈的民族精神。玉雕对每个人物的刻画都非常细致，它巧妙地结合材料的原有形状，灵活安排布局，不仅逼真地表现了人物的形态、外貌、神情和动作，还真实再现了当时治水的紧张氛围。此外，“大禹治水图”玉山中奔跑跳跃的麋鹿和猿猴、快要登上巅峰的老者和仆从，以及神仙相助人们开山的场景，均表现出一种强烈的浪漫主义气息。在玉山正面中部的山石处，刻有乾隆皇帝阴文篆书“五福五代堂古稀天子宝”十字方玺；在玉山背面上部，阴刻乾隆皇帝《题密勒塔山玉大禹治水图》御制诗，下部刻篆书“八徵耄念之宝”六字方玺。玉山底座为嵌金丝山形褐色铜铸座。

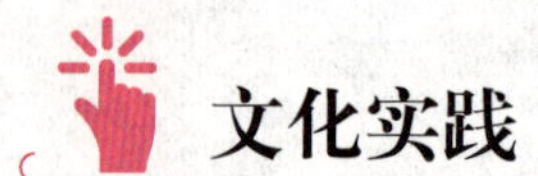

文化实践

一、雕刻体验活动

请学生参与雕刻体验活动，并在创作雕塑作品的过程中，亲身感悟雕塑艺术的魅力。

（1）活动人员：全班学生。

（2）活动形式：邀请一名雕塑专业人士进行现场教学，学生动手雕刻一件作品。

（3）活动准备：班委会负责购买雕塑创作所需要的用具，学生提前查阅并了解中国传统雕塑的相关知识。

（4）活动开始后，请学生认真听专业人士的讲解，并在专业人士的指导下体验雕塑创作过程。

（5）请学生将完成的雕塑作品在全班展览，互相交流学习经验。

二、传统玉雕纹饰探寻

纹饰是玉雕上的符号，其花样繁多，每一种纹饰都有其特定的含义。中国古代几乎每个朝代都有新的纹饰出现，有些纹饰甚至跨越了整个玉雕文化的发展历程。因此从某种程度上说，玉雕的纹饰反映了中国古代各个朝代的时代特征，可以帮助人们在研究玉雕的同时，对当时的历史文化有进一步的了解。

请分组对中国传统玉雕纹饰的发展历程进行调查，感受我国玉雕艺术的魅力。

（1）全班学生以 5～7 人为一组进行分组，各组选出组长并进行任务分工，将小组成员及分工情况填入表 3-4-1 中。

表 3-4-1　小组成员及分工情况

班级		组号		指导教师	
小组成员	姓名	学号	任务分工		
组长					
组员					

（2）按照分工计划撰写报告，将具体的实施情况记录在表 3-4-2 中。

表 3-4-2　实施情况

时间安排	实施步骤
	1．确定本组使用的信息搜集方法，包括：
	2．玉雕纹饰发展的主要脉络：
	3．传统玉雕纹饰主要包括：
	4．不同玉雕纹饰的不同寓意（至少列举三种）：
	5．如今玉雕纹饰的新发展和新应用：
	6．汇总调查结果，撰写调查报告。

第五节　中国传统民间技艺

学习目标

知识目标

- 了解剪纸、年画、皮影戏、刺绣等中国传统民间技艺的主要特点。
- 深刻理解中国传统民间技艺中的文化内涵。

素养目标

- 感受传统民间技艺的魅力，培养爱国主义情怀。
- 弘扬传统美德，涵养时代新风，树立文化自信。

文化讲堂

中国传统民间技艺是从民间传承下来的手艺或表演艺术，包括剪纸、年画、皮影戏、刺绣、舞龙、舞狮、泥塑、空竹、口技等。每一门技艺都用自己特定的表现方式，传达出中国传统文化的内涵和本质。本节主要介绍剪纸、年画、皮影戏和刺绣四种传统民间技艺。

一、剪纸

扫一扫

剪纸

剪纸是一种用剪刀或刻刀在纸上剪刻花纹，用于装点生活或配合其他民俗活动的民间艺术。中国剪纸艺术自诞生以来，就充实于各种民俗活动中，是中国民间历史文化内涵最为丰富的艺术形态之一。

剪纸传承赓续的视觉形象和造型格式，蕴涵了丰富的历史文化信息，表达了人们的社会认知、道德观念、实践经验、生活理想和审美情趣，具有认知、教化、表意、抒情、娱乐、交往等多重社会价值。

南宋时期，出现了以剪纸为职业的手工艺人。据记载，杭州专门有“剪镞（zú）花样”者，有的善剪“诸家书字”，有的专剪“诸色花样”。南宋周密在《志雅堂杂钞》中记载：“向旧都天街，有剪诸色花样者，极精妙，随所欲而成……有少年能手于袖中剪字及花朵之类。”此处所提到的“剪诸色花样者”表明当时已经出现了剪纸手工艺人。明清时期，剪纸手工艺术逐渐发展成熟，并达到鼎盛。

我国的剪纸艺术按照地域的不同，可以分为南京剪纸、扬州剪纸（见图3-5-1）、蔚县剪纸（见图3-5-2）、安塞剪纸等；按照纹样的不同，可以分为人物剪纸、鸟兽剪纸、文字剪纸、山水剪纸等；按照寓意的不同，可以分为纳吉祝福剪纸（见图3-5-3）、祛邪剪纸、除恶剪纸、劝勉剪纸、警戒剪纸、趣味剪纸等；按照用途的不同，可以分为装饰类剪纸、俗信类剪纸、稿模类剪纸、设计类剪纸等。

2006年5月，剪纸艺术经国务院批准列入第一批国家级非物质文化遗产名录；2009年9月，在联合国教科文组织保护非物质文化遗产政府间委员会第四次会议上，中国剪纸项目入选“人类非物质文化遗产代表作名录”。

图 3-5-1　扬州剪纸

图 3-5-2　蔚县剪纸

图 3-5-3　纳吉祝福剪纸

二、年画

年画始于古代的“门神”，清光绪年间，被正式称为“年画”，多在新年时张贴，蕴含祝福新年吉祥喜庆之意。传统民间年画多用木版水印制作。旧年画因画幅大小、加工繁简和制作时间的不同而有不同称谓：整张大的叫“宫尖”，一纸三开的叫“三才”；加工多而细致的叫“画宫尖”“画三才”；颜色上用金粉描画的叫“金宫尖”“金三才”；六月以前制作的叫“青版”，七、八月以后制作的叫“秋版”。

中国民间年画分布广泛，明中叶以后，刻印年画的作坊几乎遍及全国，年画在历史长河中逐步形成了不同的艺术风格和鲜明的地方特色，开封朱仙镇木版年画（见图 3-5-4）、天津杨柳青年画（见图 3-5-5）、苏州桃花坞木版年画、广东佛山木版年画等都久负盛名，各有千秋。

图 3-5-4　开封朱仙镇木版年画

图 3-5-5　天津杨柳青年画

视野纵横

年画的起源

年画是一种古老的民间艺术，起源于古代“门神”。据《隋唐演义》记载，唐太宗李世民生病时，梦里常听到鬼哭神嚎之声，以至夜不成眠。尉迟恭与秦叔宝得知此事前来探望，大将秦叔宝说：“陛下宽心，臣戎马一生，杀敌如切瓜，收尸犹蚁，何惧鬼魅？臣愿同尉迟恭披坚执锐，把守宫门。”李世民准奏，二人谢恩而出。当晚两位将军各取披挂穿戴整齐，金盔银甲，威风凛凛，持剑举斧在宫门外把守。一夜间，李世民果然安寝无事。自此以后，二将夜夜守卫宫门。后来李世民不忍二将辛苦，便命人寻找丹青妙手，将尉迟恭和秦叔宝披挂在身的真容绘于纸上，贴在宫门之上，前宫门从此平安无事。这件事很快在民间传开了，此后，人们便将尉池恭和秦叔宝二将称为“门神”。

三、皮影戏

皮影戏（见图 3-5-6）又称“影子戏”“灯影戏”，是一种以兽皮或纸板做成的人物剪影来表演民间故事的戏剧。2011 年，皮影戏入选人类非物质文化遗产名录。

图 3-5-6　皮影戏

皮影的制作过程

皮影的制作通常要经过选皮、制皮、潮皮、过稿、雕刻、敷彩、发汗熨平、缀结装订八道工序。其艺术创意汲取了中国汉代帛画、画像石、画像砖和唐宋寺院壁画的手法与风格，人物造型与戏剧人物一样，生、旦、净、丑等角色齐全。表演时，在打击乐器和弦乐的伴奏配合下，皮影戏艺人在白色幕布后，一边操纵影人，一边用当地流行的音乐唱腔讲述故事，将故事情节演绎得声情并茂、动人心弦，有的武打场面更是枪来剑往、上下翻腾、热闹非凡，具有浓厚的乡土气息。

皮影戏历史悠久。据史书记载，皮影戏始于西汉，兴于唐朝，元代传至西亚和欧洲。清代的皮影戏无论是影人造型、制作水平，还是演技唱腔，都达到了历史巅峰。当时很多官第王府、豪门望族、乡绅大户，都以请名师刻制影人、配置精工影箱、私养影班为荣。民间乡村或城镇，大大小小皮影戏班比比皆是。在当时，无论喜庆丰收、祈福拜神，还是嫁娶宴客、添丁祝寿，都少不了搭台唱影，有时连本戏（连续剧）通宵表演甚至连续表演十天半个月。逢年过节时，一个庙会可能会出现几个影班搭台对擂唱影，热闹非凡，其盛况可想而知。

四、刺绣

刺绣又称“丝绣”“针绣”，是用绣针引线，将设计的花纹在纺织品上刺绣运针，以绣迹构成图案或文字的一种工艺。在中国古代，由于刺绣多为女性所作，故常被称为“女红”。

据《尚书·益稷》记载，早在远古时期，人们就用刺绣的方法将宗彝、藻、火、粉米等纹样装饰在衣服上。商周时期，已有专门的纺织业和缝纫业，还设有专管蚕事的文官“女蚕”。春秋战国和秦汉时期是中国刺绣发展史上的第一个极盛时期，汉代王充《论衡》记载：“齐郡世刺绣，恒女无不能。”足以说明当时刺绣技艺已经普及。在我国汉代墓葬中出土的文物中，大多都有刺绣绣品，如湖北江陵马山一号出土的战国“龙凤纹绣”、湖南长沙马王堆汉墓出土的刺绣残片（见图 3-5-7）等。这些刺绣虽然在地下埋藏了千年之久，但是它们出土时仍然精美绝伦，配色、针工都运用得恰到好处。

图 3-5-7　马王堆汉墓出土的刺绣残片

宋代是中国刺绣艺术发展的高峰，设立了文绣院，绣工约 300 人。这一时期的刺绣，针法基本齐备，构图简练，形象生动，设色精妙，做工精巧。人们还改良了刺绣工具和材料，开始使用精制钢针和发细丝线，其针法极细密，色彩运用淡雅素净。例如，江苏金坛出土的南宋绛色罗贴绣牡丹纹褡裢（见图 3-5-8），用薄绢剪成牡丹花叶的形状，再用锁绣辫子股针法绣制花叶轮廓和花茎，图案布局匀称，针法严密，反映了当时的刺绣技艺已达到了炉火纯青的地步。

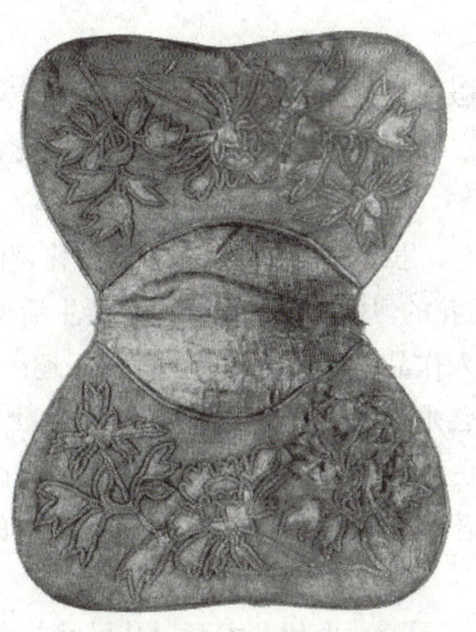

图 3-5-8　南宋绛色罗贴绣牡丹纹褡裢

元代继承了唐宋刺绣的审美与技艺，出现了贴绫绣法，使绣品富有立体感。明清时期，刺绣广泛流行于社会各阶层，逐渐形成了各具特色的地方体系，产生了“四大名绣”，即江苏的苏绣、湖南的湘绣、广东的粤绣、四川的蜀绣。此外，很多少数民族，如维吾尔族、彝族、傣族、布依族、瑶族、苗族、土家族、侗族、白族、壮族、蒙古族、藏族等，也都有各具特色的民族刺绣。这些各具风格的绣种沿传迄今，历久不衰。

视野纵横

最古老的刺绣艺术——水族马尾绣

在漫长的历史长河中，心灵手巧的水族妇女创造了色彩斑斓的水族马尾绣（见图 3-5-9）。水族马尾绣是一种以马尾作为重要材料的特殊刺绣工艺。它是历史上最古老、最具民族特色的刺绣。水族马尾绣制作过程烦琐复杂，一般而言，一件成品需十几道工序，耗时一个多月才能完成。马尾绣制作的绣品具有浅浮雕感，刺绣图案古朴、典雅、抽象并具有固定的框架和模式，被誉为中国刺绣的活化石。它是研究水族民俗、民风、图腾崇拜及民族文化的珍贵艺术资料。2006 年，马尾绣被列入首批国家级非物质文化遗产名录，这一古老的原始艺术也得到了更好的保护。

图 3-5-9 水族马尾绣

品味文化

中国传统民间技艺出自民间，服务于民、用之于民，将实用和审美融于一体，带有物质和精神的双重意义，是民族情感、个性特征和民族凝聚力的载体，是中华民族文化艺术的瑰宝，也是体现人类文化多样性的一个表现。

现代社会中，人们的生活、生产、思维方式等都有了很大变化，传统民间技艺的传承可以满足人们一定的精神需求。例如，春节剪纸贴窗花的习俗能够满足人们想要生活美满幸福的心愿；民间的捏糖人技艺，能够在捏的过程中将自己的想法融入作品中，从而体会创作的乐趣；等等。

传统民间技艺为研究地方文化艺术提供了素材。民间艺术是乡土艺术，它与本地区、本民族的生活方式、民风民俗等都有着非常密切的联系，带有鲜明的地域文化特点，因此传统民间技艺中所包含的故事情节，以及反映出的民风、民俗、俚语等，是调查、采集民间文化素材的有效途径，对于了解当地文化和风俗都有很重要的作用。

传统民间技艺为现代艺术提供了灵感。现代艺术可以从民间艺术中汲取养分，与传统民间艺术的构图、文化寓意等相结合，创作出既符合中国人审美，又能体现现代艺术理念的作品。中国传统民间技艺的创作手法、表现形式，以及作品中渗透的民族精神，都可以为现代艺术创作提供积极的经验和有益的启示。

构建和谐社会是新时代青年所肩负的责任，了解和学习传统民间技艺，可以在帮助学生了解传统文化的同时，学习其中所蕴含的优秀品质。传统民间技艺中的很多作品都和弘扬传统美德有关，其作品中所表现的内容多以简单的构思阐述深刻的道理，常常能为人们的日常行为提供一种伦理模式。例如，清代杨柳青年画《孟母三迁》告诉人们创造良好环境的重要性；剪纸《二十四孝》告诉人们尊敬老人是中华民族的传统美德；等等。

针神艺绝

中国故宫博物院藏有织绣文物13万余件，包括服饰、材料、陈设用织绣品和织绣书画四大类。其中，服饰类有成衣、冠帽、靴鞋袜、佩饰、佛衣和活计等；材料类有锦、缎、绫、罗、绸、纱、绢、绒、缂（kè）丝和棉布等；陈设用织绣品有铺垫、坐褥、靠垫、迎手、椅披、门帘、帐子、围幔、被子、枕头、炕单、炕席、桌围等；织绣书画是以书画、诗文作品为蓝本，运用织、绣等工艺技法加以艺术再现的欣赏性艺术品，装帧形式有轴、卷、册、条屏、屏风、扇面、镜心等。

下面选取两件故宫博物院的馆藏织品供读者欣赏。

一、《广绣百鸟争鸣图》

《广绣百鸟争鸣图》（见图3-5-10）是清代乾隆时期的广绣作品。广绣是广州地区的地方名绣，其历史悠久，与潮州地区的潮绣一起构成了具有鲜明岭南文化特征的粤绣。此图全面体现了广绣针法繁复、运针变化多端、针脚工整规矩、绣工细薄、配色艳丽华美、构图富有层次、所绣物象写实逼真等特点，既有西方绘画写真的神韵，又有中国传统绘画墨色渲染、华美富丽却不失雅致的意境。

图3-5-10 《广绣百鸟争鸣图》

《广绣百鸟争鸣图》纵52厘米，横47厘米，米色素绫地，满绣孔雀、鸳鸯、鹌鹑、蜂鸟、八哥、鹦鹉等17种鸟类和3只羊，以及荷花、牡丹等数种花卉。图上的禽类千姿百态、绝无雷同，花草树木婀娜多姿、生机盎然，羊只动感十足、栩栩如生。在技法上，《广绣百鸟争鸣图》采用了套针、齐针、顶针、滚针、施毛针、鸡毛针、扎针、打籽针、刻鳞针、松针、网针、接针等十余种针法，交错变幻，将禽类羽毛一根根、花木小草一叶叶地绣出，运丝讲究鸟羽的丝理走向，追求真实物象的质感，尤其是鸡毛、孔雀羽毛更是逼真写实，达到了出神入化的艺术境界。

《广绣百鸟争鸣图》将花鸟表现得灵动鲜活又雅致脱俗，反映出当时刺绣作品选材和工艺水平已达到炉火纯青的地步，具有相当高的艺术观赏价值。

二、孔雀羽穿珠彩绣云龙吉服袍

孔雀羽穿珠彩绣云龙吉服袍（见图3-5-11）为清代服饰，身长143厘米，为圆领设计，右衽，大襟，马蹄袖，左右开裾，直身。全袍以蓝缎为面料，以绿孔雀羽捻线大面积铺绣，即所谓“铺翠”。全身用穿珠绣法绣制五爪大龙9条，并分别在领、袖等处绣正龙4条，龙与龙之间点缀传统的吉祥图案，包括暗八仙、八宝，以及五彩云朵、蝙蝠、寿山福海等。在配色上，此袍用三晕过渡法，由浅而深，使全袍色彩艳丽，又不失柔和雅致。此外，龙身的穿米珠绣，龙鳍和龙尾的揖线绣，龙髯的圆金线、圆银线绣，流火纹的穿珊瑚珠绣，以及吉祥图案的五彩绒线绣，均绣工平齐，针法娴熟。此袍为清代铺翠绣吉服袍仅存的珍品，其铺翠工艺实属罕见，是研究清代织绣工艺的重要实物史料。

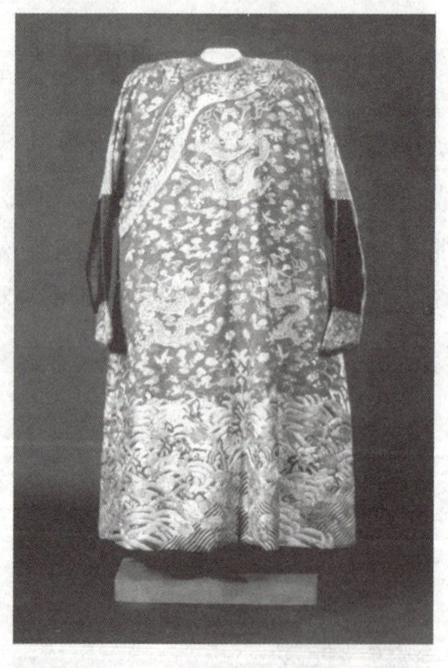

图3-5-11　孔雀羽穿珠彩绣云龙吉服袍

名词解释

八宝是指法轮、法螺、宝伞、白盖、莲花、宝瓶（罐）、金鱼、盘长八种吉祥物，有吉祥、幸福、圆满之意。

暗八仙是指中国古代神话中的草根神仙吕洞宾、铁拐李、钟离权、张果老、曹国舅、韩湘子、蓝采和、何仙姑所执的八种器物，即宝剑、葫芦、扇子、渔鼓、玉板、洞箫、花篮、荷花。暗八仙常用于木塑、砖雕、瓷器、服饰等民间工艺中，有祈平安、颂长寿之意。

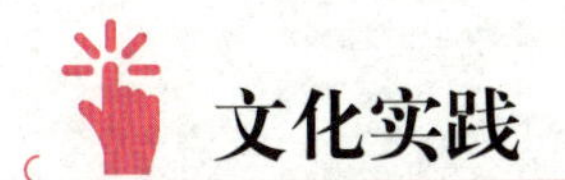

文化实践

一、民间技艺体验活动

（1）全班学生以 5～7 人为一组进行分组，在组内讨论并选择一项民间技艺进行体验。

（2）各组根据自己选择的民间技艺，查阅相关资料，了解相关内容。

（3）邀请相关的专业人士进行现场教学，或者观看网上的视频教学进行学习，并动手体验。

（4）体验结束后，将完成的作品在全班展览，并与同学互相交流学习经验。

（5）请学生在活动结束后，写一份心得体会。

二、非遗调查

非物质文化遗产是指世界各族人民世代相传，并视为其文化遗产组成部分的各种传统文化表现形式，以及与传统文化表现形式相关的实物或场所。它是一个国家和民族历史文化成就的重要标志，是优秀传统文化的重要组成部分。2022 年 11 月，随着“中国传统制茶技艺及其相关习俗”申遗成功，中国已有 43 个项目被联合国教科文组织列入非物质文化遗产名录（名册），总数位居世界第一。

请对我国的非物质文化遗产进行调查，并按照以下步骤完成调查报告。

（1）全班学生以 5～7 人为一组进行分组，各组选出组长并进行任务分工，将小组成员及分工情况填入表 3-5-1 中。

表 3-5-1 小组成员及分工情况

班级		组号		指导教师	
小组成员	姓名	学号	任务分工		
组长					
组员					

（2）按照分工计划撰写报告，将具体的实施情况记录在表 3-5-2 中。

表 3-5-2　实施情况

时间安排	实施步骤
	1．确定本组使用的信息搜集方法，包括：
	2．我国现有的非物质文化遗产主要包括（至少列举 10 项）：
	3．我国正在申请（或有望申请）成为世界非物质文化遗产的有（至少列举 3 项）：
	4．非物质文化遗产对发展和弘扬中华传统文化的意义：
	5．我国还有哪些传统民间技艺需要得到发展和保护？
	6．怎样更好地发展和保护我国的民间传统技艺？
	7．汇总调查结果，撰写调查报告。

第四章

不朽灵魂——建筑与器物篇

第一节　传统器物

学习目标

知识目标

- 了解青铜器、陶器、瓷器的分类和常见品种特征。

素养目标

- 领略中国传统器物的独特魅力，增强审美意识，培养审美情趣，提升审美能力。
- 增强中国文化认同感，自觉传播中国传统器物文化，提升中国文化的影响力。

文化讲堂

器物在某种程度上能够代表一个国家的历史和文化发展水平。中国传统器物包括青铜器、陶器、瓷器、玉器、漆器、金银器等多个种类，本章节主要介绍中国古代的青铜器、陶器和瓷器。

一、青铜器

青铜器是一种用青铜为基本原料加工制作的器具。中国的青铜器经历了近2 000 年的发展历史，在中国历史上曾被赋予独特的社会地位，是中国古代等级制度的产物，也是中国历史文化的缩影与再现。由于青铜器以其独特的器形、精美的纹饰、典雅的铭文向人们揭示了中国古代不同历史时期的铸造工艺、文化水平和历史源流，因此被史学家们称为“一部活生生的史书”。

舌尖上的青铜器

青铜器按照用途的不同，可以分为食器、酒器、水器、乐器、兵器五大类。此外，还有一些青铜所制的普通生活用具和部分宗教礼仪性质的用品，如灯、炉、熏炉、杖首（象征权力和地位的礼器）、梳、笄（jī，装饰发耳的簪子）、线盒、带钩（象征身份的腰带挂钩）、金铫（diào，一种便携的小型金属锅）、熏器、滤斗、建筑饰件、人像、神树等。

下面主要介绍食器、酒器和兵器。

（一）食器

食器是古人盛黍、稷、稻、粱等熟食的工具，又可以分为鼎、簋（guǐ）、簠（fǔ）、敦、豆等类型。

1．鼎

鼎是一种烹煮和盛贮肉类的器具。在商代早期至秦汉时期，鼎经常作为宗庙、祭祀场合的重要礼器使用，是统治阶级等级制度和权力的象征。1939 年，在殷墟武官村出土的“后母戊鼎”（见图 4-1-1）是现今已发现的最大的商代青铜礼器，被称为“鼎中之王”。后母戊鼎呈长方形，鼎身云雷纹为地，鼎腹周缘饰有饕餮纹，工艺精美，形制雄伟。此外，为了加强礼制，当时还设立了“列鼎制”，规定贵族都必须按爵品配置鼎数，用以“辨等级、明尊卑”。据文献及考古发现，西周时期的“列鼎制”规定，天子用九鼎，诸侯用七鼎，卿大夫用五鼎，士用三鼎或一鼎。

2. 簋

簋是盛黍、稷等食物的容器，在商代晚期、西周、春秋时期较为流行。簋是商周时期重要的礼器，可代表贵族的不同等级，常在宴享和祭祀时，以偶数与列鼎配合使用，如八簋、六簋、四簋及二簋等。商代簋形体厚重，多为圆形、广口、深腹、圈足，两耳或无耳。器身多饰兽面纹。1978 年，陕西省宝鸡市扶风县齐村出土的西周“胡簋”（见图 4-1-2）是现存商周青铜簋中最大的一件，堪称“簋王”，现藏于宝鸡青铜器博物院。

图 4-1-1　后母戊鼎

图 4-1-2　胡簋

3. 簠

簠是中国古代祭祀和宴飨时盛放黍、稷、粱、稻等饭食的器具，主要盛行于西周末春秋初。簠的基本形制为长方形器，盖和器身形状相同，大小一样，上下对称，合则一体，分则为两个器皿。图 4-1-3 为青铜蟠虺（pán huī）纹双耳簠。

4. 敦

敦是盛放饭食的器具，出现于春秋中期。敦在春秋时期为圆体、加盖，到战国时期演变成盖器同形，全体呈卵圆形，俗称“西瓜鼎”。图 4-1-4 为青铜兽面纹三足敦。

5. 豆

豆为盛食器，用于盛放腌菜、肉酱或调料，作为礼器时常以偶数出现，流行于春秋战国时期。豆器浅如盘，下有把，圈足，大多数有盖。图 4-1-5 为战国时期的青铜蟠螭纹豆。

图 4-1-3　青铜蟠虺纹双耳簠

图 4-1-4　青铜兽面纹三足敦

图 4-1-5　青铜蟠螭纹豆

（二）酒器

酒器是盛酒的青铜器，包括尊、壶、爵、角、觚（gū）等。中国古代有“无酒不成礼”之说，酒器自然就成了祭神享祖、礼仪交往、宴宾会客等活动时的必备之物。

1. 尊

尊是一种盛行于商代至西周的大型盛酒器，其基本造型为敞口、高颈、圆腹或方腹、高圈足，尊上常饰有动物形象。现藏于中国国家博物馆，被称为青铜器十大顶级国宝之一的“四羊方尊”（见图 4-1-6），器制浑厚，造型雄奇，设计精巧，是商周青铜器中的奇珍，也是商代青铜方尊中最大的一件。

图 4-1-6　四羊方尊

视野纵横

失而复得的国宝——四羊方尊

1938 年 4 月的一天，在湖南宁乡的一处田地里，三个农民在田间劳作时意外从地里刨出了一个青铜器，这就是四羊方尊。当时的国民政府听到这个消息后，将四羊方尊收归国有，并交由湖南省政府保管。1938 年 11 月，长沙为对抗侵略者而点起了“文夕大火”。大火烧了两天两夜，四羊方尊也在大火中遗失。

1952 年，文化部（现中华人民共和国文化和旅游部）通过多方努力了解到，四羊方尊并没有在文夕大火中焚毁，而是在向西转移的路途中，被敌机炸裂成了 20 多块残片，此后一直被丢弃在湖南省银行仓库内，无人问津。为了让国宝焕发昔日的光彩，文化部和湖南省的文物管理人员找到四羊方尊残片后，开始寻找专业人士对其进行修复。

功夫不负有心人。四羊方尊在一个名叫张欣如的修复师手中，历时两个多月，终于恢复了它本来的面貌。可美中不足的是，四羊方尊的沿口处有一缺口因残片不足而无法补全。经多方打听，相关人员得知这个缺口是当年三个农民发现四羊方尊时，不小心把沿口敲掉了一块，于是便拿走留作纪念了。1976 年，被农民拿走的残片终于被时任湖南省博物馆馆长的高至喜找回。历经近 40 年的劫难后，四羊方尊终于可以完整地展示在世人面前。

修复后的四羊方尊每边边长为 52.4 厘米，高 58.3 厘米，重 34.5 千克，器型硕大而优美，图案繁复而精致，是现存最大的商代青铜方尊，被誉为“臻于极致的青铜典范”。它还被列为中国十大传世国宝之一，对研究中国先秦时期的历史文化有着重要的意义。

2．壶

壶是一种流行于商代至汉代的盛酒器，其形制多为长颈、鼓腹，壶口有圆形、方形、扁圆形、八角形、弧形等，平底或圈足。图 4-1-7 为春秋晚期的陶索龙纹壶，高体、束颈、鼓腹，纹饰极为精美。

3．爵

爵是一种商代和西周常见的酒器，一般用于盛放酒、斟倒酒和加热酒。爵常与觚配套使用，其形制一般为前有流槽、后有尖尾、中有杯形、腹侧有鋬（pàn，供手提拿的部分）、下有三足，流槽与杯口之间有柱（可用于过滤），是古代贵族在结盟、庆功、宴会等场合使用的酒具。图 4-1-8 为商代妇好铜爵，高 37.3 厘米，是现存中国古代青铜爵中较大的一座。

图 4-1-7　陶索龙纹壶

图 4-1-8　妇好铜爵

4．角

角用于盛酒、温酒和饮酒，同时又是一种量器，盛行于商代。角的外形同爵相似，但前后均有尾，无柱，有的角还有盖。图 4-1-9 为西周父乙角，其色泽乌黑亮丽，体量巨大，气势磅礴，纹饰精美。

5．觚

觚是一种盛行于商代和西周早期的饮酒器，其形制一般为圈足、敞口、长身，口部和底部都呈喇叭状。图 4-1-10 为商代饕餮纹铜觚，其纹饰装饰层次丰富，图案多样，铸造精密，充分体现出商代的青铜铸造技术已到炉火纯青的境界。

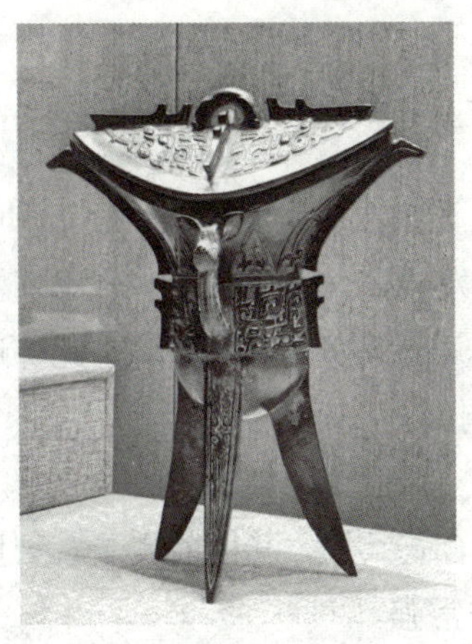

图 4-1-9　西周父乙角

图 4-1-10　商代饕餮纹铜觚

（三）兵器

兵器是从狩猎工具发展而来的，其种类较多，主要有钺（yuè）、戈、剑、戟（jǐ）等。

1. 钺

钺是商周时期的一种兵器，后演变为象征权力的刑器和礼器。其形状像板斧，刃较宽大，呈弧形，似新月。《说文解字》中描写钺与斧时记载："大者称钺，小者称斧。"图 4-1-11 为山东益都苏埠屯墓地出土的人面纹铜钺，具有一定的艺术感和很高的研究价值。

2. 戈

戈是流行于商代至战国时期的一种格斗兵器，一般为平头、横刃，装有长柄，可大范围内挥击，能勾能啄、可推可掠，尤为适宜在战车上使用，具有极强的杀伤力。图 4-1-12 为汉代虎纹铜戈头，其前锋尖锐，援与内相接处透雕一猛虎，虎昂首张口，曲身卷尾，前爪开张；胡的两面均有纹饰，一面铸一人，腰悬刀，栩栩如生，是一件不可多得的艺术珍品。

名词解释

戈头一般分为援、内、胡三个部分。

援是横出的杀伤部分，由上下两刃向前弧收成尖锋，用以钩啄敌人；内在援的后尾，其上有孔，称作"穿"；援和内之间设"阑"，并在援下近阑处下延成"胡"。胡上也有"穿"，胡越长，穿越多。

图 4-1-11　人面纹铜钺

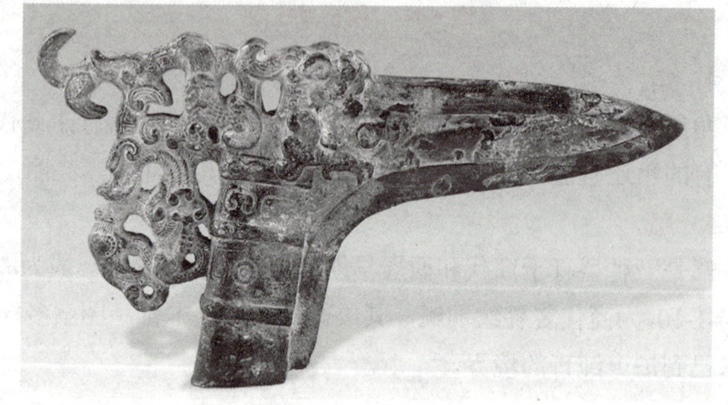

图 4-1-12　虎纹铜戈头

3. 剑

青铜剑始于轩辕黄帝时代，在商代开始有制剑的史料记载，初为铜制，一般呈柳叶或锐三角形。在西周时，出现柳叶形的剑，剑身较短。东周时，剑得到充分发展，长度可达 1 米以上。汉代基本定型，即剑身中有脊，两侧有刃，前有剑尖，中有剑首，后有茎，茎端设环处称镡（xín），此外还有剑鞘、剑穗等附属饰物。图 4-1-13 为陕西西安秦始皇陵二号坑出土的青铜剑。

4. 戟

戟（见图 4-1-14）是一种在戈的基础上演化而来的复合式兵器，其柄前安装直刃以刺敌人，旁有横刃能钩啄敌人，故兼具勾、啄、刺、割四种作用，杀伤力非常强。

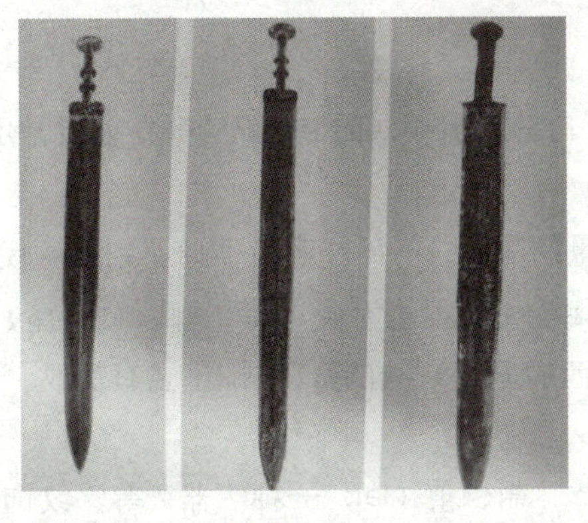

图 4-1-13　秦始皇陵二号坑出土的青铜剑

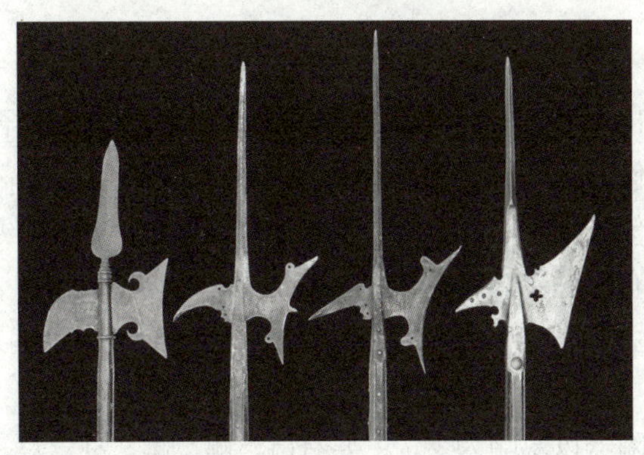

图 4-1-14　戟

二、陶器

陶器是用黏土或陶土捏制成形后烧制而成的器具。中国陶器的历史源远流长，早在新石器时代，劳动人民就用自己的智慧和心血烧制了大量各具特色、异彩纷呈的陶器，从此掀开了中国陶瓷文化史上灿烂辉煌的篇章。这些陶器古朴中透着大气，庄重中不失美观，是中国历史中永不褪色的文化瑰宝。

根据制作方法及外观呈现的不同，中国古代陶器可以分为红陶、黑陶、灰陶、白陶、彩绘陶和釉陶等。

（一）红陶

红陶是新石器时代出现的一种器表呈红色的陶器，也是中国历史上出现最早的陶器。根据陶胎粗细及含砂与否，红陶还可分为泥质红陶和夹砂红陶。其中，泥质红陶较纯净细腻，主要用作饮食器具；夹砂红陶耐水，主要用作炊具。

根据考古发掘资料，我国裴李岗文化、仰韶文化及大汶口文化，都以泥质红陶和夹砂红陶为主。图 4-1-15 为仰韶文化小口尖底瓶，现藏于陕西历史博物院。

（二）黑陶

黑陶是一种在烧造过程中，采用渗碳工艺制成的黑色陶器。黑陶的陶土经过淘洗和轮制后，还可细分为细泥、泥质和夹砂三种，其中的细泥薄壁黑陶有“黑如漆，声如磬，薄如纸，亮如镜，硬如瓷”的美誉。

黑陶在我国的大溪文化、屈家岭文化、龙山文化遗址中均有发现，以素面磨光黑陶和带纹饰黑陶居多。图 4-1-16 为龙山文化蛋壳黑陶高柄杯，现藏于山东省文物考古研究所。

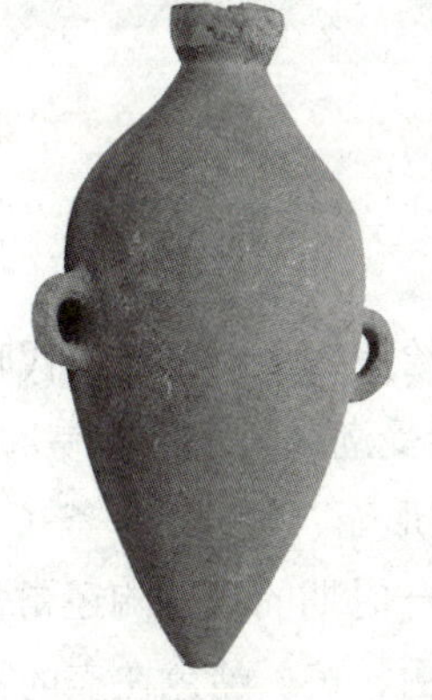

图 4-1-15　仰韶文化小口尖底瓶

图 4-1-16　龙山文化蛋壳黑陶高柄杯

（三）灰陶

灰陶出现于新石器时代。根据胎质的粗细及含砂与否，可分为泥质灰陶和夹砂灰陶。前者常用作饮器、食器、盛储器，后者常用作炊器。

在仰韶文化、龙山文化、屈家岭文化后期都有一定数量的灰陶，多用作蒸煮器皿。到了夏代，陶器的烧成工艺有所进步，质量有所提高。这一时期的陶器以灰陶为主，器型有鼎、罐、觚、豆、簋、钵（bō，一种类似盆的器皿）、三足盘、盆、瓮（wèng，一种盛东西的器具）、缸等，纹饰主要有篮纹、方格纹、绳纹等。

商代陶器以灰陶为主，主要有爵、觚、罐、杯、豆、钵、鼎、罍（léi，一种酒器）等，纹饰以绳纹为主，另有一些刻画纹、弦纹、镂空等，还出现了专门烧制灰陶的作坊。西周灰陶纹理较粗，主要有鬲（lì，一种炊具）、甑（zèng，一种蒸食用具）、豆、簋、罐、瓮、盆、盂等，以袋状足、圈足、平底为主要特征。图4-1-17为商代灰陶饕餮纹罍，现藏于河南省博物馆。

（四）白陶

白陶是指表里和胎质都呈白色的一种素胎陶器，起源于新石器时代。白陶在龙山文化晚期和二里头文化早期遗址中皆有发现，器型主要有鬶（guī，一种形状像鼎的炊具）、盉（hé，一种形状像壶的温酒器具）、爵、豆、钵、罍、壶、卣（yǒu，一种盛酒的器具）、觯（zhì，一种用来饮酒的器具）等。白陶在商代晚期得到了高度发展，其形制和纹饰均仿制当时的青铜礼器，器表多刻有饕餮纹、夔纹、云雷纹和曲折纹等精美图案，胎质纯净、洁白、细腻，是当时极珍贵的工艺品。商代以后，瓷器出现，白陶便迅速衰落。图4-1-18为殷墟出土的白陶刻几何纹瓿（bù）。

图4-1-17　灰陶饕餮纹罍

图4-1-18　白陶刻几何纹瓿

（五）彩绘陶

彩绘陶是指将陶坯烧成之后在其表面进行彩绘的陶器。彩绘陶始于新石器时代晚期，常用的色彩有红、黑、黄、白、赭等，色彩绚丽，因绘制后不再烧彩，所以彩绘受潮或经水后极易磨损脱落。

战国、秦汉时期是彩绘陶发展的繁荣时期，典型器物有茧形壶、盆、鬲、釜（一种炊事用具，相当于现在的锅）、盂（一种盛液体的敞口器具）、豆、罐、瓮等。这一时期的彩绘陶还常常作为陪葬品使用。例如，洛阳汉墓出土的彩绘龙虎纹陶壶（见图4-1-19），以红、白、黄、赭色在壶的不同部位分层绘出宽带纹、锯齿纹、绦纹、云纹、双线三角纹、圆点纹，构成上下连接通体的图案，颜色搭配协调，纹饰布局紧凑合理；秦始皇陵兵马俑中的陶人和车马（见图 4-1-20）与真人真马大小相似，形象生动而传神。

图 4-1-19　彩绘龙虎纹陶壶

图 4-1-20　秦始皇陵兵马俑中的陶人和车马

（六）釉陶

釉陶是指表面有釉的陶器。釉陶以高岭土（又称“白云土”，是一种非金属矿产，呈白色，土质细腻）为原料，胎质较坚硬，烧成后不易吸水。汉代时，釉陶多为单色，后发展为三色。在南北朝时，釉陶得到极大的发展，胎质、釉彩、造型在技术和艺术上都达到了较高水平。唐代唐三彩的出现，标志着釉陶发展到了顶峰。

唐三彩是唐代陶器的精华，其艺术成就震古烁今，享誉中外。初唐时期，唐三彩施釉比较粗，釉层偏厚，有流釉或烛泪状，釉层没有完全烧开，色泽暗淡。盛唐时期，唐三彩的制造工艺有了很大的进步，制品造型优美，釉色莹润，色彩有黄、绿、蓝、白、黑等；装饰手法除了刻花、印花外，还广泛使用堆贴和捏塑；图案更是丰富多彩。除了各种器皿以外，还出现了大量生动的唐三彩人俑，形体富态饱满，造型生动。中晚唐时期的三彩制品多为小件，趋于单彩釉，釉面较为单薄。图 4-1-21 为唐三彩马和唐三彩骆驼俑，现均藏于北京故宫博物院。

图 4-1-21　唐三彩马和唐三彩骆驼俑

三、瓷器

瓷器是以瓷石、高岭土、碳石等为原料，外表施有剥离质釉，经高温烧制而成的一种器物。中国瓷器是从陶器发展演变而成的，是中国古代劳动人民的重要创造，堪称中国的“第五大发明”。瓷器为中国赢得了“瓷器之国”的盛誉，其发明是中华民族对世界文明的重要贡献。一般来说，瓷器可以分为单色釉瓷和彩绘瓷两大类。

（一）单色釉瓷

单色釉瓷又分为素瓷和色釉瓷两种。

1. 素瓷

素瓷是指釉上和釉下都没有色彩，也不绘制任何有色图案和花纹的瓷器，主要流行于明代之前。素瓷是在通风状态下烧制而成的。由于烧制温度和釉中氧化铁、氧化铜含量的不同，素瓷的釉色也不同，一般有青瓷、黑瓷、白瓷和青白瓷四种。

青瓷也叫“绿瓷”，釉中含有一定量的氧化铁，其瓷质细腻、色泽纯净。东汉至魏晋时期制作的瓷器多为青瓷，宋代的龙泉窑、唐代的越窑也以制造青瓷为主。青釉凤首龙柄壶（见图4-1-22）为唐代青瓷中的典型器物，其装饰纹样繁复，结构严谨，疏密有致，富有美感，体现了唐代制瓷工匠的高超技艺。

黑瓷也叫“天目瓷”，是在青瓷基础上增加了铁的含量烧制而成的，建窑和德清窑都以产黑瓷而著称。图4-1-23为建窑所烧制的黑釉天目茶碗。

图4-1-22　青釉凤首龙柄壶

图4-1-23　黑釉天目茶碗

五大名窑

白瓷中的铁含量低，形成了透明釉，使得在瓷器上作画成为可能，也为彩绘瓷的发展奠定了基础。邢窑和定窑都以烧制白瓷为主。其中，邢窑始于隋代，是中国北方最早烧制白瓷的窑场，其所产白瓷质地细腻，釉色洁白如雪，造型规范如月，器壁轻薄如云，风格朴素淡雅，在唐代与越窑的青瓷齐名，世称“南青北白”。定窑是宋代五大名窑之一，曾在北宋时承烧部分宫廷用瓷，所烧白瓷底部有“官”“新官”铭文。图4-1-24为白瓷婴儿枕，是定窑瓷器的代表作品之一，现收藏于北京故宫博物院。

青白瓷也叫“影青”“隐青”“映青”等，釉色介于青白二色之间，青中泛白、白中闪青。青白瓷是宋元时期景德镇窑及受其影响的窑场烧成的、具有独特风格和鲜明时代特征的瓷器品种，是中国传统制瓷工艺中的珍品。图4-1-25为南宋景德镇青白瓷莲子形连盖碗及托盘，现收藏于玫茵堂（私人收藏）。

图4-1-24　白瓷婴儿枕

图4-1-25　青白瓷莲子形连盖碗及托盘

视野纵横

瓷都景德镇

景德镇窑位于江西省景德镇市，因北宋景德年间烧制的精美瓷器而著称。景德镇窑自唐代起烧制青瓷，至北宋时以烧制青白瓷为主。元代时，景德镇窑为宫廷烧制青白瓷，还成功地烧制出了青花、釉里红、红釉等品种，迅速提升了景德镇窑在瓷器烧制上的地位。明代时，景德镇窑已经成为全国瓷器烧制中心，还设立了专为宫廷茶礼烧制茶具的工厂。清代时，专门为皇家烧瓷的御器厂在景德镇兴建，名品迭出。景德镇亦产白瓷，其所产白瓷素有“白如玉、薄如纸、明如镜、声如磬”之誉。其所烧制的瓷器还大量出口欧洲，使得中国瓷器享誉世界，景德镇也成为举世公认的“瓷都”。

景德镇的瓷器瓷质优良，造型轻巧，装饰纹有青花、釉里红、古彩、粉彩、斗彩、新彩、釉下五彩、青花玲珑等，釉色有青、蓝、红、黄、黑等类。每种釉色又可细分，仅红釉就有钧红、郎窑红、霁红等。

2. 色釉瓷

色釉瓷又称“颜色釉”，是在密闭状态下烧制而成的、有釉水色彩变化的一种瓷器。色釉瓷在烧制时，通常在釉料之中调整各种微量元素的含量，从而出现铜红、钴兰、铁黑、铅绿等不同的釉色。据清代唐英《陶成纪事碑》记载，当时烧制出的色釉瓷有 35 种之多。著名的色釉瓷有康熙郎窑红、豇豆红，雍正霁蓝釉、天蓝釉等。图 4-1-26 为清康熙郎窑红釉凤尾尊，图 4-1-27 为清雍正天蓝釉双龙耳瓶。

图 4-1-26　郎窑红釉凤尾尊

图 4-1-27　天蓝釉双龙耳瓶

（二）彩绘瓷

彩绘瓷也称“彩瓷”，是一种在器物表面加以彩绘的瓷器，主要有釉下彩和釉上彩两大类。

釉下彩是指在素胎上先施彩后覆釉，经高温一次烧成的瓷器，故又称“高温彩瓷”，有青花、釉里红和青花釉里红等品种。由于釉下彩的色彩处于透明釉的覆盖下，不会暴露于外界，因此在使用过程中不易磨损和被腐蚀。图 4-1-28 为元代青花凤穿花纹玉壶春瓶，现藏于中国国家博物馆。

釉上彩是指在高温烧成已施素釉的坯体上彩绘，然后经900摄氏度以下的温炉烘烤而成的彩瓷，因色彩附着于釉面之上，故名。釉上彩萌芽于六朝时期，发展于宋代，在明清时期达到繁荣。古代釉上彩主要包括五彩、斗彩、珐琅彩、粉彩、釉上单彩、色地彩和素三彩等品种。景德镇窑的釉上彩尤为突出，品种有青花五彩、斗彩、釉上单彩、色地彩、青花加彩、素三彩、珐琅彩、粉彩、胭脂彩、墨彩，以及各种颜色釉上加彩等。图4-1-29为清乾隆珐琅彩缠枝花卉纹蒜头瓶，现藏于中国国家博物馆。

图4-1-28　青花凤穿花纹玉壶春瓶

图4-1-29　珐琅彩缠枝花卉纹蒜头瓶

视野纵横

湖南长沙窑

长沙窑窑址位于今湖南省长沙市望城区铜官镇石渚湖一带，故又俗称铜官窑，其大致兴起于“安史之乱”以后，盛于中晚唐，衰败于五代。

长沙窑最主要的成就是最先把铜作为高温着色剂应用到瓷器装饰上，烧出了以铜红作为装饰的彩瓷。这是我国瓷器史上的一项重大发明，也是我国釉下彩绘的一个里程碑。

长沙窑的产品，种类多样，如日常生活用品中的壶、瓶、杯、盘、碗、枕、灯等；装饰手法有釉下彩绘、印花、模印印花、模印贴花、堆花和刻花等；纹饰有花草、鸟兽、鱼、人物、园景，以及诗和商品宣传文字等。

除当地人们日常用的瓷器外，长沙窑还生产大量外销瓷。考古研究表明，长沙窑瓷器还出口到东亚、东南亚和西亚等地区的大约30个国家。

品味文化

一、器以寄情

“吉祥如意”是中国人最常用的祝福语，表达了对美好生活的憧憬与祝福。在生活中，人们常常用带有吉祥寓意的图案来表达对未来的祝福与期盼，这一点在中国传统器物上有着充分体现。

动物形象是传统器物装饰中的代表性图案。例如，龙，代表着英勇、权威和尊贵，是皇权的象征；凤，蕴含着美好寓意，其纹饰组合有凤穿牡丹、百鸟朝凤、丹凤朝阳、龙凤呈祥等，彰显出主人身份的尊贵。又如，蝙蝠中的“蝠”字与“福”谐音，寓意“洪福齐天”“富贵吉祥”，其纹样常与“寿”字搭配，寓意“福寿双全”；鹿，与“禄”谐音，寓意“富贵荣耀”“升官发财”；鱼，与“余”谐音，象征着富足、富余，隐喻“年年有余”“富足有余”；等等。

植物形象也是传统器物装饰中常见的图案，通常由多种植物组合呈现。例如，由各种花卉构成“百花图”，四季的鲜花竞相开放，蕴含着百花呈瑞的吉祥寓意；由石榴、佛手、桃或石榴、佛手、荔枝组成“三果图”，其中的石榴寓意“百子”，桃和佛手表达了人们追求多福多寿的美好愿望，荔枝则表达人们希望日子能够欣欣向荣、蒸蒸日上的美好愿望；用松、竹、梅构成“岁寒三友图”，其中的“松”象征常青不老、“竹”象征君子之道、“梅”象征冰肌玉骨，用以表达君子坚贞的气节与高洁的品行；等等。

中国器物纹样背后蕴含着的美好的祝福和期盼，表现了中国人追求幸福美好的秉性，是中华民族永恒的主题，也是吉祥物得以孕育的基石。

二、器以藏礼

“礼”是一个国家的制度，体现一个国家的规范和秩序。当“礼”的制度外化于器物上时，就出现了承载“礼”的器物，称为“礼器”。在民间，有“夏人重食器，商人重酒器，周人重礼器”的说法。商周时期，一些用于祭祀和宴饮的青铜器物具有象征身份地位、显示尊卑关系、表达虔诚和敬畏等作用，这些青铜器物被人们按照自己的希望赋予了“礼”的神圣意义，具有一种神秘、威严的力量。《易经》中提出“形而上者谓之道，形而下者为之器”的理念，用来说明“道”（形而上）与“器”（形而下）的关系，即礼制和礼器的关系，体现出礼的至上力量。在古代，使用何种礼器行礼、礼器如何组合等都有严格的规定，并传达着相应的礼仪信息。于是，这些礼器便成为一种制度性的社会文化符号，体现了人们的理想、道德规范和社会的秩序。

作为拥有 5 000 年文明史的礼仪之邦，礼是展示中华民族精神的重要途径，是中华传统文化的核心要素，是一种寓教于美的文明教化方式。《论语》中“不学礼，无以立”，指出礼仪背后蕴含着深层的文化意蕴，即把礼的价值观念熔铸于“习礼”的行动当中，通过“力行”礼仪，达到知行合一的育人目标。礼是外化的行为，而内化于心的是对周遭的人与事的恭敬之心。

懂得礼敬他人、尊重他人是做人最基本的要求。真正将对他人的礼敬和尊重内化为一种自我意识，是一种境界，更是一种美德的传承。孟子有云：“爱人者，人恒爱之；敬人者，人恒敬之。”就是在强调尊重他人的重要性。如果当代青年学生在与他人交往时，能够理解和尊重他人，那么也会得到他人的理解和尊重。在生活中，礼无处不在，只要长存恭敬之心，就能将礼外化为行动，做到日常明礼、点滴知礼、时时处处遵礼。

以器启道

一、曾侯乙编钟

曾侯乙编钟（见图 4-1-30）于 1978 年在湖北随县曾侯乙墓出土，属于战国早期的大型礼乐重器，距今已有 2 400 余年历史，是迄今为止保存最好、音律最全、气势最宏伟的一套编钟。

曾侯乙编钟用浑铸、分铸法铸成，采用了铜焊、铸镶、错金等工艺技术，以及圆雕、浮雕、阴刻、髹（xiū）漆彩绘等装饰技法。此套编钟共计 65 件，其中，最大钟通高 152.3 厘米，重 203.6 千克，最小钟通高 20.4 厘米，重 2.4 千克。所有钟分三层悬挂在钟架上：上层 3 组为钮钟，共 19 件，立柱是圆木；中层 3 组为甬钟，共 33 件，分短枚、无枚、长枚三式；下层 2 组为大型长枚甬钟 12 件，大镈钟 1 件。

曾侯乙编钟的钟架长 748 厘米，高 265 厘米，由 6 个佩剑武士形铜柱（见图 4-1-31）和 8 根圆柱承托，构成上、中、下三层。钟架及挂钩（含可以拆装的构件）达 246 个，可以拆装。编钟出土时，在近旁还有 6 个丁字形彩绘木槌和两根彩绘木棒，是敲钟和撞钟的物品。在钟钩、钟体上刻有铭文，共 3 755 字。这些铭文不仅标注了各钟的发音律调阶名，还清楚地标明了这些阶名与当时其他律调的对应关系，是非常重要的文献资料。

图 4-1-30　曾侯乙编钟

图 4-1-31　佩剑武士形铜柱

扫一扫

曾侯乙编钟

曾侯乙编钟拥有迄今所知最为完整的周代乐音系列及其乐律称谓体系，它的每件钟均能奏出三度双音，全套编钟音域跨五个半八度，十二个半音齐备，只比钢琴少一个最高音和一个最低音，它可以旋宫转调（古代音乐专业术语），能演奏五声音阶、六声音阶或七声音阶（均为中国传统音阶形式）的乐曲，还能演奏一些现代乐曲。1997 年香港回归，曾侯乙编钟的乐音出现在谭盾的大型交响曲《一九九七：天地人》中；2008 年北京奥运会时，曾侯乙编钟的原声与玉磬的乐音一起用于“金玉齐声”“金声玉振”的颁奖礼乐中。

曾侯乙编钟代表了中国先秦礼乐文明与青铜器铸造技术的最高成就，在考古学、历史学、音乐学、科技史学等多个领域产生了巨大的影响。同时，作为礼乐之器，曾侯乙编钟还蕴含着丰富的礼乐文化思想，是中国先秦社会的文化符号，也是人类历史文化宝库中的珍贵遗产。2002 年 1 月，曾侯乙编钟被国家文物局列入《首批禁止出国（境）展览文物目录》。

二、“有凤来仪 百鸟朝凤”图双螭耳大转心瓶

“有凤来仪 百鸟朝凤”图双螭耳大转心瓶（见图 4-1-32）全名为清乾隆御制洋彩胭脂红地轧道雕瓷镂空“有凤来仪 百鸟朝凤”图双螭耳大转心瓶，是清代乾隆皇帝为了庆贺母亲六十大寿而令唐英烧制的。该转心瓶高 63 厘米，由颈瓶、腹瓶、底瓶、内胆瓶四部分组成。其中，颈瓶外壁、底瓶以胭脂红地轧道洋彩绘制纹饰，两侧贴塑螭龙耳；腹瓶外壁精雕祥云山林之景，山石嶙峋，花木葱茏，还有一只五彩凤凰飞于云端，寓意“有凤来仪”；随着瓶身转动，透过镂空处观瞧内胆并旋转，可见各式瑞鸟纷繁，似迎凤凰而来，有“百鸟朝凤”之意。此瓶集洋黄、果绿、矾红、金彩、松石绿釉、胭脂红料彩、蓝料彩于一身，采用了轧道、雕瓷、镂空、转心等多种工艺，画面繁复而不杂乱，可谓巧夺天工，美艳华贵。

什么是转心瓶

图 4-1-32 “有凤来仪 百鸟朝凤”图双螭耳大转心瓶

此瓶有多个部分，每个部分都需要经过精心计算并分别烧造，然后套叠成瓶，因此烧制时对胎料把握、成形工艺、火候控制等皆有极高要求，一旦出现少许变形，便会前功尽弃，成品率极低。2021 年，此瓶在北京保利 2021 春季艺术品拍卖会中，以 2.656 5 亿元拍出，成为史上最贵瓷器。

文化实践

一、传统器物探寻

北京故宫博物院目前收藏有 180 多万件文物，其中绝大多数属于清代宫廷遗存，今称“清宫旧藏”。清宫旧藏有的源自前代皇室的递藏，有的系由宫廷营造体系——内务府造办处与苏州、南京、杭州三织造等共同承旨制作，另有每逢年节地方官吏的贡品，也不乏来自古代少数民族政权或与西方国家交往获赠的礼品。这些文物历经岁月淘洗，成为中华民族悠久历史和灿烂文化的物证。

请登录北京故宫博物院网站（https://www.dpm.org.cn/Home.html）浏览珍宝馆、青铜器馆、陶瓷馆、钟表馆，了解丰富多彩的藏品，并完成表 4-1-1。

表 4-1-1　北京故宫博物院网上展览馆

展馆分类	展馆介绍	藏品介绍（列至少举 5 件）
珍宝馆		
青铜器馆		
陶瓷馆		
钟表馆		

二、中西器物文化之比较

器物存在于人们的衣、食、住、行等各个方面，器物中所蕴含的文化映射了人们的价值取向和审美观念，并反映出特定的精神信仰和风俗习惯。不同的民族和地区都有自己独特的器物文化。请查阅相关资料，谈一谈自己身边的中外器物，并按照以下步骤完成调查报告。

（1）全班学生以 5～7 人为一组进行分组，各组查阅资料并进行任务分工，将小组成员及分工情况填入表 4-1-2 中。

表 4-1-2　小组成员及分工情况

<table>
<tr><td>班级</td><td></td><td>组号</td><td></td><td>指导教师</td><td></td></tr>
<tr><td>小组成员</td><td>姓名</td><td>学号</td><td colspan="3">任务分工</td></tr>
<tr><td>组长</td><td></td><td></td><td colspan="3"></td></tr>
<tr><td rowspan="7">组员</td><td></td><td></td><td colspan="3"></td></tr>
<tr><td></td><td></td><td colspan="3"></td></tr>
<tr><td></td><td></td><td colspan="3"></td></tr>
<tr><td></td><td></td><td colspan="3"></td></tr>
<tr><td></td><td></td><td colspan="3"></td></tr>
<tr><td></td><td></td><td colspan="3"></td></tr>
<tr><td></td><td></td><td colspan="3"></td></tr>
</table>

（2）按照分工完成调查报告，将具体的实施情况记录在表 4-1-3 中。

表 4-1-3　实施情况

时间安排	实施步骤
	1．确定本组使用的信息搜集方法，包括：
	2．调查的器物种类（如餐具、装饰品等，至少列举 5 类）：
	3．中国器物所体现出的文化特征：
	4．外国器物所体现出的文化特征：
	5．中外器物文化的显著区别：
	6．中外器物文化在哪些方面有所融合：
	7．汇总调查结果，撰写调查报告。

第二节 传统建筑

学习目标

知识目标

- 了解中国传统建筑的类型及其特点。
- 深刻理解中国传统建筑的文化内涵。

素养目标

- 品鉴中国传统建筑中所蕴含的威严与柔和、精巧与壮观、浓烈与淡雅、动静与阴阳、远近与疏密之美，领略其独特魅力和精神内涵，提升建筑审美能力。
- 走进身边的名胜之地，亲身感受传统建筑之美及其蕴含的人文精神，传播当地的传统建筑文化。

文化讲堂

中国传统建筑有着悠久的历史、独特的艺术风格和丰富的文化内涵，是民族文化的结晶。它承载着中华民族在艺术、宗教、民俗、营造技术及选址等多方面的理念和智慧，其组群布局、空间结构、材料及装饰手法等方面都有别于西方，体现了中国传统文化与众不同的审美观念。

中国传统建筑的类型很多，按照建筑物的功能与性质的不同，可以分为皇家宫殿、帝王陵寝、宗教建筑、传统园林和传统民居等。

一、皇家宫殿

皇家宫殿是中国传统建筑中规模最大、艺术和研究价值极高的建筑。从商代开始，中国历朝历代都建造了规模宏大、豪华壮丽的皇家宫殿建筑，如秦代的阿房宫、汉代的长乐宫、隋代的仁寿宫、唐代的大明宫、明清两代的紫禁城等。

中国古代宫殿建筑一般采用严格的中轴对称的布局方式，即中轴线上的建筑高大华丽，轴线两侧的建筑相对简单。宫殿的整体格局为“左祖右社”，即左前方设祖庙（也称“太庙”）供帝王祭拜祖先，右前方则设社稷坛供帝王祭祀。中国宫殿建筑以北京故宫（见图 4-2-1）为代表，它以南北主轴线基本对称形制营建，将近千座单体建筑纵横组合在一起，以其布局严整和规模宏大昂首世界。北京故宫自身也被分为两部分，即“前朝后寝”。其中，“前朝”是帝王上朝治政、举行大典之处，“后寝”是皇帝与后妃们居住生活的地方。北京故宫是我国现存最大、最完整的古代宫殿建筑群，也是我国古代宫殿建筑艺术的顶峰。

图 4-2-1 北京故宫（鸟瞰图）

二、帝王陵寝

帝王陵寝是帝王死后安葬的地方。中国古代帝王受“灵魂不死”观念的影响，希望自己死后依旧可以拥有荣华富贵的生活和至高无上的权力，因此，帝王陵寝大多精心选址，有广袤的陵园和宏大的建筑群，其布局严谨，工艺精湛，还常常融入绘画、书法、雕刻等艺术形式，某种程度上代表了当时中国传统建筑艺术的最高标准。

中国帝王陵寝数量众多，历史悠久。中国自第一个奴隶制王朝夏代建国至最后一个封建制王朝清代灭亡，历时 3 000 余年，其间汉族及其他少数民族建立的统一王朝和地方政权共有帝王 500 余人，现有迹可寻、时代明确的帝王陵寝有 100 多座（处），分布在全国半数以上省区。帝王陵寝与当时的社会状况密切相关，能够反映中国古代的礼制、习俗，社会的政治、经济、文化状况，是研究中国古代历史的重要资料，在世界历史上占有重要的地位。

现存帝王陵寝最为著名的有西安临潼的秦始皇陵、陕西渭水北岸的唐朝帝王陵墓群、南京钟山脚下的明孝陵、北京昌平的明十三陵、河北遵化的清东陵（见图 4-2-2）和河北易县的清西陵（见图 4-2-3）等。

图 4-2-2 清东陵

图 4-2-3 清西陵

三、宗教建筑

宗教建筑是人们从事宗教活动的主要场所。中国现存的传统宗教建筑主要为佛教建筑、道教建筑和伊斯兰教建筑。

（一）佛教建筑

敦煌莫高窟景色欣赏

佛教建筑是随着佛教传入我国而发展起来的，主要有石窟、佛塔和寺院三种形式。

石窟一般依靠岩石、山崖而建，其结构包括僧房窟、佛殿窟、塔庙窟和大像窟等，主要分布在我国的黄河流域和长江流域，如敦煌莫高窟（见图 4-2-4）、云冈石窟、龙门石窟、麦积山石窟（见图 4-2-5）等。

图 4-2-4　敦煌莫高窟

图 4-2-5　麦积山石窟

佛塔又名“浮屠”，主要由地宫、基座、塔身及塔刹组合而成，最初是用来供奉舍利、经卷或法物的场所，后来逐渐融入中国传统文化的建筑特色，演变成为有着特定形式和风格的中国传统建筑。佛塔根据外表造型和结构形式上的不同，可以分为覆钵式塔、密檐式塔、金刚宝座塔、亭阁式塔、楼阁式塔等多种类型；根据建塔材料的不同，可以分为木塔、砖塔、石塔、铁塔、铜塔、琉璃塔等。现存比较著名的佛塔有应县木塔（见图 4-2-6）、北京北海公园白塔（见图 4-2-7）、杭州雷峰塔、登封少林寺塔林、开封铁塔、西安大雁塔等。

图 4-2-6　应县木塔

图 4-2-7　北京北海公园白塔

寺院多与中国传统宫殿建筑形式相结合，一般采用坐北朝南、中轴对称的布局，主要包括大殿、藏经楼、佛阁、菩萨殿、钟鼓楼、念佛堂、禅堂、法堂、僧堂、斋堂，以及教务功能用房等。寺院殿堂之间大多以四合院的样式构建，四周闭合，体现了中国古代建筑的特色。现存较为完好的寺院有洛阳白马寺、恒山悬空寺（见图 4-2-8）、五台山佛教建筑群、拉萨布达拉宫（见图 4-2-9）等。

图 4-2-8 恒山悬空寺

图 4-2-9 拉萨布达拉宫

（二）道教建筑

道教建筑大多为中国传统的院落式结构，常由神殿、膳堂、宿舍、园林四部分组成。其房屋一般采用传统木构架，以砖、瓦为墙壁或屋面材料；装饰手法丰富，建筑中会运用绘画、雕塑、书法等多种艺术形式；装饰题材十分广泛，有日月风云、山水树石、人物故事、神话传说等，突出了道教长生久视，羽化登仙的思想，以及对吉祥如意、福寿和睦的追求。

道教建筑一般依山傍水而建，其建筑形式和风格与当地的自然环境有机结合，不铺张、不奢华，呈现出浓郁的地方特色，充分体现了中国传统文化中“道法自然”“返璞归真”的哲学思想。现存较为著名的道教建筑有武当山紫霄宫（见图 4-2-10）、北京白云观、武汉长春观、成都青羊宫（见图 4-2-11）等。

图 4-2-10 武当山紫霄宫

图 4-2-11 成都青羊宫

（三）伊斯兰教建筑

伊斯兰教建筑从形制上可分为回族伊斯兰教建筑与维吾尔族伊斯兰教建筑。比较著名的回族伊斯兰教建筑有北京牛街清真寺、济宁东大寺和西大寺、南京净觉寺（见图 4-2-12）、西安化觉清真寺、兰州桥门街大寺等。

维吾尔族伊斯兰教建筑是新疆维吾尔自治区建筑中原有的木柱密梁平顶和穹顶结构与中亚建筑的装饰手法相结合而形成的。其布局自由，不讲究对称，入口处往往采用门塔组合构图，正立面非常高大；建筑内的装饰除了沿用中亚的琉璃面砖和石膏花饰以外，还融合了本地的木雕和砖花元素，色彩丰富，具有浓郁的民族特色。现存最著名的维吾尔族伊斯兰教建筑是清代建造的吐鲁番苏公塔（见图 4-2-13），其造型新颖别致，外部用清一色灰黄色砖砌成，塔身浑圆，是新疆境内现存最大的古塔。

图 4-2-12　南京净觉寺

图 4-2-13　吐鲁番苏公塔

四、传统园林

传统园林是建筑、绘画、雕刻等多种艺术的综合体。它在形式上注重色、香、韵，在审美上讲究“入画”，在意境上追求深远、含蓄、内秀，是自然美、艺术美，以及人与自然和谐共生的完美结合，达到了一种“虽由人作，宛自天开”的艺术境界。

传统园林深受中国古代山水诗、山水画、哲学思想乃至生活习俗的影响，善于情景交融、寓情于景，因此在造景时，往往利用植物或动物的象征意义作为某种情感寄托，从而达到借物寓意的目的。例如，用玉兰、海棠、桂花相配，表示“玉堂富贵”，用松、鹤相配，表示“延年益寿”；以松、竹、梅比喻高洁、雅致、有气节的君子；等等。

传统园林的构景手法也十分独特。它一步一景，常以山形水势为引导，高低曲折，虚实断续，或大或小，将亭、台、楼、阁、榭、桥、花草树木进行合理布局，利用借景、框景、漏景、抑景等多种手段，使整个园林成为一个有机的整体，充满了诗情画意。

视野纵横

中国传统园林的构景手法

在传统园林的构景手法中，常用的有借景、框景、漏景和抑景。

借景（见图 4-2-14）是指将园外甚至远方的景观组合到园内某一方向的立面景观中，使看到的风景层次丰富，达到在有限空间看到无限景致的效果。

框景（见图 4-2-15）是指采用建筑物的门框、窗框或亭、楼阁外廊的柱与檐构成的方框构景，其艺术效果不仅能突出某一局部景观，还能达到步移景异的效果。

图 4-2-14　借景

图 4-2-15　框景

漏景（见图 4-2-16）是透过虚隔物来构景的一种方法，虚隔物包括花窗、隔扇、漏窗、栅栏或疏朗的树干枝杈等。漏景若隐若现，含蓄雅致，能够勾起游人寻幽探景的兴致。

抑景（见图 4-2-17）是指先把园林中的景致隐藏起来，让游人通过探寻逐渐感受园林景致的一种构图方法。例如，园林入口处常用假山阻挡游人视线，游人只有亲自进入园中，才能观赏到美好的景致。这种构景方法先藏后露，欲扬先抑，可提高风景的艺术感染力和层次感。

图 4-2-16 漏景

图 4-2-17 抑景

传统园林可以分为皇家园林和私家园林。皇家园林是专供皇帝及皇室成员游乐、休息的园林。其建筑规模宏大，真山真水较多，园中建筑富丽堂皇，尽显皇家气派。现存著名的皇家园林有北京的颐和园（见图 4-2-18）、圆明园（见图 4-2-19）、北海公园，以及河北承德的避暑山庄等。私家园林主要是供王公贵族、官吏、富商豪贾休闲游玩，怡情养性的园林。其建筑规模通常较小，往往采用假山假水以增其气韵，园中建筑玲珑剔透，色彩淡雅素洁，小桥流水、回廊转阁、曲径通幽，处处给观者营造一种“柳暗花明又一村”的感觉。现存著名的私家园林有北京的恭王府花园，苏州的拙政园、留园、网师园（见图 4-2-20），上海的豫园（见图 4-2-21），无锡的寄畅园，扬州的个园、何园等。

图 4-2-18 颐和园

图 4-2-19 圆明园（遗址）

图 4-2-20 网师园

图 4-2-21 豫园

五、传统民居

我国疆域辽阔，自然环境多种多样，社会经济环境不尽相同。在漫长的历史发展过程中，逐步形成了各地不同的民居建筑形式，各种传统的民居建筑深深地打上了地理环境的烙印，反映出各民族人民的生活生产方式、风俗习惯、审美观，以及人与自然的和谐关系。

我国常见的传统民居有穴居式民居、干栏式民居和院落式民居等。

（一）穴居式民居

穴居式民居由原始人类的穴居发展而来，是山西、陕西、河南、宁夏、内蒙古、甘肃等地的一种特别的民居，具有冬暖夏凉、防火抗震、隔音降噪等优点。穴居式民居的典型代表是黄土高原上的窑洞（见图4-2-22）。

（二）干栏式民居

干栏式民居由原始人类修建在树上的巢居发展而来，是一种利用竹木搭建，并架空底部的建筑形式，多出现在潮湿或临水的地区，如广西、海南、四川、云南等地，具有通风、防盗、防潮、防兽等特点。这种民居的下层由若干木桩支撑，用来饲养牲畜或储存杂物；上层用竹木建造房屋供人居住。干栏式民居的典型代表有云南傣族的竹楼（见图4-2-23），苗族、壮族、侗族、水族、土家族的吊脚楼等。

图4-2-22 窑洞

图4-2-23 竹楼

原始人类的巢居和穴居

在原始社会，人类为了躲避猛兽的袭击，就在树干上架设窝棚居住，这就是巢居。后来，人工立桩建设的屋棚逐渐取代了利用天然树干搭建的屋棚，巢居也就演变为干栏式建筑。

穴居由山洞发展而来。据考古研究发现，在土层深厚的崖上向纵深挖掘的横穴是最早的洞穴。后来又出现了向下的竖穴。再后来，为了进出方便并减少地下湿气对身体的影响，先民抬高洞穴的入口并加筑矮墙体，于是半穴居建筑就出现了。

巢居与穴居这两种构筑方式在不同的自然环境中发展起来，随后在漫长的历史发展过程中，逐渐演变成了地面建筑的形式。

（三）院落式民居

院落式建筑是中国最普遍、分布最广的一种民居形式，也是传统民居中结构技术最先进、构成要素最丰富、“礼”的层次最复杂、装饰最多样的类型。这种民居在选址和建设上都体现了中国古代的哲学思想和对自然环境的充分尊重，洋溢着浓厚的传统文化气息。其布局规整、对称，一般都有院落，且主次、内外分明，雕饰颇具匠心，具有很高的艺术价值。院落式民居的典型代表有北京的四合院、山西的乔家大院（见图 4-2-24）和王家大院、徽派民居（见图 4-2-25）、云南“一颗印”民居等。

“一颗印”民居

图 4-2-24 乔家大院

图 4-2-25 徽派民居

视野纵横

少数民族的民居

中国自古以来就是一个统一的多民族国家。中国的少数民族建筑蔚然大观，丰富多彩，是中华文明历史宝库中的重要组成部分。下面主要介绍藏族的碉房、蒙古族的蒙古包、彝族的土掌房和哈尼族的蘑菇房。

1. 藏族的碉房

碉房（见图 4-2-26）是青藏高原常见的居住建筑，因其用土或石砌筑，形似碉堡，故称碉房。碉房多依山而建，一般分为两层：底层为牧畜圈和贮藏室，层高较低；上层为居住层，大间做堂屋、卧室、厨房，小间为储藏室或楼梯间。

2. 蒙古族的蒙古包

蒙古包（见图 4-2-27）古称“穹庐”，又称“毡帐”“帐幕”“毡包”等，是蒙古族为适应游牧生活而建造的居所。蒙古包一般用木枝条编成可开可合的木栅做骨架，用时展开，搬运时合拢，易于拆装，便于游牧。一般来说，小型的蒙古包直径为 4～6 米，内部无支撑；大型的蒙古包则需要在内部立 2～4 根柱子支撑。

图 4-2-26　碉房

图 4-2-27　蒙古包

3. 彝族的土掌房

土掌房（见图 4-2-28）是一种彝族群居的民房建筑，多建于斜坡上，层层叠落，相互连通。它以石为墙基，用土砌墙，墙上架梁，梁上铺木板、木条或竹子，上面再铺一层土，经洒水抿捶后形成平台房顶。房顶可用来晾晒物品。

4. 哈尼族的蘑菇房

蘑菇房（见图 4-2-29）因状如蘑菇而得名。它由土基墙、竹木架和茅草建成，其内部结构一般分为三层：底层饲养牲畜或堆放农具；中层用木板铺设，隔成左、中、右三间，用于居住；顶层用泥土覆盖，既能防火，又可堆放物品。

图 4-2-28　土掌房

图 4-2-29　蘑菇房

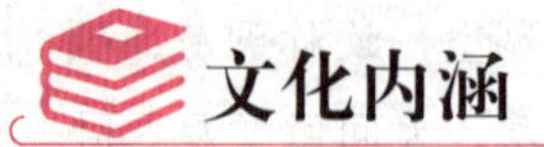

文化内涵

一、实用性与艺术性的统一

早在老子的《道德经》中，就有“凿户牖（yǒu）以为室，当其无，有室之用。故有之以为利，无之以为用”的经典论述，说明了建筑在出现之始，是为了“用”。后来，各地人民根据当地的环境条件和居住需求，开始建造既实用又好看的房屋，于是出现了集功能、实用、美观、艺术于一身的特色民居。

例如，北京地区属暖温带、半湿润大陆性季风气候，冬寒少雪，春旱多风沙，因此，建筑设计注重防寒避风沙，外围砌砖墙，墙壁和屋顶厚实。又如，闽派建筑将源远流长的生土夯筑技术发挥到了极致，单体建筑规模宏大、形态各异、依山傍水、错落有致，结构以厚实的夯土墙承重，内部为穿斗式木结构，楼内生产、生活、防卫设施齐全。再如，居于江浙一带的苏派民居则是南北方建筑风格的集大成者，这种民居以南向为主，冬季可背风朝阳，夏季可迎风纳凉；建筑布局多为结构精巧的园林，粉墙黛瓦，布置曲折幽深，直露中有迂回，舒缓处有起伏；建筑风格轻巧简洁，古朴典雅，体现出清、淡、雅、素的艺术特色，充满了江南水乡古朴沉静的意味，使现实主义的实用性与理想主义的艺术性达到了完美的统一。

二、“天人合一”思想的辩证统一

中国建筑大气、富丽，讲究山林风水，既重以人为本，又重崇尚自然，是“天人合一”的辩证统一。例如，帝王陵寝建筑多选择背山向阳、地下水位低的风景之地，以充分体现古人“天人合一”的自然观，以及“人乃造物同体，要与天地并生”的宇宙意识。又如，干栏式民居吊脚楼，轻盈精巧、朴素淡雅，自带朴实飘逸之风，讲究天人合一的自然观和环境观，用材因地制宜、就地取材，既经济节约，又与环境相映成趣，乡土气息浓郁，呈现出一种质感美、自然美。

三、鲜明的等级观念与礼制思想的象征与体现

以中国古代的宫殿建筑为例，无论从宫殿排列秩序、所处方位还是从建筑规模、装饰规制等，都体现出十分明显的等级制度。例如，明代规定，皇宫建筑的大门用红门金钉，以下官吏根据级别大小分别用绿门、黑门，铜钉、铁钉；皇宫大门用钉 81 枚，往下依次为 49 枚和 25 枚。又如，宫殿的台基，最高级由须弥座相叠而成，较高级台基（比普通台基高一个等级）则只在边上建汉白玉栏杆。此外，屋顶的样式、脊兽的数量等，都象征和体现了当时鲜明的等级观念。

另外，北方民居四合院的布局也体现了鲜明的等级制度。四合院按南北轴线对称布置房屋和院落，正房位于中轴线上，是举行家庭活动、接待尊贵宾客的主要场所；左右耳房是长辈居住的地方和书房；院两侧的厢房是后辈居室。这种布局受儒家礼制思想的影响，表达了内外有别、长幼有序、尊卑不同的思想观念。

四、“贵和尚中”思想的表达与体现

中国古代宫殿建筑采用“中轴对称”的布局原则，体现了古人“尚中”的观念。宫殿建筑从南至北依次排开，布局严谨，秩序井然，重要宫殿、宫门、广场等均分布在中轴线上，附属建筑则位于两侧，同时也充分体现了古代社会皇权的至高无上。

另外，北方民居建筑中的四合院布局严整，中轴对称，一方面体现了中国人正统、严谨的性格，另一方面也表达了坚守中正、家庭和谐的思想观念。

五、对美好幸福、富裕吉祥生活的向往与追求

宫殿建筑中斗拱、檐桁（héng）、额枋表面刻画的不同图案和花纹，如龙凤狮虎鸟兽虫鱼，藤蔓葵荷花草叶纹，山水日月星辰云气，福寿喜禄吉等纹样；民居建筑中附在檐柱上的抱柱楹联，悬挂在室内的书画佳作；园林建筑中各种文人雅士的题名、匾额、楹联、书画，以及装修、雕饰、彩绘等，均体现了传统文化的内涵和各地的民风民俗，都表达了中国人对高尚雅致品格的向往和对幸福美好、富裕吉祥生活的追求。

六、多种文化因素的重组与融合

中国传统建筑大多是多种文化因素共存的，它们和谐共融，共同组成了厚重而华美的中国建筑。例如，中国园林建筑所体现出来的美学思想异常丰富，有儒家“礼乐”“修身”“中庸”的身影，道家“无为而治，

崇尚自然”的思想，也有佛家“悟道”的意境之美。中国园林源于自然，看重情趣，讲究天人合一的境界，置身其中，仿佛徜徉于历史文化的长河之中，令人流连忘返。

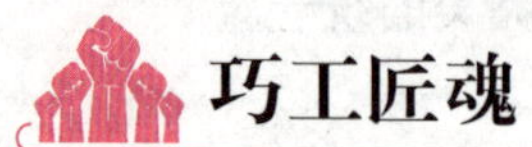

巧工匠魂

一、故宫

故宫旧称“紫禁城”，位于北京中轴线的中心位置，是中国明清两代的皇家宫殿，建成于明永乐十八年（即公元1420年），占地面积约72万平方米，建筑面积约15万平方米，有大小宫殿70多座，房屋9 000余间。它是中国现存最大、最完整的古建筑群，也是中国唯一保存至今的国家级皇家宫殿。

故宫所有的宫室均沿着中轴线向两旁展开，左右对称，气魄宏伟，规划严整，极为壮观。其四周有高约10米、长约3.5千米的紫红色宫墙，还建有四座高大的城门，南为午门（即故宫正门），北为神武门，东为东华门，西为西华门。城墙四角各有一座风格独特、造型绮丽的角楼，外围还环绕着一条宽52米的护城河。

故宫为什么又称“紫禁城”

故宫内的建筑分为外朝和内廷两部分。外朝的中心是太和殿、中和殿、保和殿，统称三大殿，主要用于处理政务和举行重要典礼；内廷的中心是乾清宫、交泰殿、坤宁宫，统称后三宫，是皇帝和皇后居住的正宫。其后为御花园，两侧则排列着东、西六宫，是后妃们居住的地方。在东六宫东侧，建有天穹宝殿等佛堂建筑，西六宫西侧建有中正殿等佛堂建筑。此外，在外朝、内廷之外还有外东路、外西路两部分建筑。

太和殿是故宫的核心建筑，其建筑规制之高、装饰手法之精，堪列中国古代建筑之首。太和殿面阔11间，进深5间，建筑面积2 377平方米，高26.92米，连同台基通高35.05米，为紫禁城内规模最大的殿宇。其采用重檐庑殿顶，屋脊两端设有高3.4米、重约4 300千克的大吻（见图4-2-30）。檐角安放10个走兽，数量之多为现存古建筑中所仅见。太和殿内的装饰十分豪华：檐下施以密集的斗栱，室内外梁枋上饰以和玺彩画；门窗采用三交六椀（wǎn）菱花纹，下部浮雕云龙图案，接榫处安有镌刻龙纹的鎏金铜叶；殿内以金砖铺地，明间设宝座，宝座两侧排列6根直径1米的沥粉贴金云龙图案的巨柱，所贴金箔采用深浅两种颜色，使图案突出鲜明。宝座前两侧还有宝象、甪（lù）端、仙鹤和香亭四对陈设。其中，宝象象征国家的安定和政权的巩固，甪（lù）端是传说中的吉祥动物，仙鹤象征长寿，香亭寓意江山稳固。宝座上方有“建极绥猷（suí yóu）”牌匾（见图4-2-31），有君临天下和“抚海内之藩属，创万世之功业”的寓意。天花正中还安置了形若伞盖、向上隆起的藻井，藻井正中雕有盘卧的巨龙，龙头下探，口衔宝珠。

图4-2-30 大吻

图4-2-31 “建极绥猷”牌匾

太和殿前的月台（宽阔的平台，旧称“丹陛”）上，陈设着象征皇权的日晷（guǐ）（古代的计时器）和嘉量（古代的标准量器），以及象征长寿的铜龟和铜鹤。殿下为高 8.13 米的三层汉白玉石雕基座，周围环以栏杆，栏杆下装有排水用的石雕龙头，每逢雨季，可呈现“千龙吐水”的奇观。

二、拙政园

拙政园是我国江南古典园林的典型代表，被誉为“中国园林之母”，其与北京颐和园、承德避暑山庄、苏州留园并称“中国四大名园”。

拙政园位于苏州城东北部，始建于明正德年间（1506—1521），占地约 5.2 公顷，全园以水为中心，山水萦绕，亭榭精美，花木繁茂，具有江南水乡的特色。

拙政园分为东、中、西三部分。东部花园开阔疏朗，主要建筑有兰雪堂、芙蓉榭、天泉亭、缀云峰等。中部花园是拙政园的主景区，也是拙政园的精华所在。其主体建筑为以荷香喻人品的“远香堂”（见图 4-2-32），隔池有东西两山岛与之相望，池水清澈广阔，遍植荷花，山岛上各建一亭，西为“雪香云蔚亭”，东为“待霜亭”，四季景色因时而异。中部花园还有三间水阁“小沧浪”（见图 4-2-33）。小沧浪以北面的廊桥“小飞虹”分隔空间，构成一个幽静的水院。西部花园的主要建筑为“三十六鸳鸯馆”（见图 4-2-34），是当时园主人宴请宾客和听曲的场所；另一主要建筑是“与谁同坐轩”扇亭，其名字中的“与谁同坐”四字取自苏东坡的词句“与谁同坐，明月清风我”。扇亭的扇面两侧分别对着“倒影楼”（见图 4-2-35）和“三十六鸳鸯馆”，与山上笠亭的顶盖恰好配成一个完整的扇子形状。

图 4-2-32　远香堂

图 4-2-33　小沧浪

图 4-2-34　三十六鸳鸯馆

图 4-2-35　倒影楼

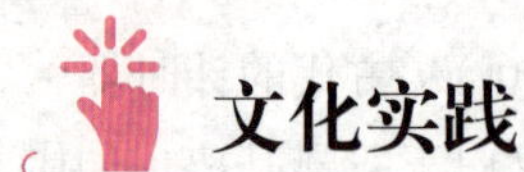

文化实践

一、惊艳千年的榫卯结构

榫卯结构是一种采用凹凸结合的连接方式，将两个木制构件结合起来的构建方式。其凸出部分叫榫（或榫头），凹进部分叫卯（或榫眼、榫槽），榫和卯咬合可以起到连接作用。榫卯结构可有效地限制木件向各个方向的扭动和变形，是中国传统建筑技艺中最具创造力的发明。

请学生查阅相关资料，了解榫卯结构的相关知识，并按照以下步骤组织活动。

（1）请学生查找资料，并将表 4-2-1 填写完整。

表 4-2-1　榫卯结构资料搜集

榫卯结构	内容
发展历史	
主要类型	
特点	
代表建筑	
现代建筑中的应用情况	
心得体会	

（2）与同学分享所查阅的资料，并进行交流。

（3）在全班组织一次“榫卯烧脑大比拼”，要求使用孔明锁进行比赛，用最短的时间解锁并组装成功的学生为最后的获胜者。获胜者可适当给予奖励。

二、谁不说我家乡美

每个人都有家乡，每个人都爱自己的家乡。请在全班举办一次“我心中的最美家乡建筑”征文活动，写一写自己心目中的最美家乡建筑。

具体要求：

（1）投稿作品可以选择家乡的某一个建筑进行介绍，也可以选择家乡的某一类建筑进行介绍，将家乡建筑的艺术价值和历史价值都表现出来。

（2）作品应主题明确，语言平实，细节生动，最好与个人经历相结合。

（3）作品必须原创，不得抄袭，作者应对内容的真实性负责，字数不限。

（4）作品以电子邮件 Word 附件的形式发送到班级邮箱，邮件主题格式为“姓名—联系方式—我心中的最美家乡建筑”。

（5）评选规则：全班讨论，集体商定，教师判定。

第五章

仪尚适宜——节庆风物篇

第一节　传统节日文化

学习目标

知识目标

- 了解并掌握传统节日的起源及文化习俗。
- 了解并掌握少数民族传统节日文化的起源及文化习俗。
- 了解中国传统节日的文化内涵。

素养目标

- 领悟传统节日文化所蕴含的团圆、忠孝、和谐、仁爱、诚信、爱国等精神理念和民族特有的价值取向。
- 与时俱进，不断充实中华传统节日文化的人性化理念，赋予中华传统节日更多时代内涵，在扬弃中彰显人文情怀和民族特质，增强对中国传统节日和民俗文化的保护意识，将中华优秀传统节日文化发扬光大。

文化讲堂

在中国，每一个传统节日都有其特殊的历史渊源，以及深厚的文化内涵，反映了一个民族的传统习惯、道德风尚和宗教观念，清晰地记录着各民族丰富多彩的社会文化内容，积淀着中华民族博大精深的历史文化内涵，同时也寄托了中国人民对美好生活的向往与追求。

一、汉族传统节日

中华传统节日

在漫长的历史发展过程中，汉族逐渐形成了具有自己民族特色的传统节日，最具有代表性的有春节、元宵节、二月二、清明节、端午节、七夕节、中秋节、重阳节、腊八节、祭灶节等。

（一）春节

春节，俗称“年节”“过年”，是中华民族最隆重、最盛大、最热闹的传统佳节。春节起源于殷商时期年头岁尾的祭神祭祖活动，古称“元旦”，“元”是“初始”的意思，“旦”是一个象形字，表示太阳从地平线上冉冉升起。在我国采用公元纪年后，将公历的1月1日定为元旦，农历的1月1日定为春节。传统意义上的春节是从腊月初八的腊祭或腊月二十三的祭灶，一直持续到正月十五，其中以除夕和正月初一为庆祝节日的高潮。

春节前夕，家家户户都要掸灰尘、贴春联、贴福字、祭祖、洗头沐浴、张灯结彩。除夕之夜，阖家欢聚，燃爆竹、吃年夜饭、守岁、叙旧话新。岁后亲朋好友拜年、长辈发压岁钱。春节期间，家家户户都洋溢着欢乐祥和的气氛，一些地方的街市上也是热闹非凡，有舞狮子、耍龙灯、游花市、逛庙会等活动，人们逛街游玩、走亲访友，盛况空前。

除夕

除夕（农历腊月二十九或腊月三十），又称“大年夜”“除夜”。除夕，即岁除之夜，有除旧布新、阖家团圆、祭祀祖先的习俗。

除夕的年夜饭，是人们最看重的家庭宴会。无论相隔多远，人们都希望全家人围坐在一起吃一顿团圆饭，因此，年夜饭也叫“合家欢”。图 5-1-1 为《红楼梦》宁国府除夕夜宴的场景。年夜饭通常比较丰盛，有大菜、冷盆、热炒、点心等，且家家户户都少不了“鱼”这道大菜，“鱼”和“余”同音，象征“吉庆有余”“年年有余”。此外，还有各种寓意吉祥的食物，如龙虾、爆鱼等煎炸食物，寓意着家运兴旺；萝卜俗称“菜头”，预示来年有好彩头；豆芽菜形似“如意”，吃后能够事事如意；杏仁中的“杏”和“幸”同音，吃后代表“幸福来”等。年夜饭的主食有南北地区之差，北方吃饺子，有“更岁交子”之意，寓意喜庆团圆、吉祥如意；南方很多地区吃年糕，象征生活年年高升。

除此之外，除夕这天人们还会通宵守夜，待农历旧岁新岁交替时刻一到，一同迎接新岁到来。

图 5-1-1 《红楼梦》宁国府除夕夜宴图

（二）元宵节

元宵节，又称“灯节”，于每年的农历正月十五举行。元宵节的形成有一个较长的过程，据史料记载，正月十五在西汉已经受到重视，汉武帝正月上辛夜在甘泉宫祭祀“太一”的活动，被后人视作正月十五祭祀天神的先声。而东汉佛教文化的传入，对于元宵节的形成有着重要的推动意义。司马迁创建《太初历》，将元宵节列为重大节日。隋、唐、宋以来，更是盛极一时。《隋书·音乐志》曰：“每当正月，万国来朝，留至十五日于端门外建国门内，绵亘八里，列戏为戏场。”参加歌舞者足达数万，从昏达旦，至晦而罢。

元宵节是新年的第一个月圆之夜，节日当晚，人们赏花灯（见图 5-1-2）、猜灯谜、看演出，非常热闹。

此外，人们在节日期间还有吃元宵的食俗，故称“元宵节”。元宵呈圆形，象征着一家人团团圆圆。另外，因灯与“丁”谐音，民间还有元宵节“送花灯”的习俗，寓意求子添丁。

图 5-1-2　花灯

（三）二月二

“二月二”即指农历的二月初二，民间有“二月二，龙抬头”的说法，所以，此节日又被称为“龙抬头”。农历二月初二正是惊蛰前后，春回大地，万物复苏，蛰伏在泥土或洞穴中的昆虫蛇兽从冬眠中醒来，传说中掌管云雨的龙也从沉睡中醒来。

大约从唐朝开始，中国人就有过“二月二”的习俗。在这一天，人们习惯用龙来称呼各种食物，如水饺为龙耳、春饼为龙鳞、面条为龙须。此外，民间还有停针、忌磨等禁忌。清代富察敦崇的《燕京岁时记》里写道：“二月二日，古之中和节也。今人呼为龙抬头。是日食饼者谓之龙鳞饼，食面者谓之龙须面。闺中停止针线，恐伤龙目也。”另外，在二月二这天，有剃头的习俗，寓意辞旧迎新。

龙的传人

龙是中国古代文化中地位显赫的祥瑞神物，也是和风化雨的主宰。在封建时代，龙是皇权的象征，皇宫使用的器物多以龙为装饰。龙是中华民族的精神象征，因此中国人自称“龙的传人”。

（四）清明节

清明节原本是二十四节气之一，但是随着时间的推移，清明逐渐与和它相邻近的上巳、寒食两个节日相融合。到宋元时期，清明节便成为一个以祭祖扫墓、踏青出游等活动为习俗的传统节日，文化内涵更加丰富。

清明节这一天，人们会铲除祖坟前的杂草、放上供品、上香祷祝、燃纸金锭等，或简单地献上一束鲜花，以表达对祖先或亲人的思念。人们还会在自家的门窗上插杨柳枝，寄托“思青（亲）”之情。清明节期间，天气转暖，草木复苏，人们除了扫墓，还常常结伴到郊外踏青、放风筝，欣赏春天的美丽风光。

寒食节

关于寒食节的起源有很多种说法，一般认为与春秋时期的介子推有关。据传说，晋国国君的儿子重耳流亡在外，介子推鼎力辅佐，后来重耳重回晋国成为“春秋五霸”之一的晋文公。而介子推却在重耳当上国君之后，带着老母隐居山林。后来，晋文公为逼介之推出山协助，放火烧山。火熄灭后，人们发现介之推背着老母在一棵树下被烧死。后来为了纪念介子推，晋文公下令将烧山的这天定为寒食节，并要求禁止烟火，百姓无法生火做饭，只能吃冷食。

（五）端午节

农历五月初五为端午节，又称“端阳节”“重午节”“浴兰节”“蒲节”等。关于端午节的起源，自古有“辟邪说”“祭龙说”“纪念屈原说”“纪念勾践操演水师说”“纪念伍子胥或曹娥说”等多种说法。其中流传最广、影响最大的说法是纪念屈原。根据史料记载，公元前278年的农历五月初五，楚国大夫、爱国诗人屈原听到秦军攻陷楚国都城的消息后，悲愤交加，写下《怀沙》后，毅然决然抱石投入汨罗江，以身殉国。“纪念屈原”的民间传说影响很大，为端午节增添了强大的文化内涵。

端午节的主要习俗有“兰汤洗浴”、“挂系艾蒿或菖蒲”、“系长命缕”（见图 5-1-3）、“挂钟馗（kuí）像”（见图 5-1-4）、“饮药酒”、“吃粽子”、“赛龙舟”等，其中影响最大的当属“吃粽子”和“赛龙舟”。

图 5-1-3　长命缕

图 5-1-4　钟馗

（六）七夕节

农历七月初七为七夕节，又称“乞巧节”“女儿节”。“七夕”最早来源于人们对自然天象的崇拜。早在远古时代，古人就对牛郎织女的天象有所认识。到东汉时期，牛郎织女星象出现了人格化的描写：“织女七夕当渡河，使鹊为桥。”七夕因牛郎织女的美丽传说成为爱情象征，被认为是中国最具浪漫色彩的传统节日，更被现代人誉为“中国情人节”。

虽然七夕和牛郎织女传说关系密切，但它是以女性为主体的综合性节日，古时候这一日女子会访闺中密友、祭拜织女、切磋女红、乞巧祈福等。

“乞巧”（见图 5-1-5）的习俗始于汉代，东晋葛洪的《西京杂记》有“汉彩女常以七月七日穿七孔针于开襟楼，人俱习之”的记载。其形式多有翻新，如“穿针乞巧”“喜蛛应巧”“投针验巧”等，其中，“穿针乞巧”是最早的乞巧方式，即女子们比赛穿针引线，穿得越快，就意味着乞到的巧越多。

（七）中秋节

农历八月十五为中秋节。根据我国传统历法，一年分为四季，每季又分为孟、仲、季三个阶段，农历八月为秋季的第二个月，故称为“仲秋”，而八月十五又在“仲秋”之中，故称“中秋”。

关于中秋节的起源有两种说法。一说它起源于古代帝王秋天祭月的礼制。《礼记》上记载：“天子春朝日，秋夕月。”夕月就是祭月亮，说明早在春秋时期，帝王就已开始祭月拜月。后来，贵族官吏和文人学士也相继效仿，逐步传到民间。直到正式把八月十五定为中秋节后，中秋节才真正从岁时节日成为固定的民间节日，至明清时，中秋节已与元旦齐名，成为我国的主要节日之一。二说中秋节的起源与农业生产有关。秋天是收获的季节，八月中秋，农作物和各种瓜果陆续成熟，农民为了庆祝丰收，就在秋收时祭祀土地神，答谢神的庇护，称为“秋报”，所以中秋节可能是古人“秋报”遗传下来的习俗。

赏月和吃月饼是中秋节的必备习俗（见图5-1-6）。俗话说：“八月十五月正圆，中秋月饼香又甜。”人们把赏月与月饼结合在一起，圆圆的中秋之月和圆圆的月饼寓意着家人团圆。此外，中秋节这天有的地区还有猜灯谜、观潮、燃灯、烧塔、吃鸭子、吃芋头等习俗。

图5-1-5　乞巧

图5-1-6　中秋赏月

（八）重阳节

农历九月九为重阳节，又称“老人节”“重九节”。在古代，九为阳数，象征着吉祥、幸福、光明，九月初九，两个阳数结合，因而称为“重阳节”。同时，九九和“久久”同音，有长长久久的意思。另外，九在数字中是最大的，有长久、长寿的含义，双九也具有生命长久的意义，因此，重阳节历来受到人们的重视。

重阳节的源头可追溯到远古时期。《吕氏春秋·季秋纪》有载，古人在九月农作物丰收之时祭天帝、祭祖，以谢天帝、祖先恩德。这是重阳节作为秋季丰收祭祀活动而存在的原始形式。“重阳节”之名见于三国时期；至魏晋时，节日气氛渐浓，有了赏菊（见图5-1-7）、饮酒的习俗，倍受文人墨客吟咏；到了唐代被列为国家法定的节日，此后历朝历代沿袭。重阳祭祖民俗相沿数千年，后来又增加了尊老、敬老、爱老、助老的内容。

图5-1-7　赏菊

（九）腊八节

汉朝时，每年的农历十二月会举行年终腊祭，因此，十二月又称为“腊月”。农历十二月初八，俗称“腊八”。据说，这天是释迦牟尼成道的日子，寺院在这一天会煮粥供佛，普济饥民，后来逐渐演变为民间节日。另外，还有一种说法是腊八节起源于元末明初。据说当年朱元璋落难时正值寒冬，又冷又饿的朱元璋从老鼠洞里刨出了红豆、大米、红枣等七八种杂粮，便把这些东西熬成了粥填饱了肚子。后来朱元璋当了皇帝，把自己腊八那天吃的杂粮粥命名为腊八粥。

腊八节有喝腊八粥的习俗，不同地区腊八粥的用料虽有不同，但基本上都是选用大米、小米、糯米、高粱米、紫米、薏米等谷类，黄豆、红豆、绿豆、芸豆、豇豆等豆类，红枣、花生、莲子、枸杞子、栗子、核桃仁、杏仁、桂圆、葡萄干、白果等干果中的几种制作而成。

（十）祭灶节

腊月二十三为祭灶节，又称“小年”“灶王节”“谢节”。清代中期之前，人们在腊月廿四祭灶，中期以后，由于宫廷腊月二十三举行祭天大典时一并祭祀“灶王爷”，后来民间也于腊月二十三祭灶。祭灶，是一项在古代民间影响很大、流传极广的习俗。古时在外做官、经商或读书者，都要在祭灶节前赶回家团圆，吃自家做的祭灶糖果，以求灶神赐福、全家来年平安。

古代，几乎家家灶间都设有“灶王爷”神位，人们称之为“司命菩萨”“灶君司命”，负责管理各家的灶火，两旁贴上“上天言好事，下界保平安”的对联，如图 5-1-8 所示，以保佑全家平安。相传，每年腊月二十三，灶王爷都要上天向玉皇大帝禀报这家人的善恶，让玉皇大帝赏罚。为了让灶王爷多说好话，民间在这一天要举行祭灶和送灶的仪式。祭灶所用的供品多为甜食，如麦芽糖、枣、柿饼、糯米饼、枣糕等。现在，人们在腊月二十三这天，除了祭灶，还会打扫庭院、吃灶糖、洗浴等。

图 5-1-8 灶神像

二、少数民族传统节日

（一）蒙古族

1. 那达慕大会

那达慕大会（见图 5-1-9）是蒙古族历史悠久的传统节日，一般于每年七八月份牲畜肥壮的季节举行。“那达慕”，蒙语的意思是娱乐或游戏。那达慕大会上有惊险动人的赛马、摔跤、射箭等比赛，还有引人入胜的歌舞。

图 5-1-9　那达慕大会

2．蒙古族年节

“白”在蒙古人心目中具有“开元”之意，故蒙古族年节亦称“白节”“白月”。自元朝起，蒙古族也采用了汉族历法，因此，蒙古族白月与汉族春节时间一致。在白月之夜，蒙古族人民一般都要吃手扒肉，点篝火。在初一凌晨，晚辈向长辈敬“迎新酒”，平辈间互赠哈达，恭贺新年吉祥如意，长辈向晚辈表示祝福。天一亮，家族亲友间开始互相串门拜年。整个白月里，在草原上常会看到穿着节日盛装的牧民伴着酒香和歌声，骑马结伴，走亲访友的热闹景象。

（二）藏族

1．藏历新年

藏历新年是藏族一年中最盛大的节日，从藏历正月初一开始连续庆祝十五天。藏历十二月初，人们便开始准备年货。十二月中旬，每家每户陆续用酥油和白面炸油馃子（油炸食品），每家还要准备一个画有彩图的长方体五谷斗，斗内装满酥油拌成的糌粑（zān ba）、炒麦粒、人参果等食品，并准备一个彩色酥油塑的羊头，以庆祝丰收，预祝来年风调雨顺、人畜兴旺。除夕前人们大扫除、贴年画。到了除夕晚上，各家在佛像前摆好各种食品，并为新年准备充足丰富的食品。

藏历初一，人们将青苗、油馃子、羊头、五谷斗等摆于佛龛茶几上，预祝新的一年人寿粮丰。初二亲友之间相互登门拜年祝贺，互赠哈达。初三至十五，人们会开展丰富多彩的活动。在城乡，人们演唱藏戏，跳锅庄和弦子舞。在牧区，牧民们点燃篝火，尽情歌舞。另外，还有角力、投掷、拔河、赛马、射箭等娱乐活动。

2．雪顿节

雪顿节一般于每年藏历的七月初举行，为期三至五天。雪顿即酸奶宴。在雪顿节期间，有隆重而热烈的藏戏演出和规模盛大的晒佛仪式，所以雪顿节又叫“藏戏节”“展佛节”（见图 5-1-10）。节日期间，拉萨附近的居民身穿鲜艳的节日服装，扶老携幼，带上酥油茶，席地而坐，一边饮茶，一边欣赏藏戏，享受节日的欢乐。

图 5-1-10　展佛节

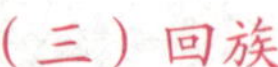

（三）回族

1．开斋节

开斋节也称“肉孜节”。回历九月是斋戒之月，凡是符合条件的成年男女都要进行为期一个月的斋戒。斋戒结束的第二天即为开斋节。开斋节这天，人们早起沐浴、更衣、燃香，然后到清真寺做礼拜。此外，人们还要挨家挨户地互致节日问候，宰杀牛羊用来招待宾客亲朋。

2. 古尔邦节

古尔邦节也称“宰牲节”，于伊斯兰教历十二月十日庆祝。在这一天，人们身着盛装参加聚会，缅怀先人，宰牛宰羊共餐以示庆祝。

3. 圣纪节

圣纪节是伊斯兰教历三月十二日，是纪念伊斯兰教先知穆罕默德诞辰和逝世的节日。在这一天，穆斯林要穿戴整齐，到清真寺听阿訇们念经。

（四）傣族

泼水节（见图5-1-11），又称“浴佛节”，一般在傣历六七月期间举行，是傣族人民的传统节日。节日期间，傣族男女老少穿上节日盛装，妇女们各挑一担清水为佛像洗尘，求佛灵保佑。“浴佛”完毕，人们就开始相互泼水，希望用圣洁的清水冲走疾病和灾难，迎来美好的生活。除了泼水之外，还有赛龙船、放高升（用整棵的大竹子，在竹节里装上火药，点燃以后可以把整个大竹子崩上天空）、放孔明灯等传统娱乐活动。

（五）彝族

火把节是彝族最隆重、最盛大的节日，一般在农历六月二十四举行。节日清晨，彝族男女老少都穿起节日盛装，聚集在一起，白天饮酒庆贺，举行斗牛、摔跤、赛马、射箭等活动；晚上举行篝火晚会，小伙子们吹起笛子，弹起动听的月琴和大三弦，姑娘们跳着优美欢快的“阿细跳月”舞蹈。此外，还有高举火把游行活动（见图5-1-12），无数火把在田间、山林穿越游动，景色十分壮观。

图5-1-11　泼水节

图5-1-12　火把游行活动

（六）壮族

每年农历三月初三是壮族盛大的歌会，称为“三月三歌会”。歌会以未婚男女青年为主体，老人小孩前来旁观助兴。一个较大的歌会，方圆几十里的男女青年都前来参加，人山人海，歌声此起彼伏，非常热闹。人们到歌会场上赛歌、赏歌；男女青年对歌，如果双方情投意合，就互赠信物。此外，还有抛绣球、碰彩蛋等活动。

（七）朝鲜族

老人节是朝鲜族的盛大节日。延边朝鲜族自治州将每年八月十五日定为老人节。当天，六十岁以上的老人都要佩戴大红花，接受人们的祝福。人们尽情地歌舞、踩跳板、荡秋千、打球、摔跤，让老人们感受节日的欢乐。另外，有老人的家庭会备制“麻克烈”（一种米酒）、打糕、冷面等食物供老人享用，以对老人大半生的辛勤劳碌表示尊重和感激之情。

品味文化

中国传统节日体系萌芽于先秦时期，发展于秦汉魏晋南北朝时期，成熟于隋唐两宋时期。在这漫长的历史演进过程中，中国传统节日形成了独具特色的文化内涵，蕴含着人类对自然的神往与敬畏，以及对和谐社会的期盼，承载着中华民族敬重先祖、心怀感恩的文化情怀，寄托着人们对家庭团圆和幸福美满生活的追求，体现了中华儿女积极向上、乐观豁达的人生态度。

一、“天人合一”的和谐理念

中国传统文化植根于农耕文明，重视人与自然的和谐、人与社会的和谐、人与人之间的和谐及人自身的身心和谐等。中国传统节日更是注重和谐的理念，并在潜移默化之中将其标识为一种民族精神和价值取向。

“天人合一”主要是强调人与自然的和谐统一。这种和谐理念延伸至传统节日文化中，主要表现为人们希望在人和自然之间寻求一种最佳的结合，以达到天时、地利、人和的圆满境界。这是因为大自然一方面为人类生存提供了物质资料与条件，另一方面又常常给人类带来巨大的灾难。因此，在人们既不真正了解大自然，又不能改造大自然的时候，就把它们拟人化，认为它们具有灵性，把它们当作有生命力的神灵加以顶礼膜拜。而节日当天就是天、人之间进行沟通的节点，人们借此表达人与自然和谐共生的思想，如祭灶节的拜神仪式、清明节折柳插柳、端午节采艾叶、重阳节插茱萸等习俗，都是顺应天时、亲近自然的活动。此外，以自然节气的规律性变化为依托的中国传统节日，充分体现了人们尊重自然节律，顺应自然时序，追求“天人合一”的观念。

二、“慎终追远”的感恩意识

慎终追远是中华民族世代传承的美德。慎终，是指虔敬地为父母操办丧事；追远，是追怀祭祀死去的先人。天下之人皆有父母，族群各有祖先，民族亦有本源。“慎终追远”就是对先人一生行为的哀思与深情追忆。每逢清明节到来的时候，散居在世界各地的华人华侨，总是不辞辛苦，回乡祭祖，他们或借鲜花表达哀思，或用文字延续情感，或以植树感念生养之恩，或建石碑陵园寄托追思之情，这些方式都体现了中华民族敬重先祖、心怀感恩、慎终追远的文化情怀。

随着慎终追远外延的进一步扩大，爱国情怀赋予传统节日新的内涵。中国传统节日一直以来都是人们表达爱国情感的一种重要形式。例如，最具有典型性的端午节，就与纪念伟大的爱国诗人屈原联系在一起。春秋战国时期，七雄争霸，连年混战，屈原劝楚怀王任用贤能，爱护百姓，深得怀王的信任和重用。后遭奸人诬陷，被流放江南。当屈原听到楚国都城被秦军攻破的消息后，悲愤交加，以死明志，在五月五日投汨罗江自杀。此后，每年的端午节，人们就以吃粽子、赛龙舟等形式来感念屈原忧国忧民的崇高品德和爱国情怀。又如，清明节除了祭祖和扫墓外，还增加了祭奠革命英烈的主题，通过缅怀先烈们的光荣事迹，让后人知道今天的幸福生活来之不易，以此教育人们懂得饮水思源，学会知恩、感恩和报恩。

三、“阖家团圆”的情感寄托

在几千年的中华文明传承中，“家”的概念一直维系着社会发展，而对家庭成员团圆的强烈期盼是中国传统节日最内在、最深刻的内容。中国古人通过观察天象，认识到“月有阴晴圆缺”的循环规律，而这种自然规律与人间的聚散离合相契合，所以把月圆作为阖家团圆的一大象征，代表着人们对美好生活的追求，对团圆美满的期盼。例如，正月十五的元宵节、八月十五的中秋节等，有意将团圆美好的时刻安排在“一轮明月转玉盘”的月圆之夜。此夜，在一轮明月的辉映下，一家人相邻而坐，或“举杯邀明月”，庆贺美好的生活；或吟诵着“海上生明月，天涯共此时”“但愿人长久，千里共婵娟”的诗句，诉说着对远方亲人的思念之情，正应了“花好月圆”的美景。同样，传统节日中的美食，如元宵节的汤圆和中秋节的月饼，都有圆圆的外形，蕴含阖家团圆、幸福圆满之寓意。

一年中最能体现阖家团圆的节日还是春节。四季春为首，数节年为新。每到除夕之夜，全家人围坐在一起共吃“团圆饭”，共享“团圆饺子”，共喝辞岁酒，共祝美好的新春。如今，每到农历腊月的中下旬，大规模的“返乡潮”最能体现春节“阖家团圆”的意义，“有钱没钱，回家过年”成为亿万中华儿女的共同心愿。春节不仅是维系家庭、亲情的重要纽带，也是一种对归根的深刻认同，它凝聚着中华儿女的情感寄托，蕴含着一种无形的、巨大的精神力量，体现了一个民族最具原生态的亲和力。

四、“乐感文化”的理性诉求

中国传统文化是一种“乐感文化”。“所谓乐者，乐也。凡是使人快乐、使人感官可以得到享受的东西，都可称之为乐。”中国人很注重世俗的幸福，在庆生、乐生、肯定生命和日常生存中去追寻幸福。“乐感文化”就是引导人们去过一种充满内心喜乐和乐观豁达的生活。

“乐感文化”不仅是中国文化精神的标志，也是传统节日的鲜明特点。在传统节日中，“乐感文化”主要以庆贺和游乐两种形式体现。例如，春节的放鞭炮、扭秧歌，元宵节的闹花灯、划旱船，端午节的赛龙舟，重阳节的登山活动等，这些具有民族特色的文娱活动烘托出了浓厚的喜庆气氛，抒发了人们的欢乐和喜悦之情。这种普天同庆的节日氛围，使沉浸其中的人们能够深深体会到大自然中天、地、人的贯通一气，给单调的生活平添了无限的乐趣。

此外，人们对祛病驱邪、祈求安康的世俗渴求，也是追求乐感的一种体现。每到传统佳节，中国人便会从心中燃起祈福和驱邪的愿望。祈福是祈求上天赐予福祉，人们通过各种求福、纳福、惜福、祝福等吉言吉画，寄托自己对幸福生活的向往及对美好未来的祝愿。驱邪就是避免灾祸和疾病，如春节请门神、贴桃符、放鞭炮，元宵节“度厄”（行桥求平安），端午节插艾草、喝雄黄酒，重阳节插茱萸等习俗，都是为了祛病驱邪。

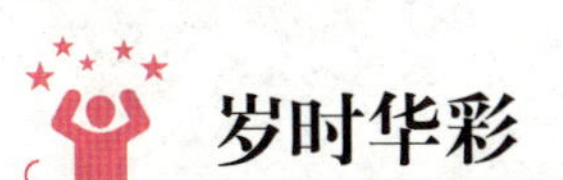

元　日

宋·王安石

爆竹声中一岁除，春风送暖入屠苏。
千门万户曈曈日，总把新桃换旧符。

生查子·元夕

宋·欧阳修

去年元夜时，花市灯如昼。

月上柳梢头，人约黄昏后。

今年元夜时，月与灯依旧。

不见去年人，泪湿春衫袖。

清　明

唐・杜牧

清明时节雨纷纷，路上行人欲断魂。

借问酒家何处有，牧童遥指杏花村。

端　午

唐・文秀

节分端午自谁言，万古传闻为屈原。

堪笑楚江空渺渺，不能洗得直臣冤。

鹊桥仙・纤云弄巧

宋・秦观

纤云弄巧，飞星传恨，银汉迢迢暗度。金风玉露一相逢，便胜却人间无数。

柔情似水，佳期如梦，忍顾鹊桥归路。两情若是久长时，又岂在朝朝暮暮。

水调歌头・明月几时有

宋・苏轼

丙辰中秋，欢饮达旦，大醉，作此篇，兼怀子由。

明月几时有？把酒问青天。不知天上宫阙，今夕是何年？我欲乘风归去，又恐琼楼玉宇，高处不胜寒。起舞弄清影，何似在人间？

转朱阁，低绮户，照无眠。不应有恨，何事长向别时圆？人有悲欢离合，月有阴晴圆缺，此事古难全。但愿人长久，千里共婵娟。

秋登兰山寄张五

唐・孟浩然

北山白云里，隐者自怡悦。

相望试登高，心随雁飞灭。

愁因薄暮起，兴是清秋发。

时见归村人，沙行渡头歇。

天边树若荠，江畔洲如月。

何当载酒来，共醉重阳节。

九日齐山登高

唐・杜牧

江涵秋影雁初飞，与客携壶上翠微。

尘世难逢开口笑，菊花须插满头归。

但将酩酊酬佳节，不用登临恨落晖。

古往今来只如此，牛山何必独沾衣。

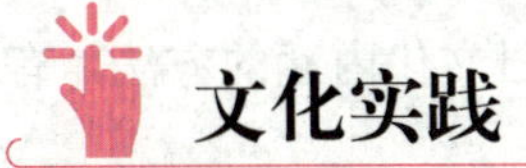

一、制作传统节日文化校园报

中华传统节日是中华民族悠久历史文化的重要组成部分，清晰地记录了中华民族丰富而多彩的社会生活文化内容。为了弘扬中华传统节日文化，展现丰富多彩的节日习俗，激发学生对传统文化的兴趣，营造探索节日文化内涵、继承和发扬传统节日文化的良好氛围，请结合学校实际情况，制作一期宣传传统节日的校园报。

（1）请根据表 5-1-1 进行分组，并将具体情况填入表中。

表 5-1-1 小组分工表

组织设置		工作内容	岗位设置	岗位职责
管理小组		负责统筹整个活动的各个环节，协调各小组的工作	组长：	负责活动中的指导、监督、检查、协调等工作
			副组长：	协助组长管理组内工作，监督小组成员的任务执行情况
工作小组	资料检索组	利用互联网、图书馆等搜集相关资料，准备校报的资料	组长：	组长：负责落实本组工作的执行情况、管理组员、合理安排组员的工作任务 组员：服从组长管理，自觉遵守活动纪律，积极参与组内工作，与组内成员团结协作
			组员：	
	外联组	负责联系排版、印制单位	组长：	
			组员：	
	编写组	根据资料检索组查到的资料，安排校报各个板块的内容	组长：	
			组员：	
	排版审校组	对已完成的校报进行排版、审读、校对	组长：	
			组员：	
	发行组	选取合适的时间和地点，发行本期校园报	组长：	
			组员：	

（2）校园报发行之后，可通过随机采访的方式，了解收到校园报的同学对校园报内容、版面是否满意及有何建议等。将采访的建议进行整理，作为制作下一期校园报的参考意见。

二、传统节日现状调查

随着社会的快速发展和人们生活方式的改变，传统节日习俗也发生了很大的改变。通过开展传统节日现状调查活动，可以深入了解传统节日的基本情况，更好地探索弘扬和传承传统节日文化内涵的方法，有针对性地提出校园文化建设的建议，进而帮助学生树立文化自信。

请根据以下步骤开展“传统节日现状调查”活动。

（1）全班学生 5～7 人一组，设计一份传统节日现状调查问卷，并填写表 5-1-2。

表 5-1-2 小组成员及分工情况

班级		组号		指导教师	
小组成员	姓名	学号	任务分工		
组长					
组员					

（2）按照分工计划选择就近的社区开展问卷调查活动，统计调查结果，并将具体的调查情况记录在表 5-1-3 中。

表 5-1-3 传统节日调查情况汇总

小组成员姓名		发放问卷数量	
收回问卷数量		有效问卷份数	
调查情况统计	具体内容		
节日	名称：		
	现状：		
原因	原因一：		
	原因二：		
	原因三：		
	原因四：		
	原因五：		
建议	建议一：		
	建议二：		
	建议三：		
	建议四：		
	建议五：		

（3）各组根据调查情况，撰写调查报告。

第二节 服饰文化

学习目标

知识目标

- 了解服饰的历史发展进程，熟悉各朝代的服饰特点。
- 熟悉少数民族的服饰特点。
- 了解服饰的文化内涵。

素养目标

- 领略中华传统服饰之美，提升服饰审美能力。
- 领会中华传统服饰文化中所蕴含的民族精神、哲学思想、伦理道德、礼法制度和宇宙观念。

文化讲堂

一、汉族古代服饰

汉族服饰是我国汉民族的传统服饰，有独特的款式造型和视觉美感。在不同的历史阶段，汉族服饰呈现出不同的风格和特点。

（一）先秦时期服饰

原始社会时期，远古人类用兽皮、树叶遮蔽和保护身体。夏代服饰与原始社会相比有了非常大的进步。人们开始使用丝绸、麻布制作衣服，并用朱砂给衣料染颜色。同时，人们开始根据服饰的品类（服装面料、款式及饰品材料、质地等）区分着衣者的等级尊卑。通常，平民阶层的衣料主要是粗麻粗葛织物，而贵族阶层的服装主要用锦绣丝织物、细葛细麻等面料制作。这一时期，服饰虽然与等级制度联系在一起，但还没有形成严格规范的制度标准，人们仅仅是从观念上维持等级之间的服饰差别。

我国 56 个民族的服饰

商代的服饰材料主要有皮、革、丝、麻，且商代人能够制作极薄的绸子、提花几何纹锦、绮和罗纱等织物。首饰种类主要有发饰、颈饰、耳饰和头饰等。这一时期，服饰的等级依旧体现在服饰品类上，奴隶主和皇室贵族经常穿着精美华丽的丝绸衣服，头戴弯曲高冠，冠上缀有珠宝、玉石等；而平民只能穿本色麻、葛布衣或粗毛布衣，头发或裹发作羊角状斜旋而上，或从顶心向后垂一短辫，或剪发齐颈。

周代确定了中国服装的基本形制——衣裳制（上衣下裳），衣领大多为矩形交领。西周时，服饰的等级制度逐步完善。王室公卿会在不同礼仪场合根据不同的礼仪规范穿着不同样式、颜色和图案的服饰以体现尊贵和威严，其中最著名的就是十二章服纹样。

视野纵横

十二章服纹样

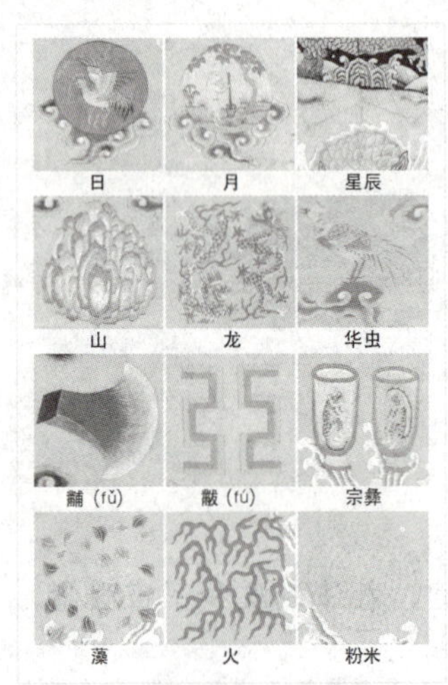

图 5-2-1　十二章服纹样

十二章服纹样（见图 5-2-1）是绘、绣在冕服上的图案纹样，是夏、商、周及以后封建社会时期服饰等级的标志。根据服装用途，章纹图案依次递减。十二章纹分别是日、月、星辰、山、龙、华虫、宗彝（yí）、藻、火、粉米、黼、黻，各有其象征意义。日、月、星辰代表三光照耀，象征着帝王皇恩浩荡，普照四方；山代表着稳重，象征帝王能治理四方水土；龙是一种神兽，变化多端，象征帝王善于审时度势地处理国家大事；华虫是一只雉鸡，“雉身披五彩，象圣王体兼文明也”，故取其有文采之意，象征君王“文采昭著”；宗彝，指天子祭服上所绣虎与蜼（一种长尾猿猴，古人传说其性孝），象征着古代帝王忠孝的美德；藻，象征皇帝的品行冰清玉洁；火，象征帝王处理政务光明磊落；粉米，就是白米，象征着皇帝给养人民、安邦治国、重视农桑；黼，斧头形，象征皇帝做事干练果敢；黻，绣青与黑两弓相背之形，代表着帝王能明辨是非，有见恶改善的美德。

《周礼·春官·司服》中记载，周代君王用于祭祀的礼服，开始采用“玄衣纁（xūn）裳”，并绘绣有十二章纹，而公爵用九章，侯用七章，伯用五章，以示等级。

在夏商周时期，等级制度逐步确立，产生了与之相适应的冠服制度。冠服制度是权力和身份的象征，王室公卿在不同礼仪场合，顶冠既要冕弁有序，穿衣着裳也须采用不同的形式、颜色和图案。中国的冠服制度初步建立于夏商时期，逐步完善于西周时期，至春秋战国时被纳入礼仪制度中。

春秋战国时期，各诸侯国之间各类手工业者相互交流，对纺织材料、服装剪裁工艺和装饰艺术产生了重大影响，服饰材料日益精细，品种名目日渐繁多，形成了百花齐放的服饰局面，服装样式推陈出新。春秋战国时期的衣着，上层贵族讲究宽博拖曳，下层平民则追求窄小贴身，在形式上主要分为深衣和胡服两种。深衣（见图 5-2-2）是上下连体的服装，制作时分开裁但是上下缝合。它既是士大夫阶层居家的便服，也是庶人百姓的礼服，男女通用。

图 5-2-2　深衣

公元前 307 年，赵武灵王颁胡服令，推行胡服骑射。胡服（见图 5-2-3）是当时“胡人”的服饰，一般为短衣、长裤、革靴成裹腿，衣身紧窄，便于活动。

图 5-2-3 胡服

视野纵横

胡服骑射

战国时期，位于河北的赵国，经常与东胡（今内蒙古南部、河北北部及辽宁一带）、楼烦（今山西西部）发生军事冲突。公元前 307 年，赵武灵王决定进行军事改革，训练骑兵制敌取胜。而要发展骑兵，就需进行服装改革，具体的做法是吸收东胡人及楼烦人的军服样式，废弃传统的上衣下裳，将传统的下裙改为有裆的裤子，简洁方便，在服装的功能上有极大的改进。

（二）秦汉时期服饰

秦代服饰样式基本沿用了战国各诸侯国的旧式，官服除深衣外，开始流行袍服。袍服（见图 5-2-4）是上下一体裁剪的（即用一块布裁出上衣和下衣，中间无接缝，自然一体），袖有长短两种样式。这一时期是服装色彩发展的一个重要阶段，中国人首先将阴阳五行的思想融入服装色彩当中。“土、木、金、火、水”分别对应“黄、青、白、赤、黑”五色。秦灭六国后，以水德自誉，所以秦代服饰以黑为贵，上下服饰皆为黑色。对于男性服饰，秦始皇规定的礼服是上衣下裳同为黑色袍服，颜色以黑为最高级；三品以上的官员穿绿袍，一般庶人穿白袍。

图 5-2-4 袍服

西汉服制大体承袭秦制，直到东汉时期才确立了汉代服制，冠冕、衣裳、佩绶和鞋履等各有严格的等级差别。其中，冠冕是区分等级的主要标志。汉代官员在出席重要场合或上朝堂时必须戴冠。不同的官职佩戴不同等级的冠，因此汉代冠有十几种之多，主要有冕冠、通天冠、长冠、委貌冠、法冠、武冠、进贤冠等。

汉代服饰的样式主要有袍、襜褕（chān yú，直身的单衣）、襦（短衣）、裙。汉袍（见图5-2-5）多为大袖子（袂），袖口（袪）有明显的收敛；领子以袒领为主，一般裁成鸡心式，穿时露出里面的衣服；衣领和袖口都饰有花边。汉袍根据下摆形状分为曲裾袍和直裾袍。曲裾袍与深衣相似，交领，领口较低，以便露出里衣，有时露出的衣领多达三重以上，故称“三重衣”（见图5-2-6）；其通身紧窄，下长曳地，下摆呈喇叭状，行不露足，流行于西汉。直裾袍的大襟为直线状，下摆为平直状，流行于东汉。

图5-2-5　汉袍

图5-2-6　三重衣

汉代女子流行穿襦裙（见图5-2-7）。一般上襦短至腰间，多为窄袖右衽，矩形交领；裙子长至垂地，多以素绢四幅拼合而成，上窄下宽。另在裙腰两端缝上绢带，以便系结。

图5-2-7　襦裙

（三）魏晋南北朝时期服饰

魏晋时期，因受老庄、佛道思想的影响，人们都向往清静无为、超然物外、玄虚恬静的人生境界，而这种追求自由自在、不受传统束缚的意识体现在服装上，就形成了宽衣博带的服饰风格。

这一时期，男子的服饰主要是衫（见图5-2-8）。衫为交领直襟式，长衣大袖，袖口宽敞不收缩，另有对襟式衫，可开胸而穿，不系衣带。衫因穿着方便，又能体现男人的洒脱和娴雅之风，所以大受欢迎。衫的体制还影响到妇女的服装。女服也以宽博为主，其特点是对襟、束腰，衣袖宽大，两腋上收线成弧形，下垂过臀，形成大袖，袖口缀有色条边；下裳着条纹间色裙。

南北朝时期是多民族文化大碰撞、大交融的时期，民族服饰呈现交融互渗的状态，是我国古代服装史上的重要变革期。南北朝时期的服饰形式主要有两种：一为汉族服饰，承袭秦汉遗制；二为少数民族服饰，袭北方习俗。

南北朝时期，北方民族的袴褶（kù zhě，见图 5-2-9）逐渐成为社会的流行服饰。袴褶由褶衣和缚裤两部分组成。褶衣紧而窄小，长至膝盖，衣袖有宽、窄、长、短之别，衣襟大多采用对襟的形式。缚裤为大口裤，并在膝盖处系扎丝带。

南北朝初期，妇女所着衣衫多为对襟，衣袖宽大，并在袖口缀有一块颜色不同的贴袖；所着长裙式样很多，色彩丰富，有间色裙、绛纱复裙、丹碧纱纹双裙等；腰间有帛带系扎，有的还在腰间缠一条围裳，用来束腰。

图 5-2-8 魏晋男服衫

图 5-2-9 袴褶

（四）隋唐时期服饰

隋唐服饰兼容并包、广采博收、绚丽多彩，无论官服还是民服、男服还是女服，都表现出开放的思想、浪漫的气质、鲜明的时代性和强烈的民族性。

隋唐时期，亚麻的种植、加工几乎遍及整个中国，河北的绫罗、江南的纱、彭越两州的缎等一大批纹样美观、色彩艳丽的服料，为盛唐独特的服饰风格提供了良好保障。

隋唐服饰规定天子、百官的官服用颜色区分等级，用花纹表示官阶。在服饰颜色上，隋代朝服崇尚大红色，兵服为黄色，便服则颜色繁杂；而唐代的人认为赭（zhě）黄色是最高贵的颜色，红、紫、蓝、绿、黑、褐等颜色的地位则低一些，白色没有地位。

隋唐官员一般头戴乌纱幞头，身穿圆领窄袖袍衫，衣长长及膝下踝上，齐膝处设一道界线，称为横襕；腰系红皮带，脚穿乌皮六合靴。从皇帝到官吏，服饰样式几乎相同，只是服饰的面料、颜色、纹样和皮带上的装饰有所区别。隋唐普通百姓大都穿开衩及腰的齐膝短衫和裤，不能用鲜明的色彩。仆夫、小商贩多戴尖椎帽，脚穿编结的线鞋或草鞋。

文化溯源

乌纱帽的来历

官员戴的幞头是一种用黑色纱罗做的软胎帽，裹在发髻的后面，稍稍突起并微微前倾；两条帽带系在帽顶前部，两条垂在脖子后面，而且长短没有标准，式样有三五种，刚开始时平顶的很流行，后来被人们逐渐加高。幞头后垂的两条带子有时下垂，有时上举，有时斜耸一旁，有时交叉在后；带子的形状刚开始系成梭子，后来发展成腰圆式，里面放有丝弦做骨架。到五代时这两条带子直直地分向两边，“软脚”变成了“硬翅”，为宋代展翅漆纱幞头的原始形态，即中国人俗称的乌纱帽。

隋唐时期的女子服饰，除了对着装样式有所追求外，对服饰上的佩饰、发髻和妆容等也很看重。隋唐女子服饰既继承了前几个朝代服饰的传统特点，又广泛吸收了同时期各少数民族的风格，进而创造了新一代的服饰样式，充分展示了隋唐服饰富贵典雅的尊贵风范。

隋唐时最流行的女子服饰是襦裙（见图 5-2-10）——短上衣加长裙，上衣衣袖很窄，裙腰用绸带系到腋窝下面。盛唐以后，贵族妇女衣着又转向阔大拖沓，衣袖竟大过 4 尺（1 尺≈0.333 米），长裙拖地 4～5 寸（1 寸≈0.033 米），如图 5-2-10 所示，但后被朝廷颁布法令加以限制。同一时期，“半臂”（见图 5-2-11）在宫廷中出现并流传开来，它有对襟、套头、翻领或无领等式样，袖长齐肘，身长及腰。当时还流行长巾子，用薄纱罗制作，一端固定在半臂的胸带上，再披搭肩上，旋绕于手臂间，也称“披帛”。

唐代女子的首服，初流行幂䍦（lí），后流行帷帽。幂䍦是一种以轻薄透明的纱罗制成大幅方巾，戴时披体而下，障蔽全身；帷帽（5-2-12）是一种高顶宽檐笠帽，帽檐一周有薄而透的面纱。唐代女子的发式多种多样，有半翻髻、反绾髻、双环望仙髻、义髻、高髻、蝉髻、垂环髻等。

图 5-2-10　襦裙

图 5-2-11　半臂

图 5-2-12　帷帽

（五）宋代服饰

宋代的衣冠服饰给人以质朴、洁净和自然之感，这与宋代的政治、经济和思想文化等状况，尤其是“程朱理学”的影响密切相关。

宋代男子的官服（见图 5-2-13）基本延续了唐代的样式，但将原本细窄的袖子改为宽袖，衣长几乎触地，并在颈间多了个上圆下方、形似瓔珞锁片的饰物——方心曲领，起到压贴衣领的作用。这一时期，官员服色沿袭唐制——三品以上服紫，五品以上服朱，七品以上服绿，九品以上服青。凡服色用紫、深红色的官员都须在腰间佩挂“鱼袋”，袋内装有金、银、铜制成的鱼，以区别官品。首服改为平翅乌纱帽，即一种两脚平直向外伸展的幞头。宋代普通男子多穿圆领袍。

宋代女子的服饰有袄、襦、衫、褙子、裙子、裤等。“褙子”（见图 5-2-14）是最具宋代特色的服装形制，以直领对襟为主，前襟不施襻纽，左右腋下开长衩。下装以裙装为主，裙式修长大气，但裙腰下降至腰间，裙幅变窄。女装服饰的色彩一改唐代的浓艳华丽，多使用淡雅恬静之色；服装面料多用印有花纹的丝绸和加入金线编织的丝织品等。

图 5-2-13 宋代官服

图 5-2-14 宋代女子服饰

（六）元代期服饰

元代时期，游牧民族入主中原并推翻汉族政权，促使中华服饰文化中最主要的两个部分——汉族服饰与少数民族服饰平行发展。游牧民族的粗犷豪放与汉族的华丽铺张互相影响，给这一时期的服饰文化注入了新的活力。

元代是我国历史上第一个由少数民族（蒙古族）建立的大一统帝国，由于各地经济、文化的不断交流，服装也互相影响。1321 年元英宗时期参照古制，制定了天子和百官的“质孙服”（见图 5-2-15）制，其上衣连下裳、上紧下短，在腰部有很多衣褶。元朝的男性常常戴上一款名为“笠子帽”（见图 5-2-16）的帽子。

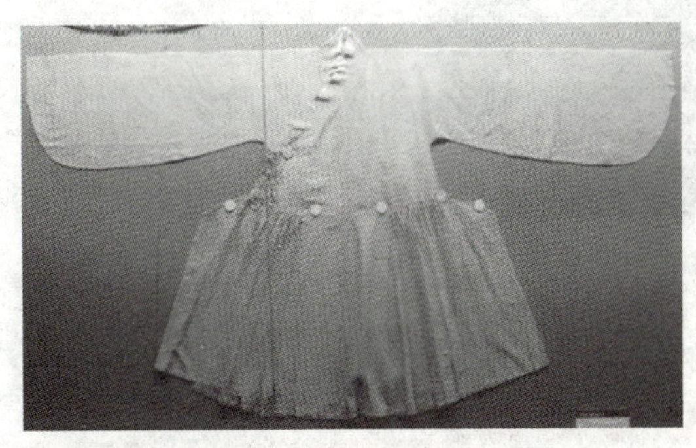
图 5-2-15 质孙服

图 5-2-16 笠子帽

元朝贵族女子（多为蒙古族）喜用皮毛制衣，款式通常是宽而长的袍式，如图 5-2-17 所示。平民女子（多为汉族人）多穿襦裙，或外加半臂。姑姑冠（见图 5-2-18）是元代蒙古已婚妇女的冠帽，以木条做框架，用桦树皮围合缝制而成，外包饰红色或者褐色印花棉。

图 5-2-17　蒙古族女子服装

图 5-2-18　姑姑冠

（七）明代服饰

明代服饰恢复到唐宋时期的样式。明代纺织品的种类繁多，花纹色彩更加丰富，刺绣工艺也开始用于服饰制作上。除了以麻、丝、毛等为原材料的面料被普遍应用外，棉制品也迅速普及，并开始成为人们服饰的主要面料。丝绸的制作工艺逐渐向精细发展，缂丝、刺绣、织金、妆花、孔雀羽线等精细加工技艺也达到了很高的水平，制作技艺的进步为服饰艺术的发展准备了条件。

随着服饰制度的健全、规范，明代服饰严谨正统的特点也逐渐显现。明朝因为皇帝姓朱，所以官服（见图 5-2-19）以朱红色为主（紫色从此不在官服中使用），且样式近似唐代圆领服，盘领右衽，两侧各多出一块称“褶”（衣摆）；服饰面料大多采用纻丝或纱、罗、绢，但颜色、花纹不太一样。最有特色的是用“补子”表示官员的品级。补子是一块40～50厘米的正方形丝绸材料，上面绣有不同的纹样，官服的胸前和背后各缝缀一个。文官的补子用飞禽，武官用走兽，分成九个等级。日常穿着的圆领袍衫则凭衣服长短和袖子大小区分身份地位，长大者为尊。

图 5-2-19　明代官服

明代官服补子图案

文官“补子”图案（见图 5-2-20）：一品仙鹤，二品锦鸡，三品孔雀，四品云雁，五品白鹇（xián），六品鹭鸶，七品鸂鶒（xī chì），八品黄鹂，九品鹌鹑。

武官“补子”图案（见图 5-2-21）：一品、二品狮子，三品老虎，四品豹子，五品熊罴（pí），六品、七品彪，八品犀牛，九品海马。

图 5-2-20 文官“补子”图案

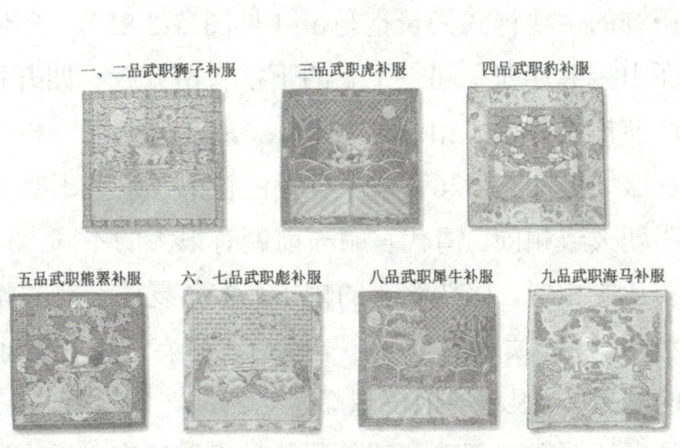

图 5-2-21 武官“补子”图案

明代普通百姓的服装样式颇多，长的、短的、大衫、裙子，各种各样，非常丰富，而且与之前的朝代相比没有显著变化。当时在青年妇女中特别流行一种长背心，又被称作“比甲”（见图 5-2-22）。色彩方面，平民妇女不得穿用大红、鸦青、黄等颜色；普通大众只允许用褐色。

这一时期，朱元璋亲自制定了两种新样式的帽子，并颁行全国，无论是文人还是普通百姓都可以使用。一种是方桶状黑漆纱帽，叫“四方平定巾”（见图 5-2-23），取国家四方平定之意；一种是由六片合成的半球形小帽，叫“六合一统帽”（见图 5-2-24），取意四海升平、天下一统。

图 5-2-22 比甲

图 5-2-23 四方平定巾

图 5-2-24 六合一统帽

纽扣的普及

明代服饰与以前朝代相比，最突出的变化是前襟的纽扣代替了几千年来一直使用的带结，不仅更加实用，而且非常美观，这也是明代服饰为中国传统服饰做出的一大贡献。

（八）清代服饰

清代服制的改革从公服开始逐步向常服扩展，从而一步步地将汉民族的服饰文化转变为满族的服饰文化。

清朝服饰的主要样式为长袍马褂（见图 5-2-25）。长袍的领子立着，衣身挺直，大襟往旁边偏，衣身的前后两面由接缝连在一起。上衣的下摆有两开衩、四开衩和无开衩等类型。马褂的造型为对襟、平袖，身长至腰，前襟缀五枚纽扣。

清朝官服（见图 5-2-26）采用石青色补子（亲王、郡王用圆补）表示官阶大小，补子的鸟兽纹样和等级顺序与明朝大致相同。清代官帽与前朝有很大的不同，只要是士兵、差役及比他们官阶高的文武官员都要戴外形和斗笠相似，比斗笠小的帽子，按冬夏季节有暖帽、凉帽之别。除此之外，还要根据官员品级的高低使用不同颜色、质料的“顶子”，帽后还带有一束孔雀翎。翎称“花翎”，等级较高的官员的翎上有“眼”（羽毛上的圆斑），眼越多地位越高。当然，花翎只有亲王或者功勋卓著的大臣才能佩戴。四、五品以上官员在脖子上还要佩戴朝珠，朝珠用各种贵重珠宝、香木制成。

图 5-2-25　长袍马褂

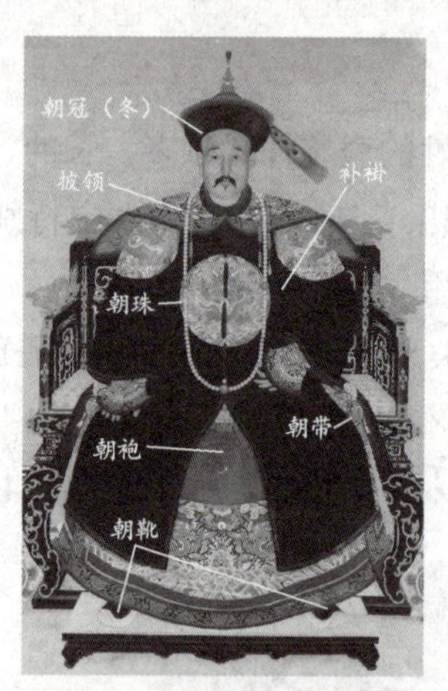

图 5-2-26　清代官服

清代官服补子图案

文官“补子”图案：一品仙鹤，二品锦鸡，三品孔雀，四品云雁，五品白鹇，六品鹭鸶，七品鸂鶒，八品鹌鹑，九品练雀。

武官“补子”图案：一品麒麟，二品狮子，三品豹子，四品老虎，五品熊罴（pí），六品彪，七品、八品犀牛，九品海马。御史、谏官均为獬豸（xiè zhì），代表公正。九品以下称“未入流”“不入流”，无补子。

汉族妇女的服饰在清代的发展，经历了一个非常大的变化过程。清朝初期，汉族女性还保留着明代的穿着打扮，小袖子的衣服和长裙非常流行；后来服饰开始逐渐向宽大发展，袖口部分增宽了 1 尺多，加入了云肩等装饰；到清代晚期，城市里的妇女开始穿镶嵌着花边的裙子。

清代满族妇女的旗装（见图 5-2-27）颇具特色。其外轮廓呈长方形，马鞍形的衣领可以遮挡脸颊，衣服上下不取腰身，衫不露外，偏襟右衽用盘纽作为装饰，假袖二至三幅，镶滚工艺装饰，衣外加坎肩或马褂。此时的女子梳旗髻，穿“花盆底”旗鞋。

图 5-2-27 旗装

二、少数民族服饰

（一）蒙古族服饰

蒙古族男女老幼一年四季都喜欢穿长袍，俗称“蒙古袍”（见图 5-2-28）。春秋穿夹袍，夏季穿单袍，冬季穿皮袍或棉袍。蒙古袍的特点是宽大袖长、高领右衽，多数地区下端不开衩。袍子的边沿、袖口、领口多以绸缎花边、“盘长”“云卷”图案或虎、豹、水獭、貂鼠等皮毛作装饰，十分漂亮。

图 5-2-28 蒙古袍

一般女子所穿的蒙古袍比男子的窄些，多以红、粉、绿、天蓝等为主色。男子则多喜欢穿棕色和蓝色。腰带是蒙古族服饰不可缺少的部分，一般用棉布、绸缎制成，色彩多与袍子的颜色相协调。腰带上还要挂上“三不离身”的蒙古刀、火镰和烟荷包。女子扎腰带时则将袍子向下拉展，以显示出娇美的身段。另外，逢节庆之时，女子还要佩戴玛瑙、珍珠、珊瑚、宝石、金银玉器等编织的头饰。

（二）藏族服饰

藏族服饰（见图5-2-29）的基本特点是长袖、宽腰、大襟，直线宽边，色彩对比强烈。男女藏袍均习惯以粗纺厚毛呢为面料，左襟大，右襟小，一般在右腋下钉一个纽扣，或用红、蓝、绿、雪青等色布做两条飘带，穿时系结。

图5-2-29　藏族服饰

男式藏袍多为黑、白两色，在领围、袖口、衣襟和底边镶上色布或绸子，显得古朴浑厚。女式藏袍分有袖和无袖两种，春夏两季的藏袍无袖，里面多衬有红、绿等色彩鲜艳的衬衣，衬衣翻领在外，衣袖长于胳膊一至二倍，长出部分平时卷起，舞蹈时放下，显得舒展飘逸，潇洒自如。

金花帽是藏族男女老幼都喜欢戴的民族帽，用金丝或银丝绣织图案。男女穿的藏靴，底高二寸，靴腰高至小腿，靴面或用红绿相间的毛呢装饰，或绣有图案花纹，靴头向上隆起。藏族男女喜欢佩饰，耳穿大环、手腕金银、顶戴珠链，尤其是在腰间，男挎长剑、女佩腰刀，显示出粗犷彪美的民族个性。

（三）回族服饰

回族服饰（见图5-2-30）的主要标志在头部。回族男子一般头戴顶小口大、无沿窄边白色圆顶帽。由于在礼拜磕头时，前额和鼻尖必须着地，戴无檐帽行动更为方便，遂发展成为一种服饰特征。回族女子有戴盖头的习俗。盖头必须能够盖住头发、耳朵和脖颈。盖头一般有三种：未婚女子戴绿色盖头；结婚后戴黑色盖头；老年人则多戴白色盖头。

（四）维吾尔族服饰

维吾尔族男子穿绣花衬衣，外套斜领、无纽扣的“袷袢”。“袷袢”长度过膝，外系腰带。女子则喜欢穿色彩艳丽的连衣裙，外面套绣花背心，戴耳环、戒指、手镯、项链等配饰。男女皆喜欢戴绣花小帽，穿长筒皮靴。手工刺绣是维吾尔族的传统工艺，衬衣背心及小圆帽上均绣有花纹图案。维吾尔族服饰如图5-2-31所示。

图 5-2-30 回族服饰

图 5-2-31 维吾尔族服饰

（五）苗族服饰

苗族服饰，男女各有特色。男子的服饰一般为大包头，衣服为对襟式或大襟，下着长便裤，衣裤都很宽大，颜色多为青色，以银项圈、项链和手镯点缀。苗族妇女的上衣宽大，衣领交叉叠于胸前，衣领、袖口、衣摆以颜色艳丽、制作精美的纹饰点缀。苗族妇女的裙装是很有特色的“百褶裙”，裙褶很多，非常漂亮。

苗族头饰是服饰的一个重要组成部分，包括发型、头帕等。妇女的发髻、头帕非常讲究。未婚少女同已婚妇女的头饰有明显区别。苗族服饰文化缺少不了银饰（见图 5-2-32），苗装之所以美丽诱人，与银饰的巧妙搭配密不可分。

苗族服饰银器品种繁多且全是纯手工制作，在绣衣上钉银饰制成的银衣是苗服中的精品。银衣的前襟、后背、衣袖、下摆等位置有各种形状的银片、银铃等。苗族姑娘胸前常有硕大的银锁，银锁一般采用浮雕形式，制作精美，饰有龙、狮、鱼、蝴蝶、绣球等纹样，意在祈求平安，故俗称“长命锁”。

（六）傣族服饰

傣族女子素有“金孔雀”的美称。她们一般喜欢穿窄袖短衣和筒裙，以展示修长苗条的身材。上穿白色或绯色内衣，外套紧身短上衣，圆领窄袖，有大襟和对襟，有水红、淡黄、浅绿、雪白、天蓝等多种色彩。窄袖短衫紧紧地套着胳膊，几乎没有一点空隙，前后衣襟刚好齐腰，紧紧裹住身体，再用一根银腰带系着短袖衫和筒裙口，下着长至脚踝的筒裙，腰身纤巧细小，下摆宽大。傣族女子的这种装束，加上布料轻柔、色彩鲜艳明快，给人一种婀娜多姿、潇洒飘逸的感觉。傣族男子一般都穿无领对襟或大襟小袖衫，下穿长管裤，用白布、青布或绯布包头，有的戴呢礼帽，显得潇洒大方。傣族服饰如图 5-2-33 所示。

图 5-2-32 苗族银饰

图 5-2-33 傣族服饰

品味文化

服饰文化是一个民族、一个国家文化素质的物化，内在精神的体现，社会风貌的展示。它作为一种文化现象，在人类历史长河中真实记录了人类文明发展的艰辛历程，鲜明地反映出不同地域、不同民族的个性特征。

一、讲究伦理礼仪

对中国古人而言，服饰很大程度上象征着权力和地位。从“黄帝、尧、舜垂衣裳而天下治”开始，至西周“礼制”形成，古人对服饰的色彩、面料、纹饰等做了诸多规定，服饰成为区分社会等级的标志，也体现了当时的社会伦理道德。

此外，在古代，服装穿着也是礼仪观念的体现。中国是礼仪之邦，非常重视传统礼教。孔子曾说：“君子不可以不学，见人不可以不饰。不饰无貌，无貌不敬，不敬无礼，无礼不立。”因此，必须“正其衣冠，尊其瞻视”。可以说，中国古人在穿衣上十分注重衣服传递的礼仪观念。

二、纹样精美、蕴含寓意

中式服装的图案纹样丰富多彩，有飞禽走兽、四季花卉、山峦亭阁、几何花纹等，抽象、具象、夸张、写实等风格俱全，图案纹样不仅精美，而且具有丰富的文化内涵。例如，皇帝龙袍上的十二章纹图案各有寓意：“日、月、星”取其照临；“山”取其稳重；“龙”取其变化；“华虫”取其文丽；“火”取其光明；“藻”取其洁净；“粉米”取其滋养；“宗彝”取其忠孝；“黼”取其决断；“黻”取其明辨。

华衣霓裳

清平调·其一

唐·李白

云想衣裳花想容，春风拂槛露华浓。

若非群玉山头见，会向瑶台月下逢。

菩萨蛮·小山重叠金明灭

唐·温庭筠

小山重叠金明灭，鬓云欲度香腮雪。懒起画蛾眉，弄妆梳洗迟。

照花前后镜，花面交相映。新帖绣罗襦，双双金鹧鸪。

文化实践

一、“青春飞扬”校园汉服秀

中国汉族传统服饰（又称“汉服”）是中华民族悠久历史文化的重要组成部分，被誉为“中国国粹”。为了活跃校园气氛，弘扬中华传统服饰文化的丰富多彩，展现精妙的染、织、绣等传统工艺和美学，在学生中营造一种了解传统服饰、继承和发扬传统服饰中的美学的良好氛围，请结合学校实际情况，组织一次汉服秀活动。

（1）请根据表 5-2-1 进行分组，并将具体情况填入表中。

表 5-2-1　小组分工表

<table>
<tr><th colspan="2">组织设置</th><th>工作内容</th><th>岗位设置</th><th>岗位职责</th></tr>
<tr><td colspan="2" rowspan="2">管理小组</td><td rowspan="2">领导小组全面统筹服饰秀的各项工作</td><td>组长：</td><td>负责活动中的指导、监督、检查、协调等工作</td></tr>
<tr><td>副组长：</td><td>协助组长管理组内工作，监督小组成员的任务执行情况</td></tr>
<tr><td rowspan="8">工作小组</td><td rowspan="2">外联组</td><td rowspan="2">通过互联网、媒体等渠道获取传统服饰生产或设计公司的联系方式，并和他们取得联系</td><td>组长：</td><td rowspan="8">组长：负责落实本组工作的执行情况、管理组员、合理安排组员的工作任务
组员：服从组长管理，自觉遵守活动纪律，积极参与组内工作，与组内成员团结协作</td></tr>
<tr><td>组员：</td></tr>
<tr><td rowspan="2">模特队</td><td rowspan="2">通过走秀活动，展现汉服之美</td><td>组长：</td></tr>
<tr><td>组员：</td></tr>
<tr><td rowspan="2">宣传队</td><td rowspan="2">通过校园融媒体对本次的汉服秀活动进行宣传</td><td>组长：</td></tr>
<tr><td>组员：</td></tr>
<tr><td rowspan="2">视频制作</td><td rowspan="2">对本次活动进行全程跟拍，并负责视频的后期制作及网站上传工作</td><td>组长：</td></tr>
<tr><td>组员：</td></tr>
</table>

（2）邀请本学院师生、兄弟院校的师生前来观看汉服秀。活动结束后，通过随机的方式采访前来观看的人员，了解他们对传统服饰的感受等。

（3）近些年，走在大街小巷，我们会发现穿汉服的人越来越多，典雅的妆容、精美的朱钗、曼妙的罗裙，会让人们眼前一亮。是什么原因让汉服流行起来了呢？说一说你的看法。

二、重现“纹样”之精美

通过网络，查阅传统服饰中的“纹样”，并结合本节所学内容，设计一款含有寓意的服饰纹样。制作完成后，将你设计的作品贴在下列展示区，并在本班范围内交流分享。

第三节 传统饮食文化

学习目标

知识目标

- 了解中国传统饮食文化的发展历程、饮食层次和地方菜系，熟悉各地方菜系的主要特点。
- 了解中国名茶的主要类型及特点，熟悉古今茶艺的主要特色和各地茶艺的异同。
- 了解中国酒的发展历程，酒文化和酒礼仪的相关知识，以及酒与文学艺术之间的相互联系。

素养目标

- 领略中华食文化、茶文化和酒文化的魅力，领悟传统饮食文化中关于“和谐”的精神内涵，体悟食文化中“民以食为天”的理念和“天人合一”的文化精髓，茶文化中祛病健体、延年益寿、志道立德、怡情悦性的理念，以及酒文化中的价值取向和人文情怀。
- 积极开展食文化活动、茶文化活动和酒文化活动，赋予中国传统饮食文化时代内涵，使其蕴含新时代精神，为构建和谐社会、复兴中华文化提供强大的精神支撑。

文化讲堂

一、食文化

饮食对人们的重要意义不言而喻。中国饮食调味精益、膳食繁盛、肴器华贵、烹饪技艺巧妙，处处体现着中华文化的精要，不仅是中华民族的绚丽瑰宝，也是人类文明史上重要的文化遗产。

（一）饮食发展

中国古代饮食自发端起绵延至今已170多万年，历经生食、熟食和烹饪三个发展阶段。“有巢氏”时期，人类处于茹毛饮血的生食阶段。“燧人氏”时期，人类利用钻木取火的方式炙烤食物，开始食用熟食。“伏羲氏”时期，伏羲教授部落族人渔猎，人们能获得更多食材，饮食逐渐丰富起来。“神农氏”时期，陶器诞生，由“炮生为熟”到蒸煮食物，烹饪技术获得了突破性的发展。“黄帝”时期，出现了灶，灶可集中火力，使食物速熟。“蒸谷为饮，烹谷为粥”表明人们用烹制方法区别食品，并发明了甑（zēng，即蒸锅）（见图 5-3-1）。同一时期，人类还发现了盐，从此有了烹调之说。

图 5-3-1 双耳甑

周秦时期是中国饮食文化的成型时期，此时人们的食物以谷物、蔬菜为主。春秋战国时期，我国的谷物、蔬菜结构与现在不同，但主要包括“麻黍、稷、麦、菽”，称为“五谷”。其中，稷是当时主要的食物，为五谷之长。

汉代是中国饮食文化的丰富时期，主要归功于汉代中西（西域）饮食文化的交流。这一时期，引进了石榴、芝麻、葡萄、胡桃（核桃）、黄瓜、菠菜、胡萝卜、茴香、胡豆、大蒜等果蔬，还传入了一些烹调方法，并发明了新的菜品，如炸油饼、烧饼。东汉时期，还出现了植物油（在此之前都用动物油，叫脂膏）。植物油主要是杏仁油、麻油，但很稀少，南北朝以后植物油的品种逐渐丰富。

唐宋时期饮食文化达到高峰，菜品种类极其丰富、拼摆技艺水平高超，最具代表性的是烧尾宴。

视野纵横

烧尾宴

烧尾宴是指新官上任或官员升迁，招待前来恭贺的亲朋同僚的宴会。烧尾宴（见图 5-3-2）是极尽奢华的唐代五宴之一，但仅仅流行了二十年。据史料记载，唐中宗时，韦巨源于景龙年间官拜尚书令，便在自己的家中设“烧尾宴”宴请唐中宗。宴会共上 58 道菜，包括冷盘、热炒、烧烤、汤羹、甜品、面点，一应俱全。其中有些菜品颇有情趣，如贵妃红，是一种精制的红酥点心；甜雪，即用蜜糖煎大例面；白龙，即鳜鱼丝；御黄王母饭，是肉、鸡蛋等做的“盖浇饭”。

图 5-3-2　烧尾宴

明清时期是饮食文化发展的又一高峰，其在继承唐宋食俗的同时，又融合了满蒙的特点，饮食结构有了很大变化。主食方面，菰（gū）米被彻底淘汰；麻籽退出主食行列，改为榨油的原料；豆料也不再作为主食，而成为菜肴。蔬菜方面，明代大规模引进外来蔬菜，马铃薯、甘薯的种植达到较高水准，成为主要菜肴。肉类方面，人工畜养的畜禽成为肉食主要来源。清代继承历朝饮食之精华，将饮食文化推向巅峰，满汉全席代表了清代饮食文化的最高水平。

（二）饮食层次

人类社会在结束了平等而漫长的原始共产主义社会形态阶段后，便进入了阶级对抗的社会历史阶段。这种等级结构体现在饮食文化中，便形成了三个基本层次：平民、官府和宫廷。这三个层次在选材用料、烹调技艺、风格口味等方面，均存在着明显差异。

1. 平民饮食

平民饮食是中国烹饪规模最大、消费人口最多、最普遍、最常见的类型，是中国烹饪最雄厚的土壤和基础。从一定意义上来说，平民饮食是中国饮食文化的根。

平民饮食简单、朴实且富有趣味，或就地取材加工食用，或入山林采鲜菇嫩叶、捕飞禽走兽，或就河网鱼鳖蟹虾、捞莲子菱藕，或居家宰家禽家畜，或下地择禾黍麦粱、野菜地瓜，食材随见随取，随食随用。正因如此，一些稀奇古怪的山珍海味、野菜山果被平民大胆尝试后，才发现了其食用价值。由于选材随意，烹调方法也简单易行，一般是因材施烹，煎炒蒸煮、烧烩拌泡、脯腊渍炖，皆因时因地。

由于地域差异、民族信仰不同，平民饮食在取材、口味上有着明显的地域差别，如江南地区习惯放糖提鲜，南部沿海地区喜用鱼露拌菜，四川喜用辣椒、豆豉调味等。

2. 官府饮食

官府菜是王府、皇亲国戚、富豪商贾、达官显贵、社会名流等官邸的私家菜。官府菜主要有以下几种：孔府菜、东坡菜、云林菜、随园菜、谭家菜、段家菜等。其中，孔府菜因自成一套完善的饮食结构，成为官府菜的典型代表。

视野纵横

孔府菜

孔府菜为曲阜孔府家厨烹饪的菜肴，是中国典型的官府菜。曲阜的孔府，是孔子嫡系后裔“衍圣公”的府第，孔府内设有两个厨房，一是专为“衍圣公”及其家人烹饪的内厨，二是服务于大型筵席、祭祀和庆典活动等的外厨。这些烹饪活动，长期以来形成了孔府菜独特的风格。

孔府菜中，有相当一部分菜肴是用名贵的山珍海味烹制的，如燕窝、鱼翅、熊掌、驼蹄、鹿筋、猴头、哈士蟆等。有些菜品还有孔府自己的典故和独到之处，如“一品丸子”“一品豆腐”“一品海参”等菜，寓意孔府家主是“当朝一品官”；“怀抱鲤”“通天鱼翅”“御笔猴头”“带子上朝”“御带虾仁”等，蕴含孔府家辈辈为官、代代上朝的愿望。

官府菜风味品高质优，即使是普通食材，也能烹制得异常精致，因此，官府菜又被称作“功夫菜”，如“黄焖鱼翅”（见图 5-3-3），从发料到成菜大约需要两至三天时间。

图 5-3-3 黄焖鱼翅

官府菜不仅讲究菜肴的精美，还非常注重就餐环境，如古代豪门贵族所食各种珍贵食品需用鼎盛着，且吃饭时要奏乐击钟，故用“钟鸣鼎食”形容权贵之家饮食活动的豪奢排场。

官府菜的烹饪技艺经过不断改进、创造，兼容了不同时期人们的喜好和对饮食的追求。“食中至尊，味之巅峰”是中国人对官府饮食文化的赞誉。

3. 宫廷饮食

宫廷饮食体现了中国饮食史上的最高文化层次，其以御膳为中心，充分展示了中国饮食文化的技术水准和文化色彩，体现了帝王饮食的华贵尊荣、精细奢华、程仪庄严。从周代开始，宫廷菜便讲究“食必稽于本草，饮必合乎法度”。汉代宫廷饮食承袭秦制，等级森严，显示出皇帝的饮膳之制神圣不可僭越。魏晋南北朝时期，宫廷饮食出现了胡汉交融的特点，面食日益丰富，饮茶习俗也在宫中形成。隋唐时期，帝王将自己的饮食生活推向奢靡的极致。宋代宫廷饮食，北宋较简约，南宋较奢侈。元代宫廷饮食庞杂，以蒙古菜肴为主。明代的宫廷饮食则带有强烈的南国色彩。清代总结并汲取了历代的光辉成就，宫廷筵席规模不断扩大，烹调技艺水平不断提高，将中国宫廷饮食推向顶峰。满汉全席便是集满族与汉族菜点之精华而形成的中华大宴。

视野纵横

满汉全席

满汉全席是清朝时期的宫廷盛宴，既有宫廷菜肴之特色，又有地方风味之精华；既突出满族菜点的特殊风味，又展示了汉族烹调的特色（扒、炸、炒、熘、烧等兼备），乃中华菜系文化之瑰宝。

满汉全席分为六宴，即蒙古亲藩宴、廷臣宴、万寿宴、千叟宴、九白宴和节令宴。满汉全席汇集满汉众多名馔，择取时鲜海味，搜寻山珍异兽。满汉全席一般有108道菜，包括54道南菜和54道北菜，合用全套粉彩万寿餐具，并配以银器，富贵华丽。席间专请名师奏古乐伴宴，沿典雅遗风，礼仪严谨庄重，承传统美德，令客人流连忘返。

宫廷菜非常注重文化内涵，不仅食器精美、菜名风雅，还非常注重就餐气氛的营造。例如，清代宫廷宴会上，皇帝及皇室成员所用食器多为金银、玉石、象牙等贵重材质，并由专门的工匠精工制作。这些食器一般都有专名，如“大金盘”“青白玉无盖葵花盒”“双凤金碗盖”“大紫龙蝶金盖”等。可以说，每一件餐具从外形到材质，都充分体现出皇家的“尊”“荣”“富”“贵”“典”“威”等独有的气派和权势。此外，宫廷菜肴都会被赋予一个吉祥的名字，如“金凤呈祥”“宫门献鱼”“鹤鹿同春”“百鸟朝凤”等，以此彰显宫廷菜的典雅高贵、内涵丰富。

（三）地方菜系

地方菜系是指受地理环境、气候物产、文化传统等因素的影响，在中国的某一地区产生的有一定亲缘关系、菜点风味相近、知名度较高，并为群众所喜爱的地方特色风味。其中，影响最大、最具有代表性的有鲁、川、苏、粤、闽、浙、徽、湘菜系，俗称“八大菜系”。

1. 鲁菜

鲁菜起源于山东的齐鲁风味，是历史最悠久、技法最丰富、难度最大、最见功力的菜系。鲁菜以清香、鲜嫩、味醇而著称，十分讲究清汤和奶汤的熬制，清汤色清而鲜，奶汤色白而醇，如著名的清汤什锦、奶汤蒲菜等。除了汤品外，鲁菜的代表菜品有糖醋鲤鱼、葱烧海参、油焖大虾、宫保鸡丁、扒原壳鲍鱼、汤爆双脆、奶汤蒲菜、鲅鱼水饺、九转大肠（见图5-3-4）、八仙过海闹罗汉等。

中国八大菜系

2. 川菜

川菜是有“天府之国”美誉的四川以其丰富的物产条件所形成的独特风味菜系，具有浓郁的地方特色。川菜品种丰富、味道多变、适应性强，享有“一菜一格，百菜百味”之美誉，许多人发出“食在中国，味在四川”的赞叹。川菜重视选料，讲究规格，分色配菜，突出麻、辣、香、鲜，油大、味厚，重用“三椒”（辣椒、花椒、胡椒）和鲜姜。川菜的调味方法有鱼香、怪味、椒麻、红油、姜汁、糖醋、荔枝、蒜泥等复合味型。其代表菜肴有水煮鱼、夫妻肺片（见图5-3-5）、回锅肉、麻婆豆腐、鱼香肉丝、水煮肉片、辣子鸡、酸菜鱼、宫保鸡丁、毛血旺等。

图 5-3-4 九转大肠

图 5-3-5 夫妻肺片

3. 粤菜

粤菜即广东菜，菜品选料较广，飞禽走兽一应俱全。粤菜的口味随季节而变，一般夏秋力求清淡，冬春偏重浓醇。调味有“五滋（香、松、臭、肥、浓）、六味（酸、甜、苦、咸、辣、鲜）”之别。粤菜的代表菜品有明炉烤乳猪、挂炉烧鹅、白切鸡、红烧乳鸽、蜜汁叉烧、煲仔饭、菠萝咕噜肉、客家酿豆腐、梅菜扣肉、盐焗鸡、猪肚包鸡、盆菜（图 5-3-6）等。

4. 闽菜

闽菜即福建菜，以福州、闽南、闽西三地的地方菜为主。其中，福州菜清鲜、爽淡，偏于酸甜，尤其讲究调汤，且善于用红糖作配料，以去腥、增香、生味、调色、防变质。闽菜以烹制海鲜而著称，且汤菜居多，具有鲜、香、烂、淡并捎带甜酸辣的独特风味。其烹饪技艺多采用细致入微的片、切、剞（jī，雕刻）等刀法，使所有原料均能达到入味透彻的效果。闽菜的代表菜品有佛跳墙（见图 5-3-7）、福州鱼丸、鼎边糊、漳州卤面、海蛎煎、厦门沙茶面、兴化米粉、荔枝肉、乌柳居、红糟鱼排等。

图 5-3-6 盆菜

图 5 3 7 佛跳墙

5. 苏菜

苏菜即江苏菜，以扬州、南京、苏州三地的地方菜为主。苏菜总体特点是选料严谨、制作精细、注意配色、讲究造型，菜肴四季有别。其烹调方法以炖、焖、蒸、烧、炒为主，且重视调汤，保持原汁。其口味清鲜，肥而不腻、淡而不薄，酥烂脱骨而不失其形、滑嫩爽脆而不失其味。苏菜的代表菜品有盐水鸭肫、金陵盐水鸭（见图 5-3-8）、叉烤鸭、芙蓉鲫鱼、菊花青鱼、松鼠鳜鱼、碧螺虾仁、雪花蟹斗、清汤鱼翅、香炸银鱼、无锡肉骨头、常州糟扣肉、霸王别姬、蟹黄鱼肚、彭城鱼丸等。

6. 浙菜

浙菜即浙江菜，是以杭州、宁波、绍兴和温州四地风味为代表的地方菜系。浙菜原料十分广泛，其注重原料的新鲜与合理搭配，以求味道的互补，充分发掘出普通原料的美味与营养。浙菜的代表菜品有龙井虾仁、西湖醋鱼、东坡肉、油焖春笋、虾爆鳝背、冰糖甲鱼、剔骨锅烧河鳗、苔菜小方烤、雪菜大黄鱼、腐皮包黄鱼、荷叶粉蒸肉、黄鱼海参羹、彩熘全黄鱼、嘉兴肉粽、绍兴臭豆腐、舟山虾爆鳝面等。

7．徽菜

徽菜即安徽菜，以烹调河鲜、家禽见长，讲究刀工，注重色、形，善用糖调味，尤以烟熏菜肴别具一格。徽菜的代表菜品有毛峰熏鲥（shí）鱼、火腿炖甲鱼、腌鲜鳜鱼（见图 5-3-9）、黄山炖鸽、雪冬烧山鸡、虎皮毛豆腐、中和汤、双脆锅巴、徽州圆子、蛏干烧肉、青螺炖鸭等。

图 5-3-8　金陵盐水鸭

图 5-3-9　腌鲜鳜鱼

8．湘菜

湘菜即湖南菜，其特色是油重色浓，讲求实惠；在品味上偏重香辣、香鲜、软嫩；烹饪技巧以炖、煨、腊、蒸、炒诸法见长，尤以煨菜和腊菜著称。湘菜的代表菜品有组庵豆腐、剁椒鱼头、辣椒炒肉、湘西外婆菜、牛肉粉、东安鸡、金鱼戏莲、永州血鸭、宁远酿豆腐、腊味合蒸、姊妹团子、岳阳姜辣蛇、味合蒸、冰糖湘莲、发丝牛百叶、干锅牛肚、平江火焙鱼等。

二、茶文化

茶文化起源于中国。中国茶文化在漫长的孕育与成长过程中，不断融入民族优秀传统文化精髓，以其独特的审美情趣和鲜明的个性风采成为中华民族灿烂文明的一个重要组成部分。

（一）中国名茶

中国茶叶历史悠久，茶类品种繁多，竞相争艳。根据茶叶加工工艺中鲜叶是否经过酶性氧化及氧化程度的不同，可分为绿茶、黄茶、黑茶、白茶、青茶和红茶等。

扫一扫

中国传统茶文化

1．绿茶

绿茶是中国最普遍饮用的茶类，其历史悠久，产量最大，种类最多，属于不发酵茶。绿茶因在加工过程中较多地保留了茶鲜叶中的原有化学成分，故而保留了其“清汤绿叶”的品质风格。绿茶的代表品种有西湖龙井（见图 5-3-10）、太湖碧螺春（见图 5-3-11）、信阳毛尖（见图 5-3-12）、六（lù）安瓜片（见图 5-3-13）等。

图 5-3-10　西湖龙井

图 5-3-11　碧螺春

图 5-3-12　信阳毛尖

视野纵横

六安瓜片

六安瓜片产于安徽省六安市大别山一带。在所有茶叶中，六安瓜片是唯一无芽无梗的茶叶。因采用单叶为原料，其成品形如瓜子，叶片边缘卷翘，宝绿润亮，大小匀整。冲泡后，茶汤黄绿清透，茶香扑鼻，入口鲜醇，回甜甘润。

图 5-3-13 六安瓜片新叶与茶汤

2. 黄茶

黄茶是我国独有的茶类，主要产于湖南、湖北、四川、安徽、浙江和广东等地，属轻发酵茶类。黄茶因其在制作过程中加入了闷黄的工艺，因此具有“三黄”，即色黄、汤黄、叶底黄的特点。黄茶的代表品种有君山银针（见图 5-3-14）、蒙顶黄芽（见图 5-3-15）等。

3. 黑茶

黑茶主产于四川、云南、湖北、湖南、广西等地，因成品茶的外观呈黑色故得名。黑茶属于后发酵茶，在一定条件下，越陈越香。黑茶的代表品种有普洱茶（见图 5-3-16）、湖南黑茶等。

图 5-3-14 君山银针叶底

图 5-3-15 蒙顶黄芽

图 5-3-16 普洱茶

4. 白茶

白茶是我国茶品中的特殊珍品，属微发酵茶，最早出现于宋代福建茶产区的贡茶园中。白茶因其外表满披白毫、如银似雪而得名。白茶的代表品种有白毫银针（见图 5-3-17）、贡眉（见图 5-3-18）等。

图 5-3-17　白毫银针

图 5-3-18　贡眉

5．青茶

青茶又名“乌龙茶”，主要产于福建、广东及台湾等地。其色泽青褐，属于半发酵茶。青茶的制作精细，成品茶具有特殊的香气和韵味。青茶的代表品种有安溪铁观音、大红袍（见图 5-3-19）、东方美人（见图 5-3-20）、冻顶乌龙（见图 5-3-21）等。

图 5-3-19　大红袍

图 5-3-20　东方美人

图 5-3-21　冻顶乌龙

6．红茶

中国是红茶的原产地，也是世界红茶的发源地。红茶属全发酵茶，由适宜的茶树新芽叶为原料精制而成。红茶因其冲泡后的茶汤和叶底呈红色而得名。红茶的代表品种有祁红工夫茶（见图 5-3-22）、正山小种等。

图 5-3-22　祁红工夫茶

（二）茶艺

要想品尝到令人心旷神怡的好茶，除了选择好茶叶、好水、好茶具外，茶艺的好坏也起着重要作用，它决定着茶的口感。因不同历史时期人们的饮茶方式不同，茶艺也随之不断演变。

1．古代茶艺

茶艺欣赏

唐代及之前较为普遍的饮茶方式是煮茶，即直接将茶叶放在锅中烹煮，茶汤煮好之后斟入众人的茶碗中，以示同甘共苦。到了宋代，演化成点茶，为宋代斗茶所用，即将饼茶碾磨成粉末，置于碗中，以沸水冲点入碗，以茶筅（xiǎn，打茶的工具）用力打击，使茶末溶于水，并渐起沫饽（茶水煮沸时产生的浮沫）。斗茶的胜负优劣以沫饽出现、水纹露出的快慢来评定。沫饽洁白，水纹慢出而不散者为上。

2．现代茶艺

明清时期的茶艺起到了承上启下的作用，其冲泡方式成为主流延续至今。冲泡的过程基本经过烫杯—倒水—置茶—注水—倒茶—分茶—奉茶—闻香—品茶—清渣—洗器这 11 个步骤。茶艺中，常见的冲泡方法有以下三种：

（1）凤凰三点头。

高提水壶让水直泻而下，接着利用手腕的力量上下提拉注水三次，让茶叶跟着变化的水流在杯中上下翻腾，这种冲泡技艺称为“凤凰三点头”。此法像是对客人鞠躬行礼，能够体现对客人的尊敬。

（2）高冲低斟。

高冲，即冲茶时要沿着茶壶口内缘冲入沸水，水柱不能从壶心直冲而入，以免冲破壶胆，从而破坏茶的味道。由于热水距离茶壶较高，这样水流冲下来被称为“高冲”（见图 5-3-23）。高冲能使热力直透罐底，茶沫儿上扬，不仅美观而且美味。低斟，即倒茶时茶壶尽量靠近茶杯，不会激起泡沫，不出声音，并能有效防止热气流失。

图 5-2-23　高冲

（3）关公巡城与韩信点兵。

在冲泡工夫茶时，要巡回斟茶，即茶杯紧靠在一起，茶壶沿着小杯子打转将茶水注入茶杯。巡回斟茶可以保证茶的浓淡、分量、香气均匀。由于茶壶的壶身大部分是红色，刚从茶池中提出时热气腾腾，如关公一般威风凛凛，仿佛在茶杯当中巡视，犹如“关公巡城”。在“关公巡城”后，茶壶中最后几滴茶往往比较浓，所以要一滴一滴地滴入每个茶杯，以防厚此薄彼，即为“韩信点兵”。

3．地方茶艺

（1）工夫茶茶艺。

工夫茶茶艺以广东潮汕地区最为出名，是由唐宋时期散茶的冲泡饮茶习惯发展而成，也是我国茶艺中最具代表性的一种。工夫茶对茶叶、茶具、水质、沏茶、斟茶和饮茶都十分讲究。工夫茶所用的茶壶都是小壶，杯子只有半个乒乓球大小，一般一拳可握住。茶壶多用薄胎瓷，半透明，隐约可见壶内茶叶。茶叶选用色香味俱全的乌龙茶。放茶叶时要把壶内塞满，并用手指压实；沏茶时要将刚烧开的沸水立刻灌进壶里，开头的一两浇要倒掉；斟茶时使用“关公巡城与韩信点兵”的方法，以免浓淡不一；品饮的时候要慢慢品尝。工夫茶茶汁浓厚，碱性大，刚饮时不免觉得苦涩，越品越觉得香气逼人，味有回甘。

（2）盖碗茶茶艺。

盖碗（见图 5-3-24）是指上有盖、下有托、中有碗的茶具。盖碗茶又称“三才碗”，即道为天，托为地，碗为人，天地人即为“三才”。北京地区的人偏好饮盖碗茶。盖碗茶茶盖放在碗上，若要茶汤浓些，可用茶盖在水面轻轻刮，使整碗茶水上下翻转，轻刮则淡，重刮则浓。除了北京地区，成都地区也喜饮用盖碗茶，在当地称为“三炮台”，茶具包括茶盖、茶碗和茶船子三部分，茶船子又叫“茶舟”，即承碗的茶托。蜀地的盖碗茶饮法还有特别的风俗，即品茶时将茶盖置于桌面，表示茶杯已空需要续水；茶客短暂离位时将茶盖扣在竹椅上，表示短暂离开，稍后就回，一来保留座位，二来跑堂会代为看管茶水小吃。

茶博士（旧时茶店伙计的雅号）的斟茶也是四川茶楼内亮眼的风景：水柱临空而降，泻入茶碗，翻腾有声，须臾之间戛然而止，茶水与碗口平齐，碗外却没有一滴水，如图 5-3-25 所示。

图 5-3-24　盖碗

图 5-3-25　茶博士斟茶

三、酒文化

中国是世界三大酒系的发源地之一。在中国，酒不仅具有食用价值，还凝结了人类的物质生产与精神创作，上升为一种饮食文化——酒文化。

（一）酒的发展

原始社会，人们就已经学会了酿酒，至商代，贵族饮酒已极为盛行，酿酒技术甚为发达。周王灭商后开始禁酒，从王亲贵族到黎民百姓都不能纵酒，但酒仍作为祭祀的重要物品。西汉建立之初，统治者提倡戒酒，并颁布了禁酒令。汉景帝时期，天下安定，经济发展，酿酒业开始大规模发展。魏晋南北朝时期，名士借酒抒发对人生的感悟、对社会的忧思，出现了“曲水流觞”的习俗。唐代是中国酒文化高度发达的时期，各阶层人士都喜爱饮酒，并以聚众参宴为好，同时诗歌文化繁荣昌盛，诗歌与酒珠联璧合，使得酒文化的内涵更加丰富多彩，酿酒、饮酒活动更加活跃。宋朝延续并发展了唐朝酒文化，酒业繁盛，政府对酒业的鼓励及酒税对财政的重大影响，促进了酒的生产和技术的革新，形成了传统的酿造理论。了用粮食制作的烧酒（相当于现代蒸馏白酒）在元代获得飞速的发展和普及。明代是酿酒业快速发展的时期，民间以酒作为日常生活必备的消费品。清代酒的种类空前发达，出现了青稞酒和枣酒，清末时期，我国开始酿造啤酒。明清以后，“专用酒”十分流行，如元旦饮椒柏酒、端午饮菖蒲酒、中秋饮桂花酒、重阳饮菊花酒等。在这一时期，饮酒讲究“陈”（指酒的味道，酒储存时间长，沉淀陈化，使酒的风味更加醇厚）字，酒令（指酒席上的一种助兴游戏）五花八门且雅令（指文人雅士饮酒时行的酒令）很多，把中国的酒文化从高雅的殿堂推向了通俗的民间。

（二）酒之礼仪

中国很多的礼节都源自周礼，酒礼也一样，“无酒不成席，无酒不成礼”的酒文化就是从古代沿袭下来的。

1. 古代祭祀中的酒礼

殷周以神权维护统治地位，因此事事占卜、时时祭祀，这一时期的酒礼主要为祭祀之礼。这一时期，不论是贵族祭祀还是普通百姓祭祀，都必须做完“以酒酹（lèi）地”的仪式后才可饮酒。其流程大致为主祭祀的人在祭桌前端庄肃立，双手举杯，默念祭辞；分三次将酒倾倒，并有所剩余；将剩余的酒绕身前洒成半圆形，礼毕。

2. 古代宴请中的酒礼

古代宴会上饮酒的礼仪约有四步：拜、祭、啐、卒爵。即先做出拜的动作，表示敬意；接着把酒倒出一点洒在地上，祭谢大地生养之德；然后尝酒味，并加以赞扬，令主人高兴；最后仰杯而尽。主人和宾客一起饮酒时，要相互跪拜。晚辈在长辈面前饮酒，叫“侍饮”，通常要先行跪拜礼，再坐入次席；长辈命晚辈饮酒，晚辈才可举杯；长辈酒杯中的酒尚未饮完，晚辈不能先饮尽。在酒宴上，主人要向客人敬酒，客人也要回敬主人，敬酒时还应说敬酒辞。客人之间也可相互敬酒，敬酒时，双方都要起立。

“偷”酒——礼与非礼

一天中午，钟会和哥哥钟毓想趁父亲钟繇午睡时偷喝家中的酒。不想其父只是假寐，看到了他们的所有举动：钟毓端了酒，先作个揖，然后才开始饮；钟会则举起酒瓢一饮而尽。钟繇遂叫住他们二人问其中的原因。钟毓说“酒以成礼，不敢不拜”，意思是饮酒便应尊礼，钟繇点头，再问钟会，钟会则说“偷本非礼，所以不拜”，他的理由是，盗酒已是非礼，还谈何酒礼呢？

（三）酒与文学艺术

自古以来，诗酒同风众所周知。在我国的诗歌中，到处都可以“看”到酒的影子，“闻”到酒的醇香。如果没有酒，就不会成就陶渊明的“田园诗酒”、岑参的“边塞诗酒”、李白的“浪漫诗酒”、杜甫的“民间诗酒”。

唐代和宋代是我国古代诗词发展的鼎盛时期，也是酒文化迅速发展的时期。唐宋诗歌很多与酒有关联，其代表人物当推“斗酒诗百篇”的李白，其诗中将饮酒的情趣表现得淋漓尽致，譬如“看花饮美酒，听鸟临晴山”“且就洞庭赊月色，将船买酒白云边”等，可谓诗酒风流。宋代欧阳修，自称“醉翁”，他不仅爱喝酒，且喜酿酒，其文章《酒经》用寥寥数字，就将酿酒的过程写得一清二楚。

高度发达的文化事业与高速发展的酿酒业、饮酒习俗相结合，创造了绚丽多姿的酒文化。随着历史的发展，酒与文学的缘分更深，几乎每一种美酒背后都会跟着一串美妙的传说故事，成为文人墨客写作的素材；酒与警句的关系也日益亲密，借酒喻理，意在酒外；而行酒令作为饮酒的一种文化形式更与文学紧密联系。

品味文化

中国素有“民以食为天”的说法，华夏祖先向来注重饮食。人类从学会使用火之后，体验到了食物的美味，随后不断发掘出更多制作食物的方式，创造制作食物的器具，从而开始了烹饪。同时，由于中国地大物博、物产丰富，不计其数的食材更有利于激发祖先在饮食方面的创造力，从而形成了中国庞大的饮食体系和深厚的饮食文化。

一、色香味俱全

中国的菜肴讲究色香味俱全。色即色泽要光亮润泽，让人一看就食欲大增；香即味道，或浓香扑鼻，或淡淡而持久不散；味即口味，要越品越美，越尝越鲜，久久难忘。例如，家常菜锅包肉就是“色香味”

的典型代表，那令人赏心悦目、晶莹剔透甚至是流光溢彩的番茄色，配上浓厚、香甜的肉香味，可以说是令人垂涎欲滴，夹起一块，放在口中，细细咀嚼，甜软酥嫩的口感令人回味不已，久久难忘。

二、人器境皆佳

中国人吃饭，不仅要吃得香，而且要心情舒畅。因此，吃饭时对人员、环境甚至器皿的选择都有颇多讲究。首先，一起吃饭的人要志同道合，和气相生。其次，吃饭的环境要整洁雅致，富有情趣。最后，盛装食物的器具要实用、大方，符合就餐环境，或高雅，或素朴，或富有特色，这一点在中国的古诗词中就有“葡萄美酒夜光杯”“金樽清酒斗十千”等。

脍炙人口的散文名篇《醉翁亭记》可以说是中国人宴饮中讲究“人器境皆佳”的绝好说明，“环滁皆山也。其西南诸峰，林壑尤美”，“醉翁之意不在酒，在乎山水之间也”，“宴酣之乐，非丝非竹，射者中，弈者胜，觥筹交错，坐起而喧哗者，众宾欢也”……这些优美的描写让人情不自禁地联想到主客宴饮那种和谐美好、酣畅淋漓的快乐场面。

三、饮食追求“和”

古人说：“饮食所以合欢也。”所以，饮食所追求的“和”的第一层含义就是“和合而欢”。中国是一个多民族的国家，人口众多，风俗文化异彩纷呈，但终能完整、和谐地统一在一起。从文化角度说，一个重要的原因就是中国是一个讲究和谐、和平的邦国。早在春秋时期，孔子就提出了儒家的经典思想“仁”，提出“仁”是人之所以为人的根本，故曰“仁者，人也。”（礼记·中庸）而“仁”的本意是“爱人”，即做人要有一种博大的同情心和爱心。如果把“仁”的思想引申到中国的饮食文化上，就理解了中国人喜聚不喜散，喜欢志同道合的亲朋好友坐在一起享用美食的深层文化原因了。因此，“和合而欢”是中国饮食文化的一个重要内涵。

“和”的第二层含义是“五味调和”。饮食之美在于“五味调和”。古人认为“辛、甘、酸、苦、咸”各有其味，单一的味道给人的感觉并不完美，需要经过调和，才能取长补短。因此，在饮食中，人们视“五味调和”为调味的最高标准。

“和”的第三层含义是“阴阳调和”。在饮食方面，“阴阳调和”的理念最鲜明的体现就是要根据自己的身体状况来调整阴性食物与阳性食物的比例，做到合理饮食。如，容易上火的人要少吃牛羊肉，因为牛羊肉热性大，是典型阳性食物的代表，过量食用会使人内火更盛；体寒气虚之人要少吃西瓜，西瓜属阴性水果，寒气大，可以多吃桂圆，桂圆属阳性水果，有补气提神的作用。

茶韵幽香

九日与陆处士羽饮茶

唐·皎然

九日山僧院，东篱菊也黄。
俗人多泛酒，谁解助茶香。

茶

唐·元稹

茶。
香叶，嫩芽。
慕诗客，爱僧家。
碾雕白玉，罗织红纱。
铫煎黄蕊色，碗转曲尘花。
夜后邀陪明月，晨前命对朝霞。
洗尽古今人不倦，将知醉后岂堪夸。

雪水煎茶

清·吴我鸥

绝胜江心水，飞花注满瓯。
纤芽排夜试，古瓮隔年留。
寒忆冰阶扫，香参玉乳浮。
词清应可比，曾浣一襟秋。

文化实践

一、家乡的传统美食

饮食文化是中华文明的重要组成部分。中国素有“民以食为天”的说法，乡土文化中也孕育了博大精深的饮食文化。请选择自己家乡具有代表性的饮食，在班级内部展示。具体展示内容如下。

（1）与该传统饮食相关的历史、典故、传说等。

（2）用图片或视频的方式展示烹饪过程。

二、茶艺展示

中国数千年古老而悠远的文明发展史为茶文化的形成和发展奠定了极为丰厚的底蕴。中国茶文化在漫长的孕育与成长过程中，不断融入民族优秀传统文化精髓，并在民族文化巨大而深远的背景下逐步走向成熟。中国茶文化以其独特的审美情趣和鲜明的个性风采成为中华民族灿烂文明的一个重要组成部分。

请查阅资料或观看视频，了解茶叶冲泡的基础知识，并选取绿茶、红茶、黑茶、青茶、黄茶中的一种，学习其冲泡方法。

（1）全班学生每 5～7 人一组，各组选出一名组长。由组长进行任务分工，并制订出具体的工作计划。各组将小组成员及分工情况填入表 5-3-1 中。

表 5-3-1　小组成员及分工情况

<table>
<tr><td>班级</td><td></td><td>组号</td><td></td><td>指导教师</td><td></td></tr>
<tr><td>小组成员</td><td>姓名</td><td>学号</td><td colspan="3">任务分工</td></tr>
<tr><td>组长</td><td></td><td></td><td colspan="3"></td></tr>
<tr><td rowspan="6">组员</td><td></td><td></td><td colspan="3"></td></tr>
<tr><td></td><td></td><td colspan="3"></td></tr>
<tr><td></td><td></td><td colspan="3"></td></tr>
<tr><td></td><td></td><td colspan="3"></td></tr>
<tr><td></td><td></td><td colspan="3"></td></tr>
<tr><td></td><td></td><td colspan="3"></td></tr>
</table>

（2）按照工作计划，开展班级活动。各组将具体的实施情况记录在表 5-3-2 中。

表 5-3-2　活动实施情况

冲泡步骤	具体操作

（3）学会并熟练掌握冲泡方法后，以班级为单位邀请班主任或任课老师前来观看，并对各小组的表现给予评价。

（4）各小组剪辑并制作活动视频，以活动专题的形式，发表在校园融媒体上。

包罗万象——科技篇

第一节　天文学和数学

学习目标

知识目标

- 了解中国古代天文学和数学的相关知识，以及它们对世界做出的贡献。
- 了解古代天文学和数学的文化内涵和社会价值。

素养目标

- 领略中国天文学和数学的独特魅力，体会并主动学习古代天文学家和数学家所具备的刻苦钻研、奋发进取精神。
- 树立为人民服务、为国家做贡献的意识。

文化讲堂

一、天文学

（一）天文仪器

中国古代的人们非常重视物候和农时，于是就发明了一些天文仪器来观测天象、制订历法，从而准确地把握物候和农时规律。

1. 圭表

远古时期，人们日出而作、日落而息。久而久之，人们便从太阳每天有规律的东升西落中发现了太阳与时间的关系。于是，人们开始以太阳的位置来确定时间。

中国使用最早、沿用最久的天文测量仪器是圭表（见图 6-1-1）。圭是正南、正北方向平置的尺，表是直立于平面上测日影的标杆或石柱，圭与表相互垂直。人们通过表影在不同时间落在圭面的长短变化，测量、比较、标定日影的变化，推算和制定了历法和二十四节气的节令日期，从而有效地帮助和指导了中国古代劳动人民的农事活动。

我国最重要的圭表测量遗址在河南登封的周公测景台。周公测景台俗称“无影台”，又名“八尺表”，相传是周公（姬姓名旦，亦称叔旦，是西周开国元勋，杰出的政治家、军事家、思想家、教育家）在此立土圭测日影之处。后来，唐代天文官南宫说奉诏在此处仿照周公的土圭旧制建成了石圭石表，元代郭守敬又在测景台北约 20 米处建造了永久性的观星台（见图 6-1-2）。

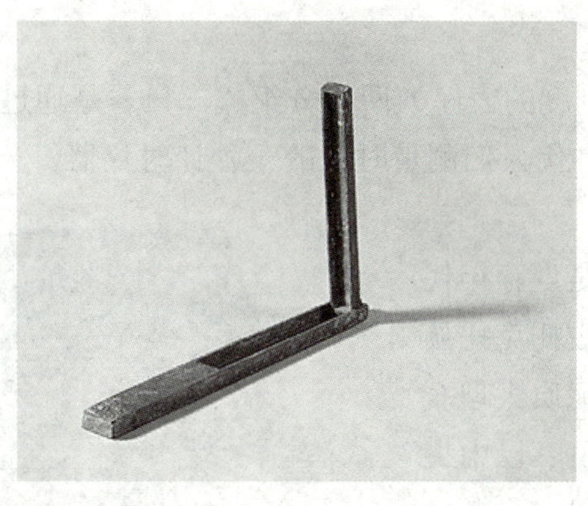

图 6-1-1 圭表

图 6-1-2 观星台

传世经典

郭守敬与《授时历》

《授时历》又称《授时历经》，由郭守敬、许衡、王恂等人共同研订，于 1281 年实施。《授时历》自颁行后，沿用了 300 多年，是我国流行最长的一部历法，也是我国古代最先进的历法。

1276 年，元世祖忽必烈采纳大臣刘秉忠的建议，下令组织历局，调动全国各地的天文学者修订历法。1279 年，郭守敬向元世祖建议，为了使历法更加准确，应组织一次全国范围的大规模的天文观测。元世祖接受了建议，派 14 名天文学家，选择了国内 27 处地点进行天文观测，史上把这次测量活动称为“四海测验”。四海测验的范围南北达 5 000 多公里，东西横跨 3 000 多公里，其测量内容之多、地域之广、精度之高、参加人员之众，在我国历史上乃至世界天文史上都是空前的。四海测验测定了夏至日的表影长度和昼夜时间的长度，为修订历法提供了很多精确的数据。郭守敬等人通过一系列精准的天文测量，并在南宋《成天历》的基础上，终于成功制定了新的历法。1280 年，元世祖按照“敬授民时”的古语，将修订完成的历法取名为《授时历》。

《授时历》的卓越成就主要表现在“考正者七事”“创法者五事”两个方面。

“考正者七事”：① 精确地测定了至元十七年（1280 年）的冬至时刻。② 测定了 1 个回归年长度为 365.242 5 日，与地球绕太阳公转的实际时间仅相差 26 秒，与当今世界通行的《格里高利历》周期相当，却比其早了 302 年；③ 测定了冬至日太阳的位置，认为太阳在冬至点速度最高，在夏至点速度最低；④ 测定了月亮近地点时刻；⑤ 测定了冬至前月亮过升交点（天体沿轨道从南向北运动时与参考平面的交点）的时刻，并进一步利用此数据测定了朔望日（朔日对应的是农历每月初一，望日对应的是农历每月十五或十六）、近点月（月球绕地球公转连续两次经过近地点或远地点的时间间隔）和交点月（月球绕地球运转，连续两次通过白道和黄道的同一交点所需的时间）的日数；⑥ 测定了二十八宿距星的度数；⑦ 测定了二十四节气元大都日出日没时刻及昼夜时间长短。

“创法者五事”：① 求得太阳在黄赤道上的运行速度；② 求得月亮在白道上的运行速度，即月球每日绕地球运行的速度；③ 从太阳的黄道经度推算出赤道经度；④ 从太阳的黄道经度推算出赤道纬度；⑤ 求得月道和赤道交点的位置。

2．日晷

日晷（guǐ）又称“日规”，通常由晷针和晷面（带刻度的表座）两部分组成。日晷是通过测量太阳在不同时间段的投影方向来测定并划分当下的时间，是古代人们测量时辰的一种计时仪器，一直沿用了几千年。

现藏于中国国家博物馆的托克托日晷（见图 6-1-3）是现存年代最早、保存最完整的日晷。1897 年，托克托日晷在内蒙古托克托县出土，专家们根据上面的汉篆确定它为汉代日晷。此晷用泥质大理石制成，边长 27.4 厘米，厚 3.5 厘米，晷面中央有一圆形小孔；以中央孔为核心，刻出两个同心圆，内圆与外圆中间刻 69 条辐射线，各辐射线夹角相等；辐射线与外圆的交点上钻小孔，孔外是 1～69 的汉篆数字。

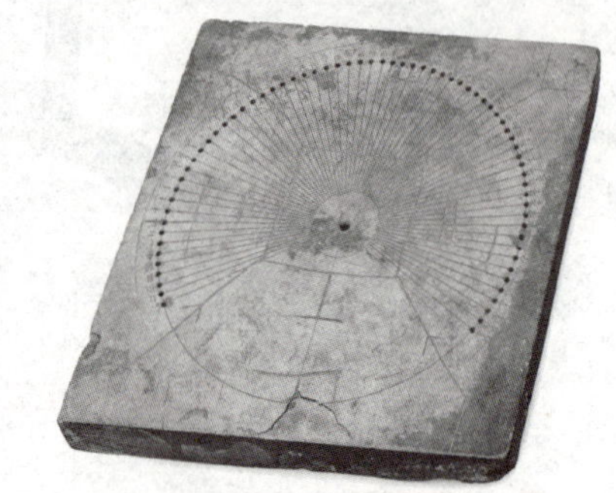

图 6-1-3　托克托日晷

3．漏壶

由于圭表和日晷都需要利用太阳的影子计算时间，在阴雨天或夜晚便难以发挥作用，因此，漏壶这种可以在任何天气条件下计时的仪器便应运而生。

漏壶又称“滴漏”“刻漏”，是中国古代一种计时仪器。目前发现的早期漏壶大多属于汉代，为沉箭式。汉代漏壶里插有一根带有刻度的标杆，称为“箭”，用于指示时刻；箭下有一只舟承托，使之浮在水面上。在使用时，漏壶内的水会从水管内逐渐滴出，箭随之下沉。人们可以根据箭的刻度观察时间的变化。1976 年，在内蒙古鄂尔多斯市阿门其日格乡出土的青铜漏壶（又称“千章铜漏”，见图 6-1-4），是迄今为止我国发现的保存最完整且有明确制造年代的沉箭式漏壶，现藏于中国国家博物馆，其仿品展示于鄂尔多斯博物馆。

沉箭式漏壶受湿度、温度和气压的影响较大，容易产生计时误差。为了解决这一问题，人们发明了浮箭式漏壶和多级漏壶，即在原来漏壶上增加漏壶，用上壶的水量补充下壶的水量，以实现稳定水量的效果。中国国家博物馆所藏的元代多级漏壶（见图 6-1-5）铸造于元延祐三年（1316），高 264.4 厘米，由日壶、月壶、星壶、受水壶四壶组成，分别置于阶梯式架座上。最下面的受水壶盖中央有一把长 66.5 厘米的铜尺，上刻有十二个时辰，铜尺前插木制箭，箭下为舟，舟浮箭升，度尺计辰。这只漏壶的水压稳定，滴漏均匀，计时较为精确。

图 6-1-4　青铜漏壶

图 6-1-5　元代的多级漏壶

（二）天文观测

中国在几千年以前，就有了对太阳、月亮、行星、彗星等天体，以及日食、月食、太阳黑子、日珥、流星雨等罕见天象的记载。例如，1973 年，我国考古工作者在湖南长沙马王堆汉代古墓内发现了一幅精致的彗星图，图上除彗星之外，还绘有云、气、月掩星和恒星。这幅彗星图是迄今发现的世界上最早的彗星图，专家称其为《天文气象杂占》（见图 6-1-6），对研究我国古代天文观测有着重要的意义。又如，从公元前 28 年到明代末期的 1 600 多年，我国共有 100 多次翔实可靠的太阳黑子记录，这些记录不仅有确切的日期，而且对黑子的形状、大小、位置乃至分裂、变化等，都有很详细的描述。

图 6-1-6 《天文气象杂占》（部分）

为了更好地观测天象，中国从尧帝时代起设立了专职的天文官，专门从事“观象授时”活动。历代天文官和天文学家采用各种方法进行天文观察并做了相关记录，为现代天文观测提供了宝贵的资料。

二十八星宿

为了观测日月星辰的运转，古代天文官和天文学家把广袤的星空划分为 28 个星区，用以说明日、月、五星（水星、金星、火星、木星、土星）的位置，即二十八星宿。二十八星宿分为东方青龙、西方白虎、北方玄武和南方朱雀四象，每象又包含七个星宿。其中，东方青龙包括角、亢、氐（dǐ）、房、心、尾、箕（jī）七个东方星宿，它们合起来构成龙的形状，如图 6-1-7 所示；西方白虎包括奎（kuí）、娄、胃、昴（mǎo）、毕、觜（zī）、参七个西方星宿，它们合起来构成虎的形状，如图 6-1-8 所示；北方玄武包括斗、牛、女、虚、危、室、壁七个北方星宿，它们合起来构成龟蛇缠绕的形状，如图 6-1-9 所示；南方朱雀包括井、鬼、柳、星、张、翼、轸（zhěn）七个南方星宿，它们合起来构成鸟的形状，如图 6-1-10 所示。古人最初用二十八星宿中每象、每宿出没在天空中的时刻来判定季节，后来又将其广泛应用于天文、农业、文学等领域。

图 6-1-7 东方青龙

图 6-1-8 西方白虎

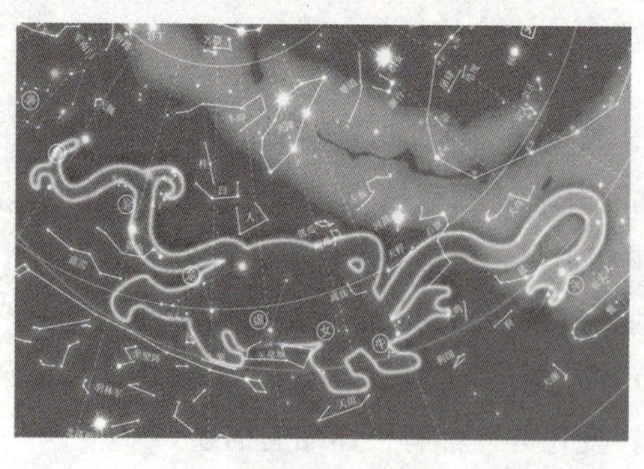

图 6-1-9　北方玄武

图 6-1-10　南方朱雀

现藏于湖北省博物馆的战国时期二十八星宿图漆木箱，箱面上画有完整的二十八星宿图，如图 6-1-11 所示。该图的中心是篆书的“斗”字，绘在箱盖中央，代表北斗星。环绕“斗”字，四周写着二十八宿的名称，其东侧绘有一龙，西侧绘有一虎，“斗”字向东、西、南、北四个方向特意延长了四笔，恰好指向四象的中心宿。曾侯乙漆箱是迄今为止发现的年代最早的将青龙、白虎与二十八星宿配合的实物例证，是研究中国古代天文学史的重要文物。

图 6-1-11　二十八星宿图漆木箱

（三）阴阳历

阴阳历是人们兼顾月亮绕地球的运动周期，以及地球绕太阳的运动周期而制订的历法。我国现行的农历就是阴阳历的一种。

中国农历的纪历方法为“干支纪历”，即采用天干地支标记年、月、日、时。天干地支简称“干支”，包括十天干和十二地支。其中，十天干为“甲、乙、丙、丁、戊、己、庚、辛、壬、癸”，十二地支为“子、丑、寅、卯、辰、巳、午、未、申、酉、戌、亥”。十天干和十二地支依次相配，可以组成 60 个基本单位，如甲子、乙丑、丙寅、戊辰等。古人以此作为年、月、日、时的序号，周而复始，循环使用。十二地支还可以与中国的十二生肖相呼应，依次组成子鼠、丑牛、寅虎、卯兔、辰龙、巳蛇、午马、未羊、申猴、酉鸡、戌狗、亥猪。

（四）二十四节气

古人根据太阳一年内的位置变化，把一年分成 24 段，分列在 12 个月中，以反映季节、气温、物候等变化情况，即二十四节气。二十四节气依次分为立春、雨水、惊蛰、春分、清明、谷雨、立夏、小满、芒种、夏至、小暑、大暑、立秋、处暑、白露、秋分、寒露、霜降、立冬、小雪、大雪、冬至、小寒、大寒。

二十四节气代表地球在公转轨道上的 24 个不同位置，较为准确地反映了气候、物候、时候的变化，可用于指导农事活动，并影响着千家万户的衣食住行。它还将天文、农事、物候和民俗等巧妙结合，衍生出了大量与之相关的岁时节令文化，如立春吃春饼和打春牛、冬至吃饺子、清明踏青和扫墓祭祖等。这些岁时节令文化，成为中华民族传统文化的重要组成部分。

二十四节气鲜明地体现了中国人尊重自然、顺应自然规律和可持续发展的理念，彰显了中国人对宇宙和自然界认知的独特性及其实践活动的丰富性。时至今日，二十四节气依然在中国人的生产生活中发挥着重要作用。

岁时节令文化

立春“打春牛”

立春为二十四节气之首，在每年的2月3日至2月5日之间，标志着万物闭藏的冬天已经过去，开始进入风和日暖、万物生长的春季。

打春牛是立春的习俗。“春牛”是用桑木做骨架，用土塑成的牛形雕塑：牛身长三尺六寸五，象征一年365天；牛尾长一尺二寸，象征一年12个月；四蹄象征四季。打春牛用的柳条鞭子象征春天，长二尺四寸，代表24个节气。立春前一日，人们用柳条鞭子鞭打“春牛”，寓意着打去春牛的懒惰，祈求来年丰收。

惊蛰“驱霉运”

惊蛰又称“启蛰”，是春季的第三个节气，在每年的3月5日到3月6日之间。时至惊蛰，阳气上升、气温回暖、春雷乍动、雨水增多，万物生机盎然，反映了天地万物受节律变化影响而萌发生长的现象。

古代人们认为，惊蛰犹如平地一声雷，会唤醒所有冬眠中的蛇、虫、鼠、蚁等害虫。因此惊蛰当日，人们会手持清香、艾草等物，熏家中四角，以香味驱赶蛇、虫、鼠、蚁等害虫并驱散霉味。久而久之，便演变成了一种惊蛰驱霉运的习俗。

春分“送春牛”

春分是春季的第四个节气，在每年的3月19日到3月22日之间。从春分开始，气候温和，雨水充沛，阳光明媚。

古代春分时，会出现挨家送春牛图的人。送图人都是民间善言唱者，每到一家便会与主人说一些吉祥的话，说到主人乐而给钱为止。送图人的言词虽随口而出，却句句有韵且动听，俗称“说春”，说春人则被称为“春官”。

清明“扫墓祭祖”

清明是春季的第五个节气，在每年的4月4日至4月6日之间。清明时，气清景明，万物皆显，是春耕春种的大好时机，故有“清明前后，种瓜种豆”“植树造林，莫过清明”的农谚。

清明节是纪念祖先的节日，其重要习俗祭祀、踏青等主要来源于寒食节和上巳节。寒食禁火，冷食祭墓，清明取新火踏青出游。唐代之前，寒食与清明是两个前后相继但主题不同的节日，前者怀旧悼亡，后者求新护生。唐玄宗时，朝廷曾以政令的形式将民间扫墓的风俗固定在清明节前的寒食节。后来，清明节和寒食节逐渐合而为一，清明节将寒食节的祭祀习俗收归名下，一直延续至今。

芒种“安苗”

芒种又称“忙种”，是夏季的第三个节气，在每年的6月5日到6月7日之间。芒种时节，气温显著升高、雨量充沛、空气湿度大，适宜晚稻等谷类作物的种植。

每到芒种时节，农民种完水稻后，为了祈求秋天有个好收成，都会举行安苗祭祀活动。安苗时，家家户户用新的麦面蒸发包，把面捏成五谷六畜、瓜果蔬菜等形状，然后用蔬菜汁染上颜色作为祭祀供品，祈求五谷丰登、平平安安。

立秋“贴秋膘”

立秋是二十四节气中第13个节气，秋季的第一个节气，在每年的8月7或8月8日。立秋后，由夏季的多雨湿热逐渐向秋季的少雨干燥气候过渡。在自然界中，阴阳之气开始转变，万物随阳气下沉而逐渐消落。

古代人们对健康的评判往往以胖瘦作为标准。在立秋这天，人们会以悬秤称人，将立秋时的体重与立夏时的体重进行对比，轻了就需要“补”。在夏天人们的饭食一般都清淡简单，因此到了立秋时，体重都会减少。等到秋风一起，人们往往会胃口大开，这时吃一些肉食，以补偿夏天对身体的“亏欠”，同时补充能量、增加营养，这种“以肉贴膘”的方式就称为“贴秋膘”。

二、数学

在中国古代，数学被称为“算学”。与其他国家的数学相比，中国古代的数学自成体系，侧重于解决实际问题，取得了很多成就，如十进制、割圆术、勾股术、“零”的采用、负数的发现、方程术等。下面主要介绍十进制、割圆术和勾股术。

（一）十进制

十进制是古代最先进、最科学的计数法。早在商代，我国就已经有了完整的十进制系统，并且还有“十”“百”“千”“万”等专用的大数名称。甲骨文与阿拉伯数字的对应如图6-1-12所示。

在河南安阳出土的殷代甲骨文中，就有许多数字。例如，有一片甲骨上刻有“八日辛亥允戈伐二千六百五十六人”的字样，准确记录了在八日辛亥那天的战斗中，消灭了敌方2 656人的事件，充分说明在公元前1 600年左右，我国就已经能够熟练运用十进位进行记数了。春秋时期出现的乘法歌诀“九九歌”，是十进制计数法与中国的语言文字完美结合的典范，也是我国数学普及和发展的基础，一直延续至今。

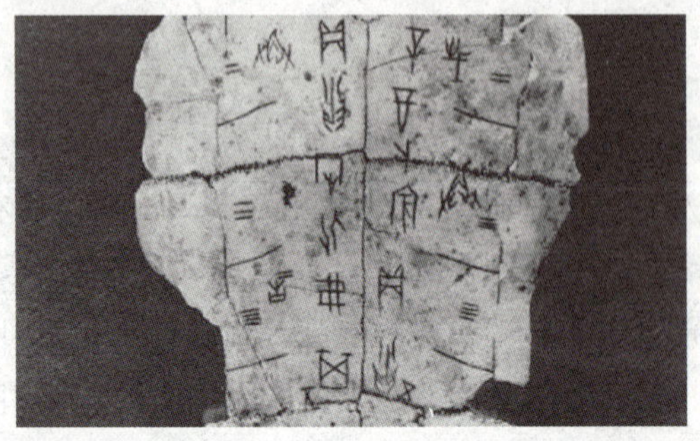

1 2 3 4 5 6 7 8 9 10 20 30 40

50 60 70 80 100 200 300 400 500 600

800 900 1000 2000 3000 4000 5000 8000 10000 30000

图6-1-12 甲骨文与阿拉伯数字的对应

（二）割圆术

割圆术是中国古代极限思想的杰出成就，由魏晋时期的数学家刘徽首创，是一种不断倍增圆的内接正多边形的边数，以求取圆周率的方法。

“天才”祖冲之

刘徽在其名作《九章算术注》中提出极限思想，认为“割之弥细，所失弥少，割之又割以至于不可割，则与圆合体而无所失矣”。意思是说，分割越细，圆内接正多边形的面积就越接近圆的面积，误差就越小，无限细分就能逐步接近圆的实际值。刘徽以极限思想为指导，运用“割圆术”来求取圆周率，最终计算出圆周率为 3.141 6。

南北朝时期，数学家祖冲之在刘徽研究成果的基础上，利用“割圆法”进一步将圆周率精确到了小数点后 7 位，即圆周率在 3.141 592 6 和 3.141 592 7 之间。这是中国古代算学方面的又一杰出成就。

（三）勾股术

勾股术即勾股定理，是指在平面上的一个直角三角形中，两个直角边边长的平方加起来等于斜边边长的平方。假设直角三角形两条直角边的边长分别是 a 和 b，斜边的边长是 c，那么，用数学语言可以表达为 $a^2+b^2=c^2$。

勾股术是一个基础的几何定理，是用代数思想解决几何问题的重要工具，也是数形结合的纽带之一，对后世产生了重要影响。中国是最早发现和研究勾股术的国家之一：早在商代时，商高就提出了勾股定理；在汉代的《周髀算经》中，明确记载了勾股定理的公式与证明；三国时期，赵爽用数形结合的方法对《周髀算经》中的勾股定理进行了详细的注释，并创制了一幅“勾股圆方图”（见图 6-1-13）；清代的数学家华蘅芳，又提出了 20 多种勾股定理证法。

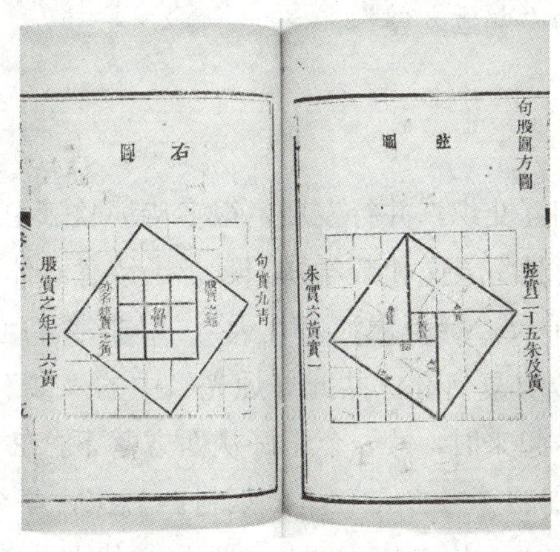

图 6-1-13　勾股圆方图

品味文化

一、天人合一的宇宙观

“天人合一”是中国传统文化中最基本的一个问题，它强调的是天与人、人与人、人与社会的自然和谐关系，倡导把人看作宇宙自然的一部分，在实践中达到主观与客观、情感与理性、权利与义务、个体与社会的和谐统一。古代天文学是中国传统文化的重要组成部分，是中国传统文化的源头活水。在中国，古人虽然认为“天道”是崇高的存在，但却不愿意屈从于“天道”的安排，而是将“天道”看成人的合作对象，强调天人对应和天人相互感应，认为只有与“天道”合作共处，才能安身立命。这种对待天地万物的态度使得中国人把大自然当成人类的朋友，形成了自力更生、勤奋向上、强调内省的性格。《易经》中“天行健，君子以自强不息”就表达了中国人自强不息、永不屈服的精神。

古人还从对宇宙的长期观察中感受到一种巨大的秩序、和谐和壮美，他们希望能效仿天地，建立一个和谐、有序、美好的人类社会。因此，产生了“为政以德，譬如北辰居其所而众星共之”（孔子），“人法地，地法天，天法道，道法自然”（老子），“天地有大美而不言，四时有明法而不议，万物有成理而不说”（庄子）等对建立和谐、大同的美好世界的思考。

二、万物皆数的数学观

“万物皆数”是中国古代数学的一个重要思想。《孙子算经》中记载：“夫算者，天地之经纬，群生之元首，五常之本末，阴阳之父母，星辰之建号，三光之表里，五行之准平，四时之终始，万物之祖宗，六艺之纲纪。”意思是万物都与数相关联，宇宙间的一切都可以用数算出来。

中国古代数学生长于中国传统文化的土壤，在漫长的历史长河中，很多数字也都被赋予了丰富的文化内涵。例如，在中国古代哲学中，数字“一”被看作是世界的本源和宇宙初萌的象征，即老子的“道生一，一生二，二生三，三生万物”。又如，数字“六”因为谐音的关系，历来被中国人认为是吉祥数字，因此古代皇帝出游时所乘的车驾必须有六匹马、皇宫后院被称为“六宫”、周代执政大臣分为“六官”、后世有“六部”、民间有“六六大顺”的说法等。再如，数字“九”是个位数中最大的一个数，因此中国传统文化中赋予了它“多”“全”“重要”“吉祥”等含义，有着崇高的地位。另外，“九”在古代阴阳学中被视为阳数之最，后引申出“天”“帝”的意义，在《易经》中也认为乾卦的“九五”爻辞有“飞龙在天，利见大人”的寓意，故古人将皇帝称为“九五之尊”。

三、寓意于诗的文学美

中国古代的天文数学与人文相互交织，并行发展，很多诗词歌赋中，都会加入天文学和数学的内容，不仅能够更加生动地表情达意，而且将天文和数学知识赋予了诗意，体现了中华民族独特的审美观念。

例如，李白的“飞流直下三千尺，疑是银河落九天”，用非常高远的银河做比喻，气势磅礴；杜甫的“人生不相见，动如参与商，今夕复何夕，共此灯烛光”中的“参”和“商”是古代二十八星宿中的两个星宿，当一个从东方地平线升起来时，另一个正好从西方落下，在天空中不会同时见到这两个星宿，因此被杜甫用来借喻。又如，邵雍的“一去二三里，烟村四五家，亭台六七座，八九十枝花”，把数字一到十全部写在了诗中；林和靖的“一片二片三四片，五片六片七八片。九片十片无数片，飞入梅中都不见”，把数的范围从有穷拓展至无穷；骆宾王的“百年三万日，一别几千秋”，更是道出了简单的数量关系。

古人还常常用诗词描述数学问题。《算法统宗》就是一本将数字入诗的数学专著，由明代程大位花费近20年完成。这本书将枯燥的数学问题化成美妙的诗歌，读来朗朗上口，如“肆中饮客乱纷纷，薄酒名醨（lí）厚酒醇。醇酒一瓶醉三客，薄酒三瓶醉一人。共同饮了一十九，三十三客醉颜生。试问高明能算士，几多醨酒几多醇？”此外，朱世杰的《四元玉鉴》中的《或问歌彖》共有十二个数学问题，也都采用了诗歌的形式。

源远流长

一、《灵宪》

《灵宪》是东汉天文学家张衡所写的天文学著作，其全面阐述了天地的生成、宇宙的演化、日月星辰的本质及其运动等诸多重大课题，是古代中国天文学史上最杰出的天文学著作之一。

张衡

张衡（78 年—139 年），字平子，南阳郡西鄂县（今河南省南阳市石桥镇）人，东汉时期杰出的天文学家、数学家、发明家、地理学家、文学家。

张衡发明了浑天仪、地动仪，制造了瑞轮荚（一种自动日历）、记里鼓车（一种计算历程的机械装置），还著有天文学著作《灵宪》《浑仪图注》，数学著作《算罔论》，为中国天文学、机械技术、数学的发展做出了杰出的贡献。

鉴于张衡在天文学上的突出贡献，联合国天文组织将月球背面的一个环形山命名为“张衡环形山”，将太阳系中的 1802 号小行星命名为“张衡星”。

此外，张衡还有很高的文学造诣，写有文学作品《二京赋》《归田赋》等，并与司马相如、扬雄、班固并称“汉赋四大家”。

《灵宪》主要包括以下六个方面的内容。

（1）天地的生成，即宇宙的起源和结构问题。张衡在《灵宪》中认为，元气最初混沌不分，后来清气和浊气开始生成并相互作用，逐渐形成了宇宙。这种天体演化思想，是从物质本身的发展变化来说明宇宙的形成，与现代宇宙演化学说在基本原理上是相通的。

（2）宇宙的有限性和无限性。张衡认为，人们目之所及的世界是有限的，所以有“八极之维，径二亿三万二千三百里”的阐述。张衡还认为，“过此而往者，未之或知也。未之或知者，宇宙之谓也”，意思是说，无限的时空是无法进行命名和定义的，只有从无限中确定的有限时空才可以命名，因此“宇之表无极，宙之端无穷”，明确地提出了宇宙在时间和空间上都是无穷无尽的思想。

（3）科学地解释了月食的成因。《灵宪》记载：“故月光生于日之所照，魄生于日之所蔽，当日则光盈，就日则光尽也。”意思是说，月亮本身是不发光的，太阳光照射到月亮上，月亮才折射出光，太阳光照到的地方是圆的，太阳光照不到的地方会出现亏缺。

（4）统计天文星象数目。张衡在天文观测的同时，还对前人流传下来的好几种星表作了整理和汇总，建立了恒星多达 3 000 的星表。《灵宪》记载：“中外之官，常明者百有二十四，可名者三百二十，为星二千五百，而海人之占未存焉。”遗憾的是，张衡所制星表在汉末失传。后来，晋初陈卓所制星表，有星 1 464 颗，仅为其半。可见，张衡所制星表，不仅大大超于前人，也为后世所不及。

（5）测日和月的平均角直径值。张衡实测出日、月的角直径值是整个周天的 1/736，与近代天文测量所得的日和月的平均角直径值之间的误差非常小。

（6）五星的运动问题。张衡在《星宪》中将五星分为两类：一类包括水星和金星，它们距地近、运动快、附于月，属阴；另一类包括火星、木星和土星，它们距地远、运动慢、附于日，属阳。他认为，五星的运行有快慢，“近天则迟，远天则速”，即距地近则速度快，距地远则速度慢。

《灵宪》是中国天文学发展到达的一个新的里程碑，它将古代中国的天文学水平提升到了一个前所未有的新高度，使中国当时的天文学研究居世界领先水平，并对后世产生了深远的影响。

二、《算经十书》

《算经十书》是指汉代到唐代的 1 000 多年间，具有代表性的十部数学著作，即《周髀算经》《九章算术》《海岛算经》《张丘建算经》《夏侯阳算经》《五经算术》《缉古算经》《缀术》《五曹算经》《孙子算经》。这些数学著作均是中国古代最高学府的算术教科书，标志着中国古代数学的高峰。

在《算经十书》中，最有影响力的是《周髀算经》《九章算术》《孙子算经》。

（一）《周髀算经》

《周髀算经》原名《周髀》，约成书于公元前 1 世纪的汉代，是中国最古老的天文学和数学著作。在天文学上，《周髀算经》记录了四季更替、气候变化，并推理出南北有极、昼夜交替的原理，还揭示了日月星辰的运行规律，确定了天文历法，为古人认识天地、制订作息时间、从事农业生产等提供了有力的保障。在数学上，《周髀算经》介绍了开平方、等差级数等比较复杂的计算问题；运用古代的“四分历”计算分数；介绍并证明了勾股定理，并用勾股定理计算“高”“深”“广”“远”等数学问题，是历代数学家的重要参考读物。

（二）《九章算术》

《九章算术》约成书于汉代，是当时世界上最简练有效的应用数学著作。现今流传的《九章算术》是在魏元帝景元四年（263）时，刘徽为《九章算术》所作的注本《九章算术注》。

《九章算术》共分九章，包括方田、粟米、衰分、少广、商功、均输、盈不足、方程和勾股，讲述了 246 个数学问题及其解法。从数学成就上看，《九章算术》最先提到了分数问题，首次记载了负数概念和正负数加减运算法则，还记载了分数四则运算和比例算法、解决各种面积和体积问题的算法、利用勾股定理进行测量的各种问题，以及开平方和开立方的方法，并且在这基础上有了求解一般一元二次方程（首项系数不是负数）的数值解法。在欧洲，17 世纪由莱布尼兹提出了完整的线性方程解法法则，比《九章算术》的方程算法晚了 1 500 多年。

《九章算术》从古代数学的各个方面进行了全面、完整的叙述，不仅在中国数学史上占有重要地位，而且在世界数学史上也有着重要的影响。《九章算术》中的“盈不足”问题，在阿拉伯国家和欧洲早期的数学著作中被称作“中国算法”。作为一部世界科学名著，《九章算术》已经被译成多种文字出版。

（三）《孙子算经》

《孙子算经》是中国古代重要的数学著作，成书大约在公元 4 世纪。传本的《孙子算经》共三卷：卷上是一些必要的预备知识，包括度量衡制度，大数进法，金、银、铜、铁、铅、玉、石的比重表，算筹记数法，筹算乘除法则，粟米之法，九九表，平方表，以及一些简单的乘除例题；卷中 28 个应用题，包括分数四则、今有术、方田、圆田、委粟、体积、商功、衰分、开平方、盈不足等问题；卷下 36 个应用题，大都用简单的乘除法即可解决，也有均输、方程、盈不足等类问题及河上荡杯、鸡兔同笼、物不知数等较复杂的算术题。1852 年，英国基督教士伟烈亚士将《孙子算经》中“物不知数”问题的解法传到欧洲。后来，欧洲的一些数学家认为《孙子算经》的解法符合高斯定理，于是将《孙子算经》的解法称为“中国的剩余定理”。

视野纵横

物不知数问题

在《孙子算经》卷下的第 26 题中，曰：“今有物不知其数，三三数之剩二，五五数之剩三，七七数之剩二，问物几何？”题目意思是说，有一些物品，不知道有多少个，只知道将它们三个三个地数，最后剩下 2 个；五个五个地数，最后剩下 3 个；七个七个地数，最后剩下 2 个。请问这些物品的数量至少是多少个？

在解读原题意思时需要注意，原文没有“至少”二字，但《孙子算经》都是求“最少”或“至少”的问题，否则就可能会有多个答案。所以，解释题目意思时，在语句中需要加上“至少”二字。

《孙子算经》中给出的解法：“三三数之剩二，置一百四十；五五数之剩三，置六十三；七七数之剩二，置三十。并之，得二百三十三，以二百一十减之，即得。凡三三数之剩一，则置七十；五五数之剩一，则置二十一；七七数之剩一，则置十五。一百六以上，以一百五减之，即得。”答曰：“二十三。”

用通俗的话来说，此题解法：每 3 个一数，最后剩 1 个，就取 5 和 7 的公倍数 70，那么 3 个 3 个数剩 2 个，就取 2 个 70 得 140；每 5 个一数，最后剩 1 个，就取 3 和 7 的公倍数 21，那么 5 个 5 个数剩 3 个，就取 3 个 21 得 63；每 7 个一数，最后剩 1 个，就取 3 和 5 的公倍数 15，那么 7 个 7 个数剩 2 个，就取 2 个 15 得 30；然后，140+63+30=233，再用 233 减去 210（3、5、7 的公倍数 105×2），就得到符合条件的最小数为 23。

文化实践

一、文学中的天文知识

在中国的传统文学作品中，天文是重要的题材与意象，或是被直接歌咏，或是作为表情达意的重要手段。翻开中国最早的文学典籍之一《诗经》，各种与天文学有关的内容就会映入眼帘，如“三五在东”“定之方中”“三星在天”“七月流火”“成是南箕”“东有启明，西有长庚”“月离于毕”等。各个朝代的文人墨客，也经常将星辰日月写到诗词歌赋中，如“西陆蝉声唱”（骆宾王《在狱咏蝉》），“至乃西陆始秋，白道月弦”（江淹《丽色赋》），“星分翼轸，地接衡庐”“物华天宝，龙光射牛斗之墟”（王勃《滕王阁序》）等。

请查找相关资料，了解诗词歌赋中的天文知识，并将表 6-1-1 填写完整。然后，将所查阅的资料与同学分享和交流。

表 6-1-1　诗词中的天文知识

诗词名称	包含天文知识的诗句	天文知识详解

二、传统益智游戏

我国古代有很多益智游戏都体现了古人的数学智慧，如九连环、七巧板、华容道等，它们深受人们的喜爱，流传千年而不衰。请分组查找相关资料，了解九连环、七巧板、华容道或其他传统益智游戏的相关知识，感受我国古代劳动人民的智慧和传统文化的魅力。

（1）全班学生以 5～7 人为一组进行分组，各组选出组长并进行任务分工，将小组成员及分工情况填入表 6-1-2 中。

表 6-1-2　小组成员及分工情况

<table>
<tr><td>班级</td><td></td><td>组号</td><td></td><td>指导教师</td><td></td></tr>
<tr><td>小组成员</td><td>姓名</td><td>学号</td><td colspan="3">任务分工</td></tr>
<tr><td>组长</td><td></td><td></td><td colspan="3"></td></tr>
<tr><td rowspan="7">组员</td><td></td><td></td><td colspan="3"></td></tr>
<tr><td></td><td></td><td colspan="3"></td></tr>
<tr><td></td><td></td><td colspan="3"></td></tr>
<tr><td></td><td></td><td colspan="3"></td></tr>
<tr><td></td><td></td><td colspan="3"></td></tr>
<tr><td></td><td></td><td colspan="3"></td></tr>
<tr><td></td><td></td><td colspan="3"></td></tr>
</table>

（2）按照分工计划查找资料，并将具体内容记录在表 6-1-3 中。

表 6-1-3　具体内容

<table>
<tr><th colspan="2">名称</th><th>具体玩法</th><th>原理</th><th>起源和发展历史</th><th>在生活中的妙用</th></tr>
<tr><td colspan="2">九连环</td><td></td><td></td><td></td><td></td></tr>
<tr><td colspan="2">七巧板</td><td></td><td></td><td></td><td></td></tr>
<tr><td colspan="2">华容道</td><td></td><td></td><td></td><td></td></tr>
<tr><td rowspan="2">其他</td><td></td><td></td><td></td><td></td><td></td></tr>
<tr><td></td><td></td><td></td><td></td><td></td></tr>
</table>

（3）各组将查找的资料在班会上进行分享和交流，并谈一谈自己的体会。

第二节 农业和医学

学习目标

知识目标

- 了解中国古代农学和医学发展的主要成就。
- 了解中国古代农学和医学的文化内涵和社会价值。

素养目标

- 深入理解勤劳和智慧的中国古代劳动人民在农业发展方面做出的贡献，进而坚定自己为人民服务的理想信念。
- 领略中国传统医学诊疗理论与技法的独特魅力，感受中医文化之美。
- 用中医理论指导养生实践、保障身体健康，主动传播中医知识，弘扬中医文化。

文化讲堂

一、农学

（一）水利工程

农业生产是古代最重要的生产活动，受自然因素的影响极大。为了更好地进行农业生产，中国历代王朝都十分重视农业的基础建设，兴建了大量的公共水利工程。这些水利工程不仅规模巨大，而且设计水平也很高，充分说明了我国古代已经掌握了相当丰富的水文知识。中国历代兴修的水利工程主要有春秋战国时期的安丰塘、都江堰和郑国渠（见图 6-2-1）、隋唐大运河（见图 6-2-2）、五代十国时期的捍海塘、元代开凿的会通河（自山东泰安东平到山东聊城临清）和通惠河（自北京昌平白浮村到北京通州张家湾村）等。

图 6-2-1 郑国渠

图 6-2-2 隋唐大运河（南端终点“拱宸桥”）

（二）牛耕技术

人们最早在耕地时，主要用耒（lěi，见图 6-2-3）和耜（sì，见图 6-2-4）翻整土地、播种庄稼。耒是一根尖头木棍加上一段短横梁，下端是尖锥式，主要用于翻土，使用时可以把尖头插入土壤，用脚踩横梁使木棍深入，然后翻出。后来，耒经过多次改进，可以有两个尖头，或者将横梁变成省力曲柄。耜的形体不规则，多为近似树叶形或圆形的片状板，一般有刃口，另一半略带小柄，用以手握，有木制、石制、骨制或蚌制，主要用于挖土或掘土。

后来，人们将耒和耜结合起来使用，便出现了耒耜（见图 6-2-5）。耒耜以耒为柄，以耜为起土部分，类似于现代的铁铲、铁锹，是犁的前身。耒耜的出现极大地提高了农民的耕作效率。

图 6-2-3　耒　　图 6-2-4　耜　　图 6-2-5　耒耜

春秋战国时期，出现了使用耕畜牵引的耕犁。它是农夫一手扶犁，一手执鞭，通过扯拽缰绳来“指挥”牛的行进方向而进行耕作的方式，其特点是牛代替人拉犁。

秦汉时期，随着牛耕技术的普及，在犁的基础上又发明了耦（ǒu）犁，这是一种由二牛牵引、三人操作的耕犁，其操作方法又称“二牛抬杠”。操作时，两头牛拉一犁，一人扶犁、一人播种、一人覆土耙地，可以极大程度地提升农业生产效率。耦犁上的犁铧（huá，用于破土的铁片）较大，增加了犁壁（用来翻土的部件），能将耕起的土垡破碎、翻转，适于耕翻土地和开沟作垄，进一步提高了农业生产力。在甘肃磨咀（zuǐ）子出土的汉代彩绘木牛拉犁木雕（见图 6-2-6），表明汉代耕犁已基本定型。汉代还发明了耧（lóu）车（见图 6-2-7）。用耧车播种时，一牛牵引耧，一人扶耧，种子盛在耧斗中，耧斗与空心的耧脚相通，且行且摇，种乃自下，同时完成开沟、下种、覆土三道工序，大大提高了播种效率和质量。

图 6-2-6　汉代彩绘木牛拉犁木雕

图 6-2-7　耧车

（三）育种成就

中国很早就开始栽培植物了。起源于中国的农作物有粟、水稻、荞麦、大豆、萝卜、柑橘、荔枝等。作为历史悠久的农业国家，中国古代取得了一系列杰出的育种技术成就，对人类生存和发展做出了极大贡献。山西侯马出土的战国时期尚未炭化的大豆（见图 6-2-8）、黑龙江省宁安市大牡丹屯出土的炭化大豆，以及在河南洛阳烧沟汉墓中发掘出的用来保存大豆的“大豆万石”陶仓（见图 6-2-9），都是距今 2 000 多年的实物证据。此外，中国还是最早驯化和饲养猪、鸡、鸭、马的国家，也是最早用杂交方法培育骡的国家。

图 6-2-8　尚未炭化的大豆

图 6-2-9　“大豆万石”陶仓

二、医学

（一）中医的主要成就

中国传统医学在漫长的发展过程中，形成了一套完整的思想理论体系，取得了举世瞩目的医学成就，涌现出了许多优秀的中医著作，是中华民族几千年的科学积累。

中国上古时期就有神农氏尝百草、辨药性，帮助人们治病的故事，是中医发展之始。先秦时期，人们已有了较丰富的医药学知识，在商代遗址中出土的石砭（biān）镰（砭镰是古代一种手术用具，见图 6-2-10）等医疗用具、甲骨文上记载的数十种疾病，都是对这一时期医学发展的有力证明。战国时期，扁鹊还提出了四诊法，即望、闻、问、切，是传统中医诊疗方法的基础。

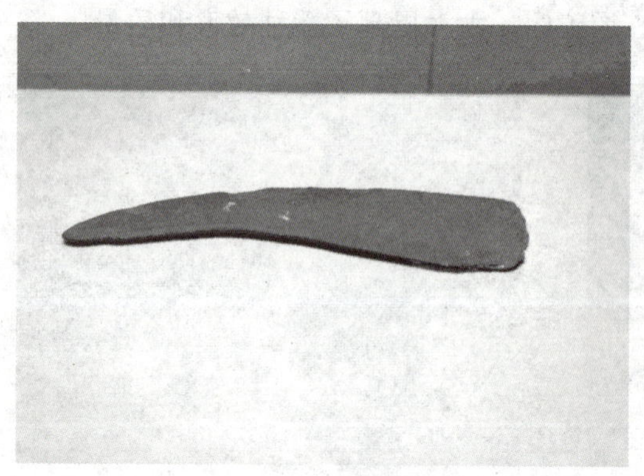

图 6-2-10　石砭镰

《黄帝内经》——神秘的经典

汉代时，中医得到了极大发展，取得了很多成就。例如，东汉的《神农本草经》，是我国现存最早的药物学专著；成书约在战国时期的《黄帝内经》，初步建立了中医学的“阴阳五行”“经络气血”等理论体系，奠定了中医生理、病理、诊断及治疗的理论基础，被称为“医之始祖”；“医圣”张仲景的《伤寒杂病论》，为中医临床进行辨症、施治奠定了基础；“神医”华佗发明的“麻沸散”，是世界上最早的“全麻”法，比西方早了1 600多年；等等。

到了唐代，唐高宗下令编纂了《唐本草》。《唐本草》是世界上第一部由国家编定和颁布的药典。“药王”孙思邈全面总结历代的医药学成果，编写了医学专著《千金方》。《千金方》是中国历史上第一部临床医学百科全书，被国外学者推崇为“人类之至宝”。与此同时，藏族医学家宇妥·元丹贡布编著的《四部医典》也对当时的医学发展有着重要影响。

明代李时珍编著的《本草纲目》是一部集中国古代医学之大成，内容最丰富、考订最翔实的药物学著作。它全面地总结了16世纪以前的中国医药学理论，记载了药物1 800多种，方剂上万个，被誉为“东方医药巨典”。

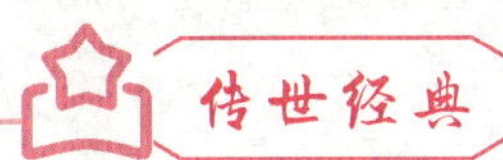

《本草纲目》

《本草纲目》由明代医学家李时珍所著，是几千年来中国传统药物学的总结，是中国医药宝库中的一份珍贵遗产。

《本草纲目》共52卷，190多万字，载有药物1 892种，其中新药374种；收集医方1万多个。它在药物分类上改变了原有上、中、下三品分类法，采取了“析族区类，振纲分目”的科学分类方法。

卷1和卷2相当于总论，讲述本草要籍与药性理论，记载了明代以前的主要本草41种，以及有关药物气味阴阳、五味宜忌、标本阴阳、升降浮沉、补泻、各种用药禁忌等。

卷3和卷4为“百病主治药”，沿用《证类本草》“诸病通用药”旧例，以病原为纲罗列主治药名及主要功效，相当于一部用药手册。

卷5至卷52为各论，收录药物1 892种，附图1 109幅。其以部为“纲”，以类为“目”，计分16部，包括水、火、土、金石、草、谷、菜、果、木、服器、虫、鳞、介、禽、兽、人共16部。各部按“从微至巨”“从贱至贵”检索，又可以细分为60类。各类常将许多同科属生物排列在一起，各药“标名为纲，列事为目”，即一药名下列“释名”“集解”“辨疑”“修治”“气味”“主治”“发明”“附方”8个项目。其中，“释名”列举别名，解释命名意义；“集解”介绍药物出产、形态、采收等；“辨疑”（或“正误”）类集诸家之说，辨析、纠正药物疑误；“修治”述炮制（即药材加工处理）方法；“气味”“主治”“发明”，则阐述药性理论，提示用药要点；“附方”以病为题，附列相关方剂。

《本草纲目》不仅在药物学方面有巨大成就，在化学、地质、天文等方面，也有重要贡献。例如，《本草纲目》较早地记载了纯金属、金属、金属氯化物、硫化物等一系列的化学反应，以及蒸馏、结晶、升华、沉淀、干燥等现代化学中常用的一些操作方法；书中还指出“窃谓月乃阴魂，其中婆娑者，山河之影尔”，即月球和地球一样都是具有山河的天体。

（二）中医“四诊”

“四诊”即望、闻、问、切，是中医搜集临床资料的主要方法，也是获得病情信息的手段。中医通过四诊，可以在感官所及的范围内，直接获取病情信息并即刻进行分析，从而作出判断。

1. 望诊

望诊是运用视觉观察患者外部神、色、形、态及各种排泄物来断疾的方法。其内容主要包括观察病人的五官、神形、面色、皮肤、舌象，以及排泄物、分泌物的形、色、质量等。因面色和舌象可以较为准确地反映内脏病变，实用价值较高，所以望诊中医生特别注重对病人面色和舌象的观察，面色诊和舌诊也逐渐成为望诊中最为重要的内容。

2. 闻诊

闻诊是通过听声音和嗅气味来诊察疾病的方法。

听声音主要是根据病人声音的大小、高低、清浊来区别寒热虚实，包括诊察病人说话声音的高低粗细、呼吸的轻重缓促，以及是否有鼻塞音，是否咳嗽、是否有哮喘音等。通常来说，声高气粗重浊多属实证，反之则属虚证。

嗅气味包括嗅病人病体、病室散发的各种气味，以及分泌物、排泄物等的异常气味，以此来辨别病情的虚实寒热。通常，病体气味酸腐臭秽者，多属实热证；无臭或略有腥气者，多属虚寒证。病室有腐臭气味，病人可能患有瘟疫；病室有尿骚味，病人可能患有水肿。

3. 问诊

问诊是通过询问病人或其陪诊者了解病情的方法。问诊内容包括一般项目（如姓名、性别、年龄、婚姻状况等）、主诉、现病史、既往史、家族史及个人生活史等。

问诊在四诊中占有重要地位。通过问诊，医者能够充分收集其他三诊无法取得的资料，如有关疾病发生的时间、原因、经过、既往病史、患者的病痛所在，以及生活习惯、饮食爱好等与疾病有关的情况，从而围绕患者突出的感觉、症状、体征，深入查询其特点及可能发生的兼证，以了解病情，进而提高判断的准确性。

4. 切诊

切诊包括脉诊和按诊两部分。脉诊又称“切脉”“诊脉”，是指用指腹按患者一定部位的脉搏，借以体察患者的脉象变化，以辨别脏腑功能的盛衰、气血津精虚滞等。按诊是指在患者身躯上一定的部位触、摸、推、按，以了解疾病的内在变化或体表反应，从而获得辩证资料。

扁鹊见蔡桓公

扁鹊在诊视疾病过程中，应用了中医全面的诊断技术，即后人总结的四诊法。当时扁鹊称之为望色、听声、写影和切脉。“扁鹊见蔡桓公”就是扁鹊通过望诊技术诊断疾病的案例，在史书上有所记载。

有一次，扁鹊见到蔡桓公，站着看了一会儿后，对蔡桓公说：“您的皮肤纹理间有点小病，不医治恐怕要加重。”蔡桓公自我感觉良好，不认为自己有病，于是说：“我没有病。”扁鹊离开后，蔡桓公又对旁边的人说：“医生总喜欢给没病的人治病，以此来炫耀自己的功劳。”

过了几天，扁鹊又见到蔡桓公。他对蔡桓公说：“您的病已到了肌肉里，再不医治，会更加严重的。”蔡桓公不理睬，扁鹊只好离去。几天后，扁鹊又来见蔡桓公，对蔡桓公说：“您的病已到了肠胃，再不医治，终将难治。”蔡桓公还是不理睬。扁鹊只好又走了。

不久后，扁鹊遇到蔡桓公，他远远看了蔡桓公一眼后转身就跑。蔡桓公觉得很奇怪，就派人去问扁鹊为什么跑。扁鹊回答："皮肤纹理间的病，用热水焐、用药热敷，可以治好；肌肉里的病，可以用针灸治好；肠胃的病，可以用火剂治好；骨髓里的病，那是司命神的事情了，医生是没有办法的。现在他的病已到了骨髓，所以我不再过问了。"

果然，几天之后蔡桓公浑身剧痛，马上派人去寻找扁鹊为其治病，可是扁鹊已逃到秦国去了。蔡桓公病入膏肓，最后不治而亡。

（三）中医特色疗法

中国的历代医者创造与发展出了一些独具特色的中医治疗和保健的方法，如针灸、推拿、刮痧、拔罐等，充分体现了中医与众不同的治疗理念。

1. 针灸

针灸（见图6-2-11）是针法和灸法的合称。针法是把毫针（一种由金属制作而成的治疗器）按一定穴位刺入患者体内，用捻、提等手法来治疗疾病。灸法是用燃烧着的艾绒（由艾叶经过反复晒杵、捶打、粉碎，筛除杂质、粉尘，而得到的软细如绒的物品）熏灼穴位皮肤，利用热的刺激来治疗疾病。

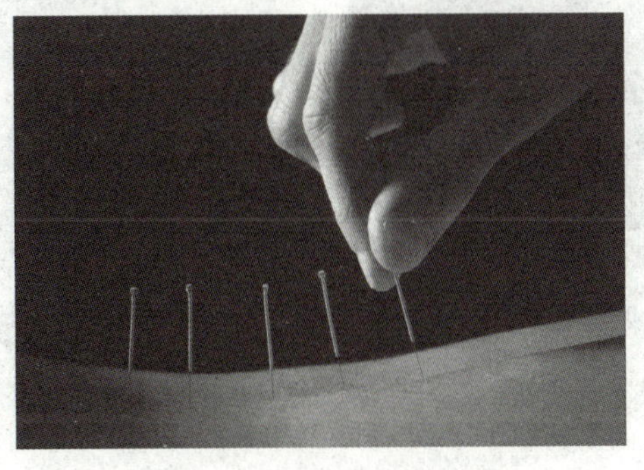

图6-2-11 针灸

神奇的针灸

针灸是一种"内病外治"的医术，它利用经络、穴位的传导作用及一定的操作方法，激发经络之气，通经脉，调气血，使机体阴阳相对平衡，脏腑功能趋于调和，进而达到治疗全身疾病或保健养身的目的。针灸具有鲜明的民族文化与地域特征，是基于中华民族传统文化而产生的宝贵遗产。

2. 推拿

推拿（见图6-2-12）也称"按摩""推拿按摩"，是指运用推、拿、按、摩、揉、捏、点、拍等手法，作用于人体的经络、穴位，以期达到疏通经络、推行气血、扶伤止痛、祛邪扶正、调和阴阳等疗效的一种治疗方法。推拿可用于治疗多种临床疾病，也可用于减肥、美容与养生保健等方面。

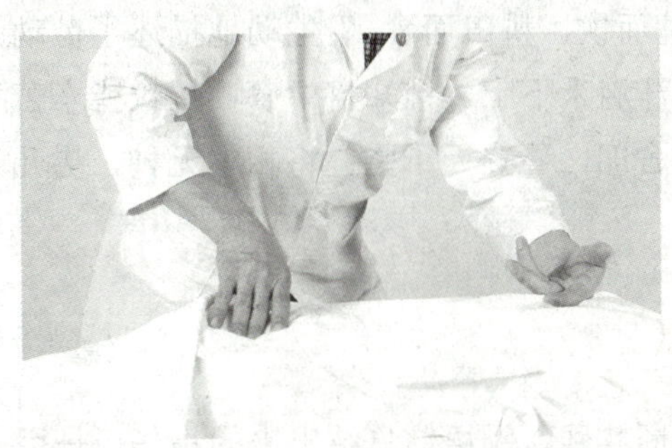

图6-2-12 推拿

3．刮痧

刮痧（见图6-2-13）是指以中医经络理论为指导，用边缘钝滑的器具（如刮痧板）蘸取适量的润滑介质（如刮痧油），在体表的特定部位反复刮动，使局部皮下出现粟粒状瘀斑或痧痕，以防治疾病的一种治疗方法。刮痧疗法具有解表祛邪、行气止痛、开窍醒神等作用，在临床治疗和保健等方面应用较广，常用于外感疾病中的中暑发热、呕吐、晕厥，以及夏秋季节的伤暑、伤食、腹泻、腹痛等。刮痧还可配合针灸、拔罐等疗法使用，可加强活血化瘀、祛邪排毒的效果。

4．拔罐

拔罐（见图6-2-14）又称“角法”，是指以罐为工具，利用燃火、抽气等方法产生负压，使之吸附于身体体表，造成局部瘀血，以达到通经活络、行气活血、消肿止痛、祛风散寒等作用的疗法。拔罐工具主要为罐具、排气工具和针具（必要时用于浅表刺血）。其中，罐具为竹罐、玻璃罐或抽气罐等，排气工具为燃料或抽气筒，针具可为毫针、梅花针等。

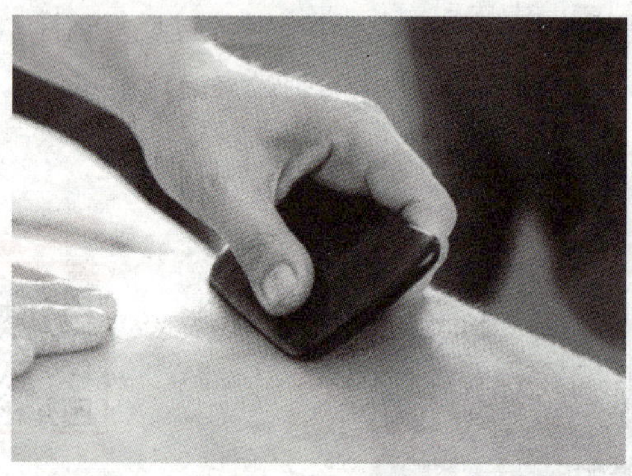

图6-2-13　刮痧

图6-2-14　拔罐

品味文化

一、取之不竭的精神财富

作为农业大国，中国的农业生产不仅为人类的繁衍生息提供了丰富多样的物质保障，也为中华传统文化的发展提供了色彩缤纷的精神财富，培养和孕育出了爱国主义、团结统一、独立自主、爱好和平、自强不息、勤劳勇敢、吃苦耐劳、勤俭节约、邻里相帮等优秀品质和价值观念。

农业生产还与文学艺术相结合，丰富了农业的文化内涵。例如，先秦时期民间流传的《击壤歌》有云：“日出而作，日入而息，凿井而饮，耕田而食。”生动地描述了劳动人民辛勤耕作的场景；唐代李绅在《悯农》中用“锄禾日当午，汗滴禾下土。谁知盘中餐，粒粒皆辛苦”的诗句反映了广大农民的艰辛不易；宋代汪洙所作的“朝为田舍郎，暮登天子堂；将相本无种，男儿当自强”表达了人们积极向上的人生追求。

二、丰富深厚的哲学思想

中医是几千年来中国医者不断实践、领悟、总结出来的精华，是用人文科学的理念构建起来的自然科学的理论体系，其中充满了中华民族优秀的传统哲学思想。儒学中的天人合一、以人为本、以和为贵、中庸等思想，道家的祸福相倚、对立统一、沉静无为等思想，佛教中的众生平等、慈悲为怀等思想，都对中医学的形成与发展产生了深远的影响，并在中医理论和临床诊疗中得到了体现。尤其是中医学中所强调的“天人相应”的整体观念、“五行相贯”的藏象学说、“阴阳互根”的治疗原则、“去其偏胜，得其中和”的用药方式，都充分体现了中医重视人与自然协调统一的“天人合一”观，缔造了中医学的基本框架。

泽被后世

一、都江堰

都江堰坐落于成都平原西部的岷江上，始建于公元前256至公元前251年，是蜀郡太守李冰父子组织修建的大型水利工程，也是世界上迄今为止年代最久、唯一留存且仍在使用的水利工程。

都江堰的主要作用是防洪和灌溉，其主体工程包括宝瓶口、鱼嘴和飞沙堰。

宝瓶口（见图6-2-15）是引水工程，具有节制水流的功用。李冰父子在修建都江堰时，通过实地考察和研究，认为修建都江堰的关键是打通玉垒山，让西边的岷江水畅通无阻地流到东边，从而减少西边的岷江水量，使江水不再泛滥，同时缓解东边的干旱。于是，他们组织当地的民工使用火烧石炸开山口，凿穿了玉垒山。建好后的工程外形就像一个瓶口，故称其为“宝瓶口”。

图6-2-15　宝瓶口

鱼嘴（见图6-2-16）是一个分水堰，由于其前端像一条鱼的头部而得名。鱼嘴将岷江水一分为二：西边为外江，是岷江的正流，宽而浅，用于排洪；东边为内江，窄而深，流入宝瓶口，用于灌溉。鱼嘴和宝瓶口工程联合运用，可以根据灌溉、防洪的需要，成功地完成分流引水的任务，并且在洪水或枯水季节不同的水位条件下，起到自动调节水量的作用。

飞沙堰（见图6-2-17）是泄洪道，具有泄洪排沙的功能，是确保成都平原不受水患侵害的关键。飞沙堰的一大作用是控制宝瓶口的水量，当宝瓶口的水量过多时会自行从飞沙堰溢出。若遇到大洪水，飞沙堰还会自动溃堤，让大量江水流回岷江主流。飞沙堰的另一作用是“飞沙”。从上游疾驰而来的岷江水，夹杂着大量泥沙、石块等。飞沙堰利用离心力作用将这些泥沙和石块抛入外江，确保了内江通畅，不致淤塞宝瓶口。

图 6-2-16　鱼嘴

图 6-2-17　飞沙堰

两千多年来，都江堰一直发挥着防洪灌溉的作用，使成都平原成为沃野千里的“天府之国”。现今，围绕都江堰水利工程，还有二龙庙、伏龙观、安澜索桥、玉垒关、离堆公园、玉垒山公园、玉女峰、灵岩寺、普照寺、翠月湖等旅游景点，以及具有强烈地域色彩的都江堰水文化，如水文学、水文物、水神学等。2000 年，都江堰被联合国教科文组织列入“世界文化遗产”名录。

二、中医“四时养生”

中医关于养生的理论和方法是极其丰富的，其中最为重要的养生观念和原则就是要“顺四时而适寒暑”，即四时养生。四时养生是顺应四时阴阳气候的自然变化而养生的方法。

《黄帝内经》中记载，“人与天地相参也，与日月相应也”，“人以天地之气生，四时之法成”。意思是说，自然界四季的交替和昼夜晨昏的变化，都可能会对人体产生影响，所以养生就是要顺应自然，并根据自然环境和四季气候的变化采取相应的养生方法。中医还认为，春、夏、秋、冬四时寒热温凉的变化，是根据一年中阴阳消长形成的。冬至阳生，由春到夏是阳长阴消的过程，所以有“春之温”“夏之热”之说；夏至阴生，由秋至冬是阴长阳消的过程，所以有“秋之凉”“冬之寒”之说。人类作为自然界的一部分，不能脱离客观自然条件而生存，而是要顺应四时的变化以调摄人体，从而使得阴阳平衡、经络通达、情志舒畅。

“四时养生”有以下几条原则：

（1）春夏养阳，秋冬养阴。《周易·系辞》中说：“变通莫大乎四时。”意思是四时阴阳的变化规律，直接影响着万物的荣枯生死。人们如果能顺从天气的变化，就能保全“生气”，延年益寿，否则就会生病或夭折。所以，春夏两季，天气由寒转暖、由暖转暑，是人体阳气生长之时，故应以调养阳气为主；秋冬两季，气候逐渐变凉，是人体阳气收敛、阴精潜藏于内之时，故应以保养阴精为主。春夏养阳，秋冬养阴，是建立在阴阳互根规律基础之上的养生防病措施。

（2）春捂秋冻。春季，阳气初生而未盛，阴气始减而未衰，人体肌表虽因气候转暖而开始疏泄，但其抗寒能力相对较差。此时，人们应注意保暖、御寒，有如保护初生的幼芽，使阳气不致受到伤害，逐渐得以强盛，这就是“春捂”的道理。秋天，阴气初生而未盛，阳气始减而未衰，人体肌表处于疏泄与致密交替之际。此时，若能适当地接受一些冷空气的刺激，有利于增强人体的应激能力和耐寒能力，所以秋天宜“冻”。春捂秋冻的道理，与“春夏养阳，秋冬养阴”是一脉相承的。

（3）慎避虚邪。中医认为，人体适应气候变化以保持正常生理活动的能力，有一定限度。在天气剧变，出现反常气候之时，很容易感邪发病。因此，人们在四时养护正气的同时，有必要对外邪审识避忌。《素问·八正神明论》中记载：“四时者，所以分春秋冬夏之气所在，以时调之也，八正之虚邪而避之勿犯也。”这里所谓的“八正”，又称“八纪”，是指二十四节气中的立春、立夏、立秋、立冬、春分、秋分、夏至、冬至八个节气，是季节气候变化的转折点。天有所变，人有所应，故节气前后，气候变化对人的新陈代谢也有一定影响。体弱多病的人往往在交节时刻感到不适，而一些急病重症往往在节气前后发病。因此，一定要注意交节变化，重视交节前后的自我调护，避免外邪入侵。例如，节气前后数日要注意保存体力，不要熬夜，不要过分劳累，尤其不可汗出当风；要注意保持情绪的稳定乐观，尽量避免情绪冲动；要注意饮食适度，不吃过寒、过热及不易消化的食物；要注意及时增减衣物，谨防外邪侵袭机体；等等。

文化实践

一、五禽戏主题活动

五禽戏是中医导引养生的一种重要健身方法，由神医华佗所创。其动作编排按照《三国志》的虎、鹿、熊、猿、鸟的顺序，每戏十个动作，分别仿效虎之威猛、鹿之安舒、熊之沉稳、猿之灵巧、鸟之轻捷，力求蕴含“五禽”的神韵。

请查找关于五禽戏的视频资料，分组学习五禽戏的动作，感受五禽戏的魅力。

（1）全班学生以 5～7 人为一组进行分组，查找关于五禽戏的相关资料，并将表 6-2-1 填写完整。

表 6-2-1　小组成员及讨论情况

<table>
<tr><td>班级</td><td></td><td>组号</td><td></td><td>指导教师</td><td></td></tr>
<tr><td colspan="2">组长：</td><td colspan="4">组员：</td></tr>
<tr><td rowspan="3">相关资料</td><td>五禽戏的历史发展</td><td colspan="4"></td></tr>
<tr><td>五禽戏的动作要点</td><td colspan="4"></td></tr>
<tr><td>五禽戏的传承流派</td><td colspan="4"></td></tr>
</table>

（2）各组从虎、鹿、熊、猿、鸟中选择一组动作进行练习，熟练后在班会时展示。

二、社会农业实践活动

请学生自行组织和策划一次“牵手农心，展望未来”暑期社会农业实践活动，具体流程如下：

（1）全班学生根据个人能力和特长，参加相应的工作小组，并根据实际情况将表 6-2-2 填写完整。

表 6-2-2　小组分工表

<table>
<tr><th colspan="2">组织设置</th><th>工作内容</th><th>岗位设置</th><th>岗位职责</th></tr>
<tr><td colspan="2" rowspan="2">管理小组</td><td rowspan="2">全面统筹竞赛活动的各项工作；审核各小组的工作成果，并提出相应意见，如审核并探讨资料搜集组的工作成果，筛选出合理的项目及合适的场地，审核公关组的工作成果，确定最终的策划方案并将其交付班主任或院系领导等</td><td>组长：</td><td>负责活动中的指导、监督检查、协调等工作</td></tr>
<tr><td>副组长：</td><td>协助组长管理组内工作，监督小组成员的任务执行情况</td></tr>
<tr><td rowspan="8">工作小组</td><td rowspan="2">资料搜集组</td><td rowspan="2">搜集若干适合开展社会农业实践的项目资料及合适的场地，以表格的形式呈现</td><td>组长：</td><td rowspan="8">组长：负责落实本组工作的执行情况、管理组员、合理安排组员的工作任务
组员：服从组长管理，自觉遵守活动纪律，积极参与组内工作，与组内成员团结协作</td></tr>
<tr><td>组员：</td></tr>
<tr><td rowspan="2">公关组</td><td rowspan="2">活动确定前，根据资料搜集组提供的项目及场地，联系相关负责人，咨询活动开展的相关事宜；将联系的所有结果进行整理、汇总，然后交于管理小组；活动确定后，与相关的企业负责人沟通实践活动的具体事宜，如时间、人员配置、所需物资、安全事项等</td><td>组长：</td></tr>
<tr><td>组员：</td></tr>
<tr><td rowspan="2">策划组</td><td rowspan="2">根据最终确定的活动项目及场地，写出活动策划方案，并组织全体人员开展方案讨论会，再根据讨论结果修改策划方案</td><td>组长：</td></tr>
<tr><td>组员：</td></tr>
<tr><td rowspan="2">摄影组</td><td rowspan="2">负责拍摄整个活动过程的视频、照片，包括各个小组的工作开展情况、各个阶段开展的讨论会过程，以及实践活动开展的全过程等</td><td>组长：</td></tr>
<tr><td>组员：</td></tr>
</table>

（2）活动准备就绪后，请学生根据活动计划开展活动，并在活动结束后，将表 6-2-3 填写完整。

表 6-2-3　农业实践活动报告

项目	内容
活动地点	
活动项目	
活动内容	
心得体会	